河北省社会科学院学者文库

细菌战

谢忠厚　谢丽丽 著

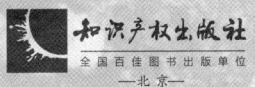
全国百佳图书出版单位
—北京—

图书在版编目（CIP）数据

细菌战／谢忠厚，谢丽丽著. —北京：知识产权出版社，2022.1
（日本侵略华北反人类罪行丛书）
ISBN 978–7–5130–7108–6

Ⅰ. ①细… Ⅱ. ①谢… ②谢… Ⅲ. ①日本—侵华事件—生物战—研究 Ⅳ. ①K265.607

中国版本图书馆CIP数据核字（2020）第146925号

内容提要

本书依据档案文献和调查资料，考察侵华日军"北支"（甲）1855部队的真实情况，揭露其研制细菌武器、进行人体试验和解剖观察以及实施细菌作战的黑幕，将这支鲜为人知的细菌战部队的真面目暴露在阳光之下。

责任编辑：宋 云 刘 江　　责任校对：王 岩
封面设计：北京麦莫瑞文化传播有限公司　　责任印制：刘译文

日本侵略华北反人类罪行丛书·细菌战
谢忠厚　谢丽丽　著

出版发行：知识产权出版社有限责任公司		网　址：http://www.ipph.cn	
社　址：北京市海淀区气象路50号院		邮　编：100081	
责编电话：010–82000860 转 8388		责编邮箱：hnsongyun@163.com	
发行电话：010–82000860 转 8101/8102		发行传真：010–82000893/82005070/82000270	
印　刷：三河市国英印务有限公司		经　销：各大网上书店、新华书店及相关专业书店	
开　本：880mm×1230mm　1/32		印　张：12.625	
版　次：2022年1月第1版		印　次：2022年1月第1次印刷	
字　数：282千字		定　价：69.00元	
ISBN 978–7–5130–7108–6			

出版权专有　侵权必究
如有印装质量问题，本社负责调换。

前　言

侵华日军华北派遣军（方面军）防疫给水部，即"北支"（甲）1855 部队，是继日本关东军第 731 部队之后在华北地区建立的第二个细菌战部队和支点。它的本部设置在北京（原北平）天坛公园西南之神乐署，并先后在华北各地建立 16 个防疫给水支部、办事处、分遣队。由于这支细菌战部队隐藏得很深，迄今还鲜为人知。

在本书中，我们将主要依据中国方面的档案资料，包括原"北支"（甲）1855 部队成员的证词、中国受害者的控诉、中国官方与民间的调查，以及中日两国学者与正义人士的研究发现，和读者一起来查一查"北支"（甲）1855 细菌部队的来龙去脉，揭开它进行人体细菌实验和活杀解剖观察、研制和使用细菌武器，大量屠杀华北军民的反人类罪行真面目。

第二次世界大战期间，有三种大规模杀伤性武器——细菌（生物）武器、核武器、毒气（化学）武器。由于细菌（生物）具有在适宜条件下繁殖与传播的能力，使用细菌（生物）武器，有可能使一个城市、一个地区、一个国家，乃至一个大洲的居民被感染致病亡。据美国评估，一颗装炭疽菌的炸弹，也能如落在广岛的原子弹一样，造成 10 万人死亡；将 100 公斤的炭疽菌在城市上空喷洒，可杀害 100 万~300 万人。细菌（生物）武器虽然杀伤力如此巨大，但生产

细菌战

与使用的技术较为简单,且费用低,又只杀伤人、畜而不毁坏物资。日本细菌战头子石井四郎认为:"细菌武器的第一个优点是威力大。钢铁制造的炮弹只能杀伤其周围一定数量的人,细菌战剂具有传染性,可以从人传染给人,从农村传染到城市,其杀伤范围不仅远比炮弹更广,而且致死率非常高。第二个优点是使用少量经费即可制成,这对于钢铁较少的日本来说尤为适合。"❶

众所周知,细菌武器和毒气武器是1925年《日内瓦议定书》签订以来一切国际公法所禁用的大规模杀伤性武器。那么,日本为什么敢于公然违反国际公法,在侵华战争中同时使用细菌(生物)和毒气(化学)两种大规模杀伤性武器呢?这是因为日本军国主义者知道,当时的中国贫弱,不可能用细菌武器和毒气武器来"回敬"他们,而细菌武器和毒气武器恰是当时的日本所能想到的最理想的秘密武器。

细菌(生物)武器是日本军国主义对外侵略政策的产物。日本经过明治维新后,随着资本主义的发展,迅速走上对外侵略扩张的道路。日本1874年侵略我国台湾,1894年发动甲午战争,而后与西方列强组成八国联军进攻北京,先后向腐败落后的清政府索赔军费23 050万两白银,日本由此加速走上了军国主义的道路。1927年春天,日本确定了对外侵略扩张的"大陆政策",其基本战略目标,如首相田中义一给天皇的奏折中所称:"欲征服中国,必先征服满蒙;欲征服世界,必先征服中国。"为了实现这种疯狂扩张的野心,

---

❶ 郭成周、廖应昌:《侵华日军细菌战纪实》,北京燕山出版社1997年版,第40页。

日本军国主义者高度重视其细菌战计划。

还在第一次世界大战时，日本就开始研究细菌（生物）武器。1925年，日本拒绝在日内瓦《关于禁用毒气或类似毒品及细菌方法作战议定书》上签字。1927年，日本陆军省军医署课长梶塚隆二推荐军医大尉石井四郎研制"秘密杀人武器"。1928年4月，石井四郎被派往欧美等地考察细菌战问题，先后考察了意大利、德国、法国、苏联、美国等25个国家和地区。1930年春，石井四郎回国后声称："各强大国家都在准备进行细菌战工作，日本若不进行此种准备，那它在将来战争时就必然会遇到严重的困难。"[1] 并提出"帝国应立即在'无住宅区'建立起实验中心"[2]。1932年8月，日本在东京若松町的陆军军医学校建立了细菌战研究室，对外称"防疫研究室"，由石井四郎领导。当时，该研究室研究了细菌战的战地供水和大量生产细菌的问题，并研制成功了用于自身防疫的石井式滤水净化器和大量生产细菌战剂的石井式铝制的细菌培养箱，具有了使用细菌作战的能力。

1933年，日本军部根据日本天皇的敕令，将"防疫研究室"扩建为"防疫研究所"，成为日本进行细菌战的研究中心，石井四郎也晋升为军医少佐。1933年8月，日本陆军参谋本部为了准备扩大侵华战争，方便就地使用中国人、畜进行活体实验，批准石井四郎的要求，秘密地将东京"防疫

---

[1] 郭成周、廖应昌：《侵华日军细菌战纪实》，北京燕山出版社1997年版，第40页。

[2] 沙东迅："侵华日军在粤进行细菌战之研究"载《日军侵华暴行（国际）学术研讨会文集》，新华出版社1996年版，第416页。

细菌战

研究所"迁至中国东北黑龙江省哈尔滨市南岗区宣化街一带，同时在五常县背荫河设置细菌战剂工厂、生体实验室和靶场、监狱等，并改名为"石井部队"。从此"石井部队"成为日本关东军的细菌战部队。1936年，根据日本裕仁天皇两次下达的敕令，"石井部队"扩建为"关东军防疫给水部"本部，也就是第731细菌战部队，定员3000人，迁至哈尔滨市平房地区。与此同时，日本关东军在吉林省长春市孟家屯增设了"关东军兽类防疫部"本部，这是一支对牲畜和农作物进行细菌战研究的部队，番号第100部队，定员1200人。这样，经过大规模的扩建，给予充裕的经费、人才等优越条件，哈尔滨市和长春市成为当时世界上最大的细菌战基地，并且日本在黑龙江、吉林、辽宁、热河各地先后设置多处细菌战支部。至1937年七七事变时，日本已经有能力配合使用细菌战全面向我国进攻。石井四郎说："现代化的武器，唯一的就是细菌武器，日本对细菌战是有把握的，其效果已在活人实验中证实过了。"[1]

七七事变后，日本发动全面侵华战争。为了进行细菌战，1938～1939年，先后建立了华北、华中、华南三个大规模的细菌战基地：日本华北派遣军（华北方面军）防疫给水部，代号"北支"（甲）1855部队，又称151兵站医院，全员约1500人；日本华中派遣军防疫给水部，代号"荣"字1644部队，全员约1500人；日本华南派遣军防疫给水部，代号"波"字8604部队，全员约1200人。这三大细菌战基

---

[1] 郭成周：《日军细菌战部队罪行录》，中国民主法制出版社1999年版，第2页。

地还在师团、旅团中配置了"防疫给水班"和"兽医防疫班",即野战细菌部队。1942年5月,日本侵略者又在新加坡和马来亚建立了日本南方军防疫给水部,代号"冈"字9420部队,还在泰国、缅甸设置了支部。这样,日本法西斯构筑了遍布中国大陆乃至东南亚地区的庞大的细菌战体系。

1945年5月,德、意法西斯战败。至此,日本法西斯已濒临灭亡,但仍妄图谋划一场最大规模的细菌战,来挽救其败局。日本天皇和日本军部决定,将石井四郎晋升为军医中将。石井四郎声称:"各条战线上的战况恶化,我们就要使用最后极端手段,一次更大规模的细菌战,从而争得有利日本的转变。"他们密谋,要用300万只老鼠,制备大量带鼠疫菌的跳蚤和老鼠,于1945年8月前完成这一任务,孤注一掷,造成中国及亚太地区的鼠疫大流行;并组建一支"细菌特攻队",登上美国西海岸投撒鼠疫菌。由于苏联对日宣战,中国军队发起反攻,美军在日本投下原子弹,迫使日本天皇宣布投降,这一最大规模的细菌战的图谋遂化为泡影。

据现有资料不完全统计,日军细菌战部队为了研究和生产大量细菌武器,以生体实验和解剖观察,残害了数以万计的抗日志士和平民。日军在中国约20个省、市、自治区实施了细菌攻击作战。不论在正面战场攻占战略要地、封锁海港、摧毁机场,还是在敌后战场扫荡、封锁、摧毁抗日根据地,制造"无人区",都曾使用细菌攻击,造成疫病使数百万中国军民伤亡。日军战俘竹内丰在笔供中说:"日本虽连战连胜,随着战线的扩大,兵力愈感不足,用细菌战即可以

细菌战

寡胜众,以少胜多,这是一个最好的方法。"❶ 石井四郎说:"是细菌战部队拯救了日本国家。"❷ 也就是说,如果不进行细菌战,日本早已无力支撑而战败了。

战后,1946年远东国际军事法庭开始对日本战争罪犯进行审判。但是,由于美国与日本达成了肮脏的交易,石井四郎等细菌战犯把全部细菌战研究资料交给美国,由美国进行干预、操纵、庇护,使3000多名细菌战犯免于追究细菌战责任。从此,日本政府和军部的反人类的细菌战罪行,在历史上被隐瞒了下来。

中国有句俗话:"纸里包不住火。"在战时,中国官方和学术界就开始关注细菌战问题。《申报月刊》1933年第2卷第9号刊登了寄滨的《未来大战中的毒瓦斯和细菌战》一文,他发出警告:"九一八"与上海战争后,可怕的瓦斯战与细菌战"不久就要展开了"。《东方杂志》1938年第35卷第3号发表钟开莱的《细菌战》一文,介绍了有关细菌战的常识。商务印书馆1942年6月出版发行了陈飞莫著的《细菌战》一书,该书介绍了细菌战的毒菌种类、传播方式及战地与后方的防疫办法,分析了日军对浙江宁波、衢州的细菌攻击,认为:"本年敌人在浙江所用的鼠疫菌战,不过一种小试验,今后当有更大规模的细菌战在等待着!"并提出:我们用不着恐惧,如果能早做准备,细菌战"亦不会无法防

---

❶ 竹内丰的笔供,1954年11月,原件存中央档案馆,档案号119-2-411-1-7。

❷ 郭成周、廖应昌:《侵华日军细菌战纪实》,北京燕山出版社1997年版,第42页。

御的"。❶战争期间,国共两党和全国军民对侵华日军细菌战进行了多种形式的揭露,实施了多种反细菌战的防疫举措,包括来自受害地区的内部报告和新闻报道、各地防疫会议和防疫工作的电文、疫情通报等。这些战时文献虽数量不多、散落各处,但为揭露日本侵华细菌战罪行留下了最珍贵的史料。

20世纪50年代,中国人民对日本侵华细菌战的追查、揭露和研究取得了重要的进展。在美日联手隐藏日本细菌战罪责之时,1949年,苏联远东滨海军区军事法庭在伯力对12名日本细菌战犯进行了公开审判,第二年出版发行了《前日本陆军军人因准备和使用细菌武器被控案审判材料》。中国人民政府为维护历史真相,防止重蹈历史覆辙,自1950年起,组织巨大力量,对沈阳和太原在押的数千名日本侵华犯罪分子展开改造教育与立案审查,使其由魔鬼返归人性,写出包括细菌战在内的坦白交代和自新材料;同时,在全国范围内,由公安、司法人员深入群众,进行调查取证工作。《人民日报》《东北日报》等报刊连续刊登了一些日本细菌战犯罪分子的口供、笔供,报道了公安、司法机关对"731""100""1855""1644"等细菌部队的部分调查材料、受害者的控诉材料及厂检材料。1956年,中华人民共和国最高人民法院特别军事法庭对45名日本侵华战争罪犯进行公开审判。同时,中国人民政府对日本侵华战争犯罪分子实行宽大政策,按其罪恶大小、认罪态度、改造程度,分三批将绝大多数在押人员遣返日本。中国人民的正义审判及苏联伯力审

---

❶ 陈飞莫:《细菌战》,商务印书馆1942年版,第30页。

判使美日联手隐藏日本细菌战罪责的坚冰被打破，推动了中日两国学术界及世界正义人士对日本侵华细菌战犯罪的调查与研究，取得了一些新成果。

20世纪90年代，对日本侵华细菌战犯罪的调查、揭露与研究进入了一个新高潮期。1989年，中央档案馆、中国第二历史档案馆、吉林省社会科学院合作编著的《细菌战与毒气战》一书出版。1991年，中国抗日战争史学会成立，创刊出版《抗日战争研究》杂志，中日两国学者聚集沈阳共同声讨日本侵华罪行。1993年，日本学术界联合会成立"日本战争责任资料中心"，创办《战争责任研究》杂志。在美国，美籍华人也成立了"日本侵华研究会"，出版《日本侵华研究》杂志。1995年，中外学者云集哈尔滨，愤怒声讨侵华日军细菌战的罪行，"北支"（甲）1855部队也第一次进入国际学术会议讨论研究的视野。经过世界正义人士半个多世纪的努力，日本侵华细菌战的罪恶历史终于被揭露出来。日本关东军第731部队和第100部队的罪行已引起世界各界人士的关注，华中"荣"字1644部队、华南"波"字8604部队及东南亚"冈"字9420部队也被揭露出来，放在光天化日之下。中国细菌战受害者已经在日本、美国提起诉讼。

然而，令人遗憾的是，历史已经进入21世纪，侵华日军"北支"（甲）1855部队还盖着那厚厚的面纱，深深隐藏着细菌战的秘密！在抗战期间和战后相当长的时期里，在华北广阔的大地上，伤寒、霍乱、鼠疫、炭疽、疟疾曾一再肆虐传播，千百万同胞遭受着那恶疫的苦痛，有多少人被夺去了生命！有多少人留下了残疾伤痛终生！而善良的华北老百姓还以为是老天爷发了"瘟疫难"！长期以来人们并不了解这其中的"秘密"。苏联的伯力审判几乎没有涉及1855部队。美国哈里斯著、王选译的《死亡工厂》一书，也未述及1855部队。中央档案馆等编的《细菌战与毒气战》和郭成周、廖应昌等编的《侵华日军细菌战纪实》，日本历史学家吉见义明等从日本防卫厅图书馆发现的日军参谋本部作战课课员井本熊男的《业务日志》和"北支"（甲）1855部队机密军事资料《业务详报第11号》（自1944年4月1日至9月30日），西野留美子的《北京甲1855部队的验证》一文，以及原"北支"（甲）1855部队的成员伊藤影明等人的回忆记录与文章，提供了最重要、最珍贵的原始资料与档案资料。但是，从总的情况看，目前国内外出版的有关史料不多，留有很大空白，专门论著甚少，通俗性著述更未曾见。

日本侵略者如何在华北编织细菌战的秘密组织网络？制造了多少恶疫细菌？活杀解剖了多少抗日人士？怎样对抗日军民进行细菌战？用细菌战杀害了多少中国老百姓？迄今，这些罪恶的黑幕，华北人民所遭受的严重损失，还被深深地掩盖着。当然，这有历史的原因，日本在战时始终把细菌战作为"绝密性的军事行动"，而华北的情况与东北及南方不同，由于日军"北支"（甲）1855部队处在与敌后抗日根据地犬牙交错的环境中，它隐藏得更深，它的细菌战活动更为诡秘；特别是在战争结束时，它又有更为充裕的时间和条件彻底销毁一切细菌战罪证，伪造档案，甚至从华北派遣军名册上涂销掉了"北支那防疫给水部"的名称，其骨干分子与有关人员除极少数被俘外，绝大多数逃回了日本。但是，我们中国人民和世界正义人士有一个共同的传统：知难而进。一定要把日军"北支"（甲）1855部队及其细菌战的罪恶黑

细菌战

幕揭露出来!

　　细菌战是日本侵华战争遗留下来的一个历史问题,也是一个现实性很强的问题。那场战争,造成中国人口伤亡3500万人,经济损失6000亿美元。这样空前的民族灾难,无论如何也无法从人们的记忆中抹去,历史教训值得人们永远记住并吸取。

　　日本政府一贯不承认进行过细菌战的罪行和事实,日本司法机关还在使用100年前天皇宪法来审视中国细菌战受害者诉讼案。近年来,虽然日本司法机关不得不承认中国细菌战受害者事实,却仍在顽固地坚持判决中国受害者败诉。

　　当前,世界上至少有包括日本、美国在内的一些国家在研制细菌(生物)武器,利用现代化生物技术进行基因转移和重组,培养和生产各种新型的致病微生物。细菌(生物)武器已令世人生畏、恐惧!

　　正视历史,以史为鉴,才能更好地面向未来,防止历史悲剧的再演,使中日及亚洲各国沿着和平与发展的友好合作关系而稳定、持久地前进。而维护历史真相,又是不可或缺的前提。

　　在这本册子里,我们将与中国和世界各国的朋友及和平、正义人士,特别是中国青年朋友及世界各国青年朋友,一起来揭开侵华日军"北支"(甲)1855部队在华北地区研制细菌武器,进行人体实验和解剖观察,实施细菌攻击作战的黑幕,使其暴露在阳光之下。

　　这些,还只是冰山一角。随着中国和世界各国的深入研究,这支细菌战部队那深深隐藏着的组织系统及其反人类罪行,将从各个角落被挖掘出来,牢牢钉在人类历史的耻辱柱上。

目 录

第一章 华北日军的细菌战组织网络 …………… 1
 第一节 本部隐藏在北平城内 ………………… 1
 第二节 各地的细菌战支部 …………………… 27
 第三节 野战防疫给水班 ……………………… 51

第二章 人体细菌实验和活杀解剖 …………… 70
 第一节 人体细菌实验 ………………………… 71
 第二节 用人体培植病菌 ……………………… 88
 第三节 医学研究中的人体解剖 ……………… 99
 第四节 杀人手段的人体实验 ………………… 135
 第五节 日军在华北进行人体实验的特点 …… 146

第三章 散播恶性细菌，杀害华北军民 ……… 171
 第一节 在晋陕边界及华北交通线的细菌攻击 … 173
 第二节 在晋察冀边区的细菌攻击 …………… 181
 第三节 在晋绥、绥西、晋南的细菌攻击 …… 207
 第四节 北平城内的霍乱实验 ………………… 217
 第五节 鲁西霍乱作战致民众病亡惨重 ……… 223
 第六节 在晋冀鲁豫边区的细菌攻击 ………… 253
 第七节 抗日根据地军民的防疫斗争 ………… 266

第四章　目前已知的细菌战华北受害者记录 …… 277
第一节　人体实验解剖多少华北军民 ………… 278
第二节　细菌战致华北民众病亡约百万人 …… 289

第五章　为何迄今细菌战仍鲜为人知 ………… 312
第一节　日本细菌作战被制止 ………………… 312
第二节　日军彻底销毁细菌战罪证 …………… 320
第三节　日美交易及其历史恶果 ……………… 330

附录 ……………………………………………… 352
一、石井四郎其人 ………………………………… 352
二、"北支"（甲）1855 细菌战部队
　　　部分人名册 ………………………………… 365

参考文献 ………………………………………… 377
后记 ……………………………………………… 386

第一章　华北日军的细菌战组织网络

日本华北派遣军防疫给水部，代号"北支"（甲）1855部队，称为151兵站医院，我们称之为华北1855细菌战部队。这是日本军队继在我国东北地区建立的第731部队和第100细菌战部队之后，在我国华北地区建立的第二个细菌战基地。它的本部隐藏在北京（原北平）城内，它的支部遍布华北16个大中城市，并在各野战师团中配置了防疫给水细菌战班，并与日本各陆军医院及日本所谓慈善机构"同仁会防疫处"有着紧密的业务联系，从而在华北地区构筑了秘密的细菌战组织系统。

第一节　本部隐藏在北平城内

一、"北支"（甲）1855部队的编成

日本的细菌战部队是打着"防疫给水"旗号的特殊部队。所谓"防疫""给水"，是对日军自身来说的，它的实质任务是实施细菌病毒的攻击作战。

七七事变后，日本急于征服中国。但是，第731部队和第100部队的细菌武器尚不能完全满足日军就近使用细菌武器以配合全面侵华战争的需要。为此，至1939年前后，日军在华北、华中、华南秘密地建立了三个大规模的细菌战基

地：华北派遣军防疫给水部，代号"北支"（甲）1855部队，全员约1500人。华中派遣军防疫给水部，代号"荣"字1644部队，全员约1500人。华南派遣军防疫给水部，代号"波"字8604部队，全员约1200人。这三大细菌战基地，均在日本陆军参谋本部第九技术研究所（登户研究所）密谋部队和华北、华中、华南的派遣军司令部直辖之下。1942年5月，日本侵略者又在新加坡和马来亚建立了"南方军防疫给水部"，代号"冈"字9420部队，还在泰国、缅甸设置了细菌战支部。这样，构筑了遍布中国大陆乃至东南亚地区的庞大的细菌战体系。

日本"华北派遣军防疫给水部"是继东北地区第731部队之后建立的第二支细菌战部队。日本占领北平后，迅速强占了原国民政府中央防疫处，在原有设施与设备的基础上，秘密组建第二个细菌战基地——日本"华北派遣军防疫给水部"。中央防疫处是为预防和控制我国传染病而设立的调查研究、治疗和从事各种生物制品的生产供应工作的机构，1919年3月由北洋政府建立，1928年6月由国民政府接管，一直设于天坛公园西南角的神乐署内。神乐署原为皇家祭天乐舞生学习礼乐的地方，占地15亩，建筑规模宏大，包括前殿凝禧殿和后殿显佑殿及四周一圈回廊。❶九一八事变后，由于华北形势日趋危急，中央防疫处于1935年12月迁往南京，北平原址改为中央防疫处北平生物制品所。至1938年2月，日本华北派遣军防疫给水部已初具规模。据《井本日记》的记载，"（昭和）十四年（1939年）秋，耗资21万日

---

❶ 张开济："惜哉！神乐署"，载《北京晚报》1991年7月7日。

元,置办细菌武器的研究设施等,现已完成九成。"❶ 就是说,至1939年秋天,北平的细菌战基地建设基本完工。据《天坛防疫处工人座谈会纪要》记载,日本华北派遣军防疫给水细菌部队的部队长,初为黑江,继为菊池,1939年西村英二上任,此后华北派遣军防疫给水部对外通称代号"北支"(甲)1855部队,又称151兵站医院,因为西村英二当队长,又称西村部队,在袖章上有"西村"的字样。❷ 其本部,分防疫课、预防课、经理课。本部下分为第一、第二、第三分遣队,后改称课。1939年前后,日军制订了秘密"接管"北平协和医学院❸和中国静生生物与社会调查所的计划,1942年12月9日,即太平洋战争爆发的第二天,第一分遣队(第一课)强占了北平协和医学院,第二分遣队(第三课)强占了中国静生生物与社会调查所,第三分遣队(第二课)仍留神乐署,与本部在一起。

日本华北派遣军在北平城内秘密建立1855细菌战部队本部的同时,先后秘密地在天津、塘沽、张家口、保定、石家庄、太原、大同、运城、包头、济南、青岛、郑州、开封、新乡、徐州等城市建立了细菌战支部、办事处或分遣

---

❶ 西野留美子:"北平甲1855部队的验证",载郭成周、廖应昌:《侵华日军细菌战纪实》,北京燕山出版社1997年版,第232页。

❷ 天坛防疫处工人座谈会纪要,1950年3月7日,原件存中央档案馆,档案号149-2-172。

❸ 据《井本日记》的记载,1855部队"(昭和)十四年秋……正在树立接管洛克菲勒的谋划"。"洛克菲勒",即指北平协和医学院。载郭成周、廖应昌:《侵华日军细菌战纪实》,北京燕山出版社1997年版,第323页。

队,并在野战师团及部分旅团配属了"防疫给水班"。

日军在华北的 1855 细菌战部队,包括其本部和各支部、办事处、分遣队,以及配属师团的野战防疫给水细菌战班,建构了一个完整的细菌战组织网络。它的建立如此之快,扩展如此之广,表明日军在华北建立细菌战基地是早有预谋的,暴露了日军急于大规模使用细菌武器的罪恶图谋。

二、寻查细菌战本部数十载

《人民日报》1950 年 2 月 21 日刊登了原日军"北支"(甲) 1855 细菌战部队卫生兵松井宽治的证词。他于 1945 年 4 月被调到北平,派入 1855 部队细菌武器研究所做卫生二等兵。松井宽治写道:

华北派遣军 1855 部队,部队长是前军医大佐西村英二,本部设在北京市的名胜——天坛的近旁……

8 月 9 日苏联参战后,细菌研究所的人员都拿起枪,出动到张家口方面去,工作暂停。

不久,到 8 月 15 日,战事便结束了。在那天中午的无线电广播 20 分钟后,队长筱田便下令破坏细菌研究所。破坏工作持续了三天三夜,通宵达旦。在后园挖了大坑,先把跳蚤放到里面去,然后洒上汽油焚烧。重要书籍和细菌培养器具也都被烧毁了。1 万个培养跳蚤的汽油罐被卡车运走。

战争结束后第七天,我们便结束了破坏工作,到本部集中。同时又下令解散部队,把叫"北支那防疫供水部"的名称从华北派遣军的名册上涂去,所属官兵都转属到各陆军医院去。

……同年 12 月,队长筱田统、军医大尉高冈满和军佐

第一章　华北日军的细菌战组织网络

技师尾崎繁雄三人脱离了军籍，穿起西服，蓄起头发，扮成日侨，搭乘陆艇回到日本。前兵曹长时冈孝也转归了步兵部队，同年11月混入其他部队回国。我在1946年1月因盲肠炎入医院，经施手术后化脓，直到3月尚在病榻上过日子，直到同年4月4日。因此后来的事情怎样，我便不得而知。那细菌研究所的干部恐怕没有一个成为战犯嫌疑犯，全体都回国了。

这是当年1855部队本部成员最早的一份证言。这一证言表明，由于日军下令销毁罪证，从名册上涂去"北支那防疫给水部"的名称，将所属官兵转到陆军去，本部的干部扮成日侨全体都回日本了，因而，1855细菌战部队的踪迹和罪行被深藏起来。松井宽治说1855部队的本部在北京市"天坛的近旁"，但未说出它的具体地址。这成为研究者长期以来的一个难题。为了查清日军1855细菌战部队存在的事实，特别是它的本部隐藏在哪里，人们花费了极大的气力，苦苦搜寻了数十个年头。

从第二次世界大战结束，直到1995年，才由日本女作家西野留美子在哈尔滨由中日联合举办的"反对日本侵略维护和平座谈会"上发表了《北京甲1855部队的验证》❶一文。她依据中日两国的资料，第一次较为系统地描述了1855细菌战部队的组织系统。文中写道：1855部队的"本部就在北京市天坛"。但是，仍未能具体指明它的本部究竟在天坛的什么地方。

直到20世纪90年代末，郭成周教授经过多年追寻，在

---

❶ 西野留美子："北京甲1855部队的验证"，载郭成周、廖应昌：《侵华日军细菌战纪实》，北京燕山出版社1997年版，第232-238页。

细菌战

《侵华日军细菌战纪实》一书中,根据当年曾在1855部队第三课饲养过跳蚤的伊藤影明来北京旧地时的指认,肯定"先农坛的庆成宫是第1855部队的本部所在地"。他写道:

>第1855部队本部设在现北京先农坛的庆成宫大殿里,是根据曾在该部队第三课工作多年的伊藤影明来北京时核实的。在大门口挂有同仁会华北中央防疫处和同仁会华北卫生研究所两块牌子。❶

1998年前后,笔者在中央档案馆查阅日本战犯档案,特别是1855细菌战部队档案,觉得1855部队本部设在先农坛可能是一个误判,因为先农坛大门口挂的两块牌子是"同仁会"的,这与日本华北派遣军防疫给水部不是一回事。

1999年和2001年,我几次拜访郭成周先生。他是一位有名的细菌学专家,72岁离休,离而不休,多年追寻日军细菌战的踪迹,揭露其罪证。当时,这位近90岁高龄的教授已经发现了上面的误判,重新审视了伊藤影明的指认,结合北京市崇文区地方志的实地考证,重新核准:1855部队的本部设在天坛公园西南角的神乐署内,本部在神乐署的前殿凝禧殿,而先农坛则是日本的同仁会华北卫生研究所的驻地。

2001年,郭成周教授亲自与笔者一起考察了原日本华北军1855细菌战部队本部的驻地天坛神乐署、协和医学院和静生生物与社会调查所的旧址。我们当时还拍摄了几张神乐署的照片。

---

❶ 郭成周、廖应昌:《侵华日军细菌战纪实》,北京燕山出版社1997年版,第219-220页。

第一章　华北日军的细菌战组织网络

图 1-1　日本华北军 1855 细菌战部队本部遗址：
神乐署（正门）（谢忠厚摄）

图 1-2　日本华北军 1855 细菌战部队本部遗址：
神乐署前殿凝禧殿（谢忠厚摄）

图1-3 神乐署后殿显佑殿（谢忠厚摄）

图1-4 神乐署前殿凝禧殿内景（谢忠厚摄）

第一章　华北日军的细菌战组织网络

但是至此，人们还没有找到1855细菌战部队的本部隐藏在北京市天坛公园西南角神乐署的直接史证。又过了十余年，2014年有了一个重大发现：华辰拍卖公司从全球征集日军侵华影像资料，原日本收藏家的后代愿意出让日本侵华时期在天坛活动的一批老照片。最终这批老照片回到中国，共165张，系一位日军中尉的私人拍照。

其中有一张实验室照片，人物背后为实验器具，文字标明"于北平天坛野战防疫部"。

图1-5　北平天坛防疫给水部的实验室

其中还有一张照片，经现天坛管理处员工辨认是神乐署的后殿显佑殿，里面有玄武大帝像，殿旁的大槐树现今还在。

图 1-6 神乐署后殿显佑殿

其中还有些照片,不仅标明"北平天坛",照片中的器具上还标有"REX"字样,表明这些器具可能是高压消毒设备。

图 1-7 北平天坛防疫给水部的部分设备

第一章 华北日军的细菌战组织网络

华辰拍卖公司搜寻到这些照片,实为难能可贵,这是直接证明1855细菌战部队存在的首批影像史料,也为日后的研究提供了宝贵实证资料,具有重大的意义。

隐藏在北平市天坛西南神乐署的日本华北派遣军"北支"(甲)1855部队本部,是该细菌部队的首脑机关,又是日军在华北地区进行细菌战的研究和实施的指导机关。它有双重任务:一方面,要负责日军的防疫给水,另一方面,要研究和生产细菌武器;同时,要统辖和领导华北各细菌战支部、办事处及分遣队的细菌战业务。

1855部队的本部,也叫总务部,部长吉见亨军医中尉,内设四个课。

庶务课:统辖本部的各课,负责经营、传达指示,以及同上下左右的各种联系。

经理课:负责制定预算,分配和处理经费,调配物资,发放工资、给养等业务。

材料课:负责当地资源的药理研究,保证提供作战、防疫和研究所需的各种卫生材料等的供给。

计划课:制订日军在华北各地作战的防疫、给水和研制、使用细菌作战的业务计划。

此外,在本部院内还有:诊疗课,内设总务室、会计室、药局、X光室、病房、病理室等;教育队,负责对华北各地细菌战部队人员的培训教育业务。

1855细菌战部队的本部以下,在前期,直辖三个分遣队。第一分遣队,后改称第一课;第二分遣队,后改称第三课;第三分遣队,后改称第二课。当时,这三个分遣队(课),均驻在本部的院内。此外,还有给水课及凿井队。

· 11 ·

细菌战

1941年12月,日军强占静生生物与社会调查所和协和医学院以后,第一课迁入协和医学院内,第三课迁入静生生物与社会调查所内,第二课仍与本部驻在一起。这样,1855部队本部的业务及其细菌研究、细菌生产及细菌武器研制的规模日益扩展。

三、研究细菌战剂的机构

侵华日军1855部队本部的细菌战剂的专门研究机构是第一课,名称叫"卫生检验课"。所谓"卫生检验",只是为了掩人耳目。该课初建时,设在天坛中央防疫处生物制品所内,课长小森源一军医少佐,设有细菌检查与培养、血清学检验、理化检验、昆虫、结核病、病理解剖、防疫给水等七个室。该课1941年12月迁入北平协和医学院后,血清学检验室设在学院的"A"字楼,防疫给水室设在"B"字楼,病理解剖、细菌检查与培养、结核病、昆虫、理化检验等室设在"I"字楼。此时,驻在一个院内的协和医学院也改名为北平"陆军医院东城分院",表明日军防疫给水细菌战部队与日陆军医院有着密不可分的联系。

该课的细菌战剂研究范围和研究规模巨大,迁入北平协和医学院内之后又有迅速的扩展。原在该课工作过的中国工人在座谈会上曾说:

第一课迁入协和后,在协和工作的日本人最多时有500人,平时有300多人。饲养兔、鸡、荷兰猪、狗、猴、大白兔,饲养室每天用大量洋菜,每天用牛肉约150斤,后改用马肉。这里也制造猩红热、白喉、破伤风、伤寒、斑疹伤

寒、BCG、麻风、脑膜炎等的疫苗及血清，每天出品 160cc 的四至五箱，每箱 200 瓶。❶

图 1-8　第一课卫生检验课遗址：原北平协和医学院
（谢忠厚摄）

日本战俘中村三郎，曾在侵华日军驻山西省太原市陆军第一军司令部任军医中尉、军医大尉，1944 年 1 月在太原防疫给水支部受训后，2～3 月又在北平陆军医院东城分院，即 1855 部队本部第一课受训。他在 1954 年 8 月 21 日的笔供中供认：在第一课，他受到了细菌、防疫及毒气的训练，并听北平防疫给水部长（大佐军医，可能是西村）讲过细菌战问题，部长还介绍给水部内设有大规模培养细菌的设备，专设

---

❶ 天坛防疫处工人座谈会纪要，1950 年 3 月 7 日，原件存中央档案馆，档案号 149-2-172。

有轮带式的培养器，能培养好多吨的细菌。[1] 可见，第一课不仅是1855部队的细菌战剂的研究基地，而且负有华北日军自身防疫和对敌进行细菌、毒气的攻击训练的任务。

四、生产细菌（生物）战剂的机构

大量生产各种细菌（生物）战剂的专门机构，是侵华日军1855部队本部的第二课，名叫细菌生产课。该课是1855部队的核心部门，自初建至日本投降一直在天坛公园西南侧的原"中央防疫处"生物制品所内。课长是平野晟军医少佐。课内设有六个室：第一疫苗室、第二疫苗室、血清室、检验室、痘病室、培养基室。

中国当年的调查资料表明，第二课是1855部队生产细菌战剂的专门机构，虽然日本人百般掩盖，但只能是欲盖弥彰。1950年，中央人民政府卫生部陆世烺在《关于日军驻北平细菌部队情况调查》中记载：

> 天坛防疫处在天坛西南，日寇在那里建筑的房子不少，除去宿舍与病房外，工作室约有100余间。前天坛防疫处处长汤飞凡说：我在1945年日寇投降后接管"北支"（甲）1855部队所占据的天坛防疫处时，曾询问有没有毒性菌种，日本人说只有斑疹伤寒的菌种，因此只交出斑疹伤寒的菌种。但本处在今年成立菌种室后，收集全处各部门的菌种

---

[1] 中村三郎的笔供，1950年8月21日，原件存中央档案馆，载谢忠厚、张瑞智、田苏苏：《日本侵略华北罪行档案5·细菌战》，河北人民出版社2005年版，第5页。

时，发现6管只写有日本女人名字的菌种。第1号是杉田辛平，第2号是杉田昭子，第3号是杉田奉子，第5号是永排胜子，第6号是杉田佳子，第8号是岩谷文容。6管菌种经过培养试验以后，发现其中5管是毒性鼠疫杆菌，第8号的毒力可能已经消失。这是证明日寇曾在该处制造细菌武器的最有力的证据之一。❶

图1-9 第二课遗址：原中央防疫处北平生物制品所（谢忠厚摄）

当时，天坛防疫处还于1950年2月16日以防总字第154号文，连同原物照片一并呈报中央人民政府卫生部。呈文是这样写的：

---

❶ 陆世烺：《关于日军驻北平细菌部队情况调查》，1950年，原件存中央档案馆，档案号149-104。

细菌战

查本处接收日人遗下菌种,前经检查研究均类似鼠疫菌,业已具文报告。兹经继续研究该项菌苗6管,均为鼠疫菌种,其中5管为有毒性的。兹谨列具清单连同原物照片一并备文呈报,敬祈鉴核,谨呈。

附:清单一纸

天坛防疫处原存接收日人遗下菌种清单:

1. 杉田寿平:有毒性鼠疫菌种,毒力为100%。
2. 杉田昭子:有毒性鼠疫菌种,毒力为80%。
3. 杉田奉子:有毒性鼠疫菌种,毒力为75%。
4. 永渊胜子:有毒性鼠疫菌种,毒力为100%。
5. 杉田佳子:有毒性鼠疫菌种,毒力为80%。
6. 岩谷义宏:无毒性鼠疫菌种。❶

这是证明侵华日军1855部队本部的第二课是生产霍乱、鼠疫等细菌战剂的专门机构的有力证据。而且,资料表明,第二课生产细菌战剂的设备和能力令人吃惊。日军战俘长田友吉曾先后在日军第59师团第54旅团任兵长、伍长、曹长等,在1954年11月1日的笔供中供认:

1943年7月,我以卫生兵长身份参加了河北省北京西华北卫生部候补下士官教育队受训,同时受训的约有200人。

---

❶ 天坛防疫处:《呈中央人民政府卫生部文》,1950年2月16日,防总字第154号,原件存中央档案馆,档案号149-2-171。此清单所列日本女子姓名与前面陆世烺所列略有出入。

第一章 华北日军的细菌战组织网络

根据教育队队长某军医中佐的命令,出差到北京天坛华北防疫给水部西村部队参加细菌检索训练。当时,西村防疫给水部设有细菌试验室,约有10个房间,其中有细菌培养室、灭菌室、显微镜检查室和材料室等。一天,我和几名同事一起进入了霍乱菌培养室。室内有一个高2米、长1.5米、宽80厘米的大灭菌器,其中装着5个高30厘米、长50厘米、宽30厘米铝制霍乱菌培养器。这时,正在细菌室值班的某军医中尉指着培养器向我们解释说:"这里面培养着难以数计的霍乱菌,有了这些霍乱菌,就可以一次把全世界的人类杀光。"❶

长田友吉的这一笔供,说这里生产的细菌可以"一次把全世界的人类杀光"!足见日军疯狂至极,也确实表明当时第二课的霍乱菌生产能力已经相当巨大。

从卫生部陆世烺的报告《关于日军驻北平细菌部队情况调查》中,可以清楚地看到1855部队本部和第二课的细菌生产规模之巨大。报告记载:

日寇在那里建筑的房子不少,除去宿舍与病房外,工作室约有100余间。前天坛防疫处处长汤飞凡说,日寇投降后接管时,在前天坛防疫处院内有日寇遗留下的11吨、12吨、13吨三个6公尺长的大消毒锅,是用来对培养菌种的器具消毒的。仓库内还存有大量的铝质培养箱。据当时在该部队工

---

❶ 长田友吉的笔供,1954年11月1日,原件存中央档案馆,档案号119-1-131。

作的机械匠陈康延说,日寇在投降后不但毁掉很多文件器材,并曾用坦克车大量地压毁或烧毁很多铝质培养箱。当日本人在这里时,有两个工人每天专门做刷煤油桶和揭桶盖的工作。每天有大批这样做好了的煤油桶,用卡车送到静生生物调查所去。这种煤油桶是培养跳蚤的工具。培养动物的小动物室的规模也是极大的,有4排房屋,共约70余间,每间室内可饲养数百只甚至1000只老鼠。日寇曾用麻袋大批运来血粉,作为细菌培养剂用,到现在为止,人民医院北面的地下还曾埋有日寇用剩的血粉,下雨时还有腥臭味。❶

这些调查材料表明,第二课不仅细菌战剂的生产规模和生产能力令人吃惊,而且经常饲养数以万计的老鼠,以供给第三课研制鼠疫跳蚤细菌武器。

五、研制鼠疫跳蚤武器的机构

侵华日军1855部队本部研制鼠疫跳蚤细菌武器的专门机构,是它的第三课。该课原与本部一起驻在天坛西南角的神乐署内,下设生产室、研究室、特别研究室、事务室及诊疗室、资料室、经理室等,该课课长是筱田统(大佐待遇的)军佐技师。1941年12月9日,筱田统率部强占原静生生物与社会调查所,该课扩建为细菌武器研究所。

静生生物与社会调查所,始建于1928年,位于国立北平图书馆的西邻,其建筑除地下室外,共有三层楼60多间

---

❶ 陆世煐:《关于日军驻北平细菌部队情况调查》,1950年,原件存中央档案馆,档案号149-104。

第一章 华北日军的细菌战组织网络

房屋,集中了一大批著名的科学家,是我国著名的研究机构。原静生生物与社会调查所工作人员夏绰琨在日本投降后参与接管该所,他于1950年3月1日写了《关于日军占据静生生物与社会调查所及其撤退情形见闻》一文,较为详细地揭露了日军强占静生生物与社会调查所的情形。该文记载:

1941年12月8日早晨8点钟的时候,日本军1855部队的筱田队强占了静生生物与社会调查所。事前一年中(或有二年中)该队长筱田统就时常前来参观,他自称日本京都帝国大学教授,并研究昆虫学。来所里的时候,往往是与我们所里昆虫部门研究人员谈谈。据我们看来,该筱田亦俨然学者风度,文字方面可能通达数国,英语、法语说得都相当流利,身材很长,鼻子很高,我们常说他像是一个日本和法国人的混血人种,年岁在40左右。那天早晨8点钟,筱田亲自率领10名士兵闯进本所,首先一方面将本所已经上了班的员工加以监视,另一方面使兵士把守大门,不准我们陆续来所上班的员工再进门去。经过两小时后,将被监视的员工亦放出,而留下工友6人为他服务。过了几天工夫,他便传知我们离所的员工,各自写履历片一张,并各自声明是否还愿意继续服务。又过一星期后,指名召回我们干部10余人,借继续任用为名,强迫操作劳役,将静所楼房上层室内东西搬至下层。一方面于谈话中询问本所内部情形,如此10天,大概将本所情况了解清楚,即下令又将本所员工全体解散,仅留下机器匠4人、花区1人及工役1人。

◆ 细菌战 ◆

图1-10 第三课遗址：位于西城区文津街的静生生物与社会调查所，现已拆迁作他用（谢忠厚摄）

夏绰琨在这一见闻中，还写出了该细菌武器研究所"绝对的军事秘密"的情形：

在筱田队占据本所的4年之间，他的内部设施与工作情形，以及行动，都是非常诡秘。据我们的旧工友高德成和机器匠门子华等（日本留用的）所说：静所楼房上层，绝不准中国人上去，他们日本人上去的时候也要有一定的符号，并需要更换衣服。平时凡有物品运入或运出，必先将中国人驱使回避。楼里平常温度很高，一年中仅有1个月停止暖气。查静所暖气水电等设备，系与北京图书馆（东邻）合作，机器房装备规模很大，大部分暖气水电为图书馆使用，静所只用一小部分已足。在筱田占据本所的4年间，他将全部暖气

· 20 ·

第一章 华北日军的细菌战组织网络

霸占,将图书馆使用的路线截断,丝毫暖气不与放通过去。楼上窗玻璃涂有绿色。筱田与天坛方面往来频繁。❶

这个第三课细菌武器研究所,之所以如此"诡秘",是因为它主要培养鼠疫细菌和跳蚤,石井四郎称之为"秘密武器"。前面已经提到 1855 部队筱田队卫生二等兵松井宽治,他在 1950 年 1 月 9 日的证词❷中,明确而具体地写道:

第三课设在北京国立图书馆西邻的静生生物调查所内,工作是:(一)大量生产跳蚤;(二)大量生产鼠疫菌;(三)结合跳蚤和鼠疫菌;(四)从飞机上散布的工作等。这个队的队长筱田统,是京都帝国大学的教授、理学博士,是大佐待遇的军佐。在他的下面有军医将校 2 名、将校待遇军佐 3 名、卫生下士官 6 名、卫生兵 45 名,女子军佐 3 名、下士官 3 名,中国苦力 5 名,此外还有北京高等女子学校的日侨少女 10 名。在该所的地下室内,有细菌培养室、动物室、苍蝇培养室、疟疾研究所。二楼全层是跳蚤培养室。

第三课根据工作内容又分第一工作室(跳蚤的生产)、第二工作室(苍蝇的生产、疟疾研究)、第三工作室(鼠疫菌的生产)、小动物(鼠)室等。在工作时间内,总是

---

❶ 夏绰琨:《关于日军占据静生生物与社会调查所及其撤退情形见闻》,1950 年 3 月 1 日,原件存中央档案馆,档案号 149-2。

❷ 原日军"北支"(甲)1855 部队卫生兵松井宽治的证词,1950 年 1 月 9 日,载《人民日报》1950 年 2 月 21 日。

在门内加锁，时常有人值班看守。工作完毕后回到营房，关于工作内容的话是一句也不准讲的。上级吩咐过：星期天到外边走，即使遇到宪兵问起部队的内容，也不要照实回答。……

关于该所培养跳蚤的内情，松井宽治以自身的经历写道：

跳蚤的发育需要黑暗及摄氏28度的气温和90%的湿度，因此，研究所二楼的窗总是关起来的，玻璃的内侧涂上了黑漆，室内经常黑暗无光。为了保持湿度，在走廊和各房的天花板上都吊着破布，每隔1小时喷雾一次，在地阶上经常贮有2吋的水。附于各房的水蒸气活瓣，不断输送水蒸气进房。房内整天都弥漫着水蒸气。房内摆有数列木棚，上面放着无数的汽油罐，罐内装满着跳蚤，在罐的里面，放有小笼，装有老鼠，做跳蚤的食饵。对于这些被几千个跳蚤吸血的老鼠，每天都给予食物。老鼠经过4天至一星期便死去，因此每天早上都要将死老鼠拿到地下室去，做养蛇室的食饵。

松井宽治在该证词中还写道："据我从尾崎技师那里听到的话，在1942年，有一次曾通宵大量生产跳蚤，运到外面去；同时，据说还进行过对空中实验，得到了圆满的结果。""听说在我被调入该部队工作前约一年（1944年），那里曾进行过人体实验，有两个中国人因此牺牲了。实验内容详细情形虽不得而知，但说那两个中国人是手脚绑起来，口

第一章 华北日军的细菌战组织网络

里塞着东西,被装在麻袋里在白昼间用卡车从北京市内运到部队驻地,经过一个星期便死了。"

上面的资料表明,侵华日军1855部队筱田队占据静生生物与社会调查所之后,把这个著名的高级研究学府变成了研制鼠疫跳蚤细菌武器的魔窟,不仅培养了大量带鼠疫菌的老鼠和带鼠疫菌的跳蚤,而且进行过鼠疫跳蚤的人体实验和空中散布实验。

伊藤影明曾在华北1855部队北平本部工作过4年,他在日本《战争责任研究》季刊1993年第2期上发表了如下证言:

1943年11月,他被分配到1855部队第二课(后改称第三课),赴任伊始就受到严令:"这里所做的事,绝不许对外人讲""如果违背这一训令,就要交付军法会议处置。"他的工作是以老鼠为媒体饲养跳蚤。当时,饲养室在该建筑的三楼。身上只裹一条兜裆布,脚上穿一双拖鞋,整天忙于饲养跳蚤。室内搭起几排木架子,把装进笼子里的老鼠放进石油桶里,里面撒上麦糠、血粉饮料、豆饼,然后往里面放进跳蚤,使之吸食鼠血,于是跳蚤就可以在里面不断繁殖。该部队不仅从事跳蚤的生产,也曾做过繁殖苍蝇和蚊子的尝试。有时苍蝇和蚊子不够用,该部队就到当地百姓家里购买。❶

---

❶ 伊藤影明的证言,载郭成周、廖应昌:《侵华日军细菌战纪实》,北京燕山出版社1997年版,第235-236页。

细菌战

伊藤影明认为，第三课从 1944 年开始正式大量生产带鼠疫菌的跳蚤和老鼠。他在证言中接着说：

起初一个阶段，由十几个士兵和军属负责生产，到了 1944 年人员也增加了许多，不少下士官和军官（如军医大尉、中尉）从本部转到该部，最终达到 50 名左右，逐渐进入正式大量生产的体制。在这一时期队员中染上鼠疫并且入院治疗的有六七个人。

与松井宽治的笔供和伊藤影明的证言相吻合，日军战俘中村三郎在 1954 年 8 月 21 日的笔供[1]中供认，1944 年，他在"北支"方面军直属昆虫研究所（第三课）研究过蚊蝇的种类。当时在标本上看到蝇子有 50 多种，蚊子有 30 多种。他研究过细菌的培养和鉴别法，细菌有肠伤寒、副伤寒、斑疹伤寒、赤痢、阿米巴、黑热病、回归热、疟疾等，并参加了实地实验，学会了鉴别的方法。毒瓦斯分为催泪性瓦斯、喷嚏性瓦斯、糜烂性瓦斯及青酸瓦斯、保斯思瓦斯，都是窒息性的瓦斯。

有证据表明，日本华北军 1855 部队的鼠疫跳蚤细菌武器的生产，是很早就开始了的。据日本学者发现的《井本日记》，在 1941 年 12 月 22 日的日记中记载"'北支那'有石油桶 2 万"。所谓"石油桶"，就是用来饲养鼠疫跳蚤的桶。据 1943 年 4 月 17 日的《医事会报》，日军参谋本部制订了

---

[1] 中村三郎的笔供，1954 年 8 月 21 日，原件存中央档案馆，档案号 119 - 2 - 1105 - 1 - 4。

第一章 华北日军的细菌战组织网络

大量生产带鼠疫菌的跳蚤和老鼠的计划,当时有人报告说:"'北支那'给水部生产跳蚤 100 克,老鼠 1000 只,12 月末可以生产跳蚤 1000 公斤。但所需老鼠急待补充供应。"还报告了每月增产 2 万只老鼠的事实。❶ 日军参谋本部第一部部长真田镶一郎少将 1944 年 11 月 28 日的日记,记载了部长会议简报的内容:准备 1945 年细菌攻击的计划,每月能保证 30 万只老鼠,即可生产 300 公斤鼠疫跳蚤。鼠疫跳蚤的生产配额,从 1944 年 12 月起,华北防疫给水部每月生产鼠疫跳蚤 20 公斤。❷

中华人民共和国成立之初,曾对日本战犯进行审判,在调查过程中,原在日军 1855 部队第三课的中国工人门子华、高文元等讲述了他们的经历和感受。工人们说:筱田队占据静生生物与社会调查所期间,"二层楼是不许任何中国人上去的。在上二层楼的楼梯顶端,安了两扇门,日常总是锁着。日本人上去时,也要按电铃后,才许进去。每逢有大卡车开到所里时,卡车都是严密遮盖,而且开进大门后,日本兵就马上关起大门,并把中国工人都堵在后院,连下班都不准出去。该部队部队长西村英二来时,也是把中国工人都堵在后院,严密戒备"。院子里有用洋灰灌围起的 3 块直径 6 米的圆草地,日本兵嘱咐中国工人不许靠近,说草地里撒有跳蚤。日本兵每天把许多干血块碾成血粉,来饲养跳蚤。

---

❶ 郭成周、廖应昌:《侵华日军细菌战纪实》,北京燕山出版社 1997 年版,第 236 页。

❷ 郭成周、廖应昌:《侵华日军细菌战纪实》,北京燕山出版社 1997 年版,第 86 页。

细菌战

工人高文元曾负责喂几千只白鼠、灰鼠、仓鼠、兔子等动物。他还到车站接过一批山东老鼠，到北平各区公所收集过大量的苍蝇。日本人走了以后，该所还发现了七八个1尺多高的大玻璃瓶，里面都装满着苍蝇一类的东西。该所在修理水管时，曾在地下挖出20多个破煤油桶、烧过的大麦和老鼠。日军在该处还建有一所4米见方的双重门的没有窗户的小屋，另有地下冷藏室一所，都是供培养细菌武器用的。

卫生部陆世烺和原静生生物与社会调查所工作人员夏绰琨分别写出的日军1855部队细菌部队调查材料具体而有力地证实1855部队本部的第三课是大量生产带鼠疫菌的老鼠和跳蚤的重要基地。夏绰琨在调查材料中说：

1945年10月中旬，他奉命接收静所，"一进大门，便见院庭中间有一大坑，面积可有1亩，坑内尚有焚烧灰烬，破碎玻璃，及破煤油桶等物。日兵约10人，正在移土填埋此坑。待进楼中查视，则楼房上层各室皆空空如也，有日兵数名，正用喷雾器喷刷墙壁；中层各室，除图书室等外，余亦多是空空；下层各室，多满积静所原有物品"。"筱田与某见面时，第一句话先说'日本人大大觉悟'。问他静所中有无危险性质物品存在，答说'绝对没有'。""日军撤退后，本所开始整理一切，在清理中间，发现筱田队使用本所楼房平面设计图一张，示明楼的上层各室具为饲育室，又发现兵要生物照相一册。近于两个月前本所迁址，又经一次大清理，无意中发现日人留下的跳蚤蚊虫等照相数百张。""嗣后再查日人留在静所的设施，计有很严密的房子一间，无窗而有双

重门，门缝统有绒布垫紧，似冷藏用的地窖一室，入口曲折，有相当深度，洋灰水池一个，长丈余，宽五六尺，深亦有五六尺。"❶

陆世烺在调查材料中进一步具体而明确地写道：

日寇投降后，接管人员在静生生物与社会调查所的地下室内，"发现筱田部队第二课所留下的一张工作室说明图，证明该所为大量培养蚤种场所。图上注明：'平时只二层楼西半部养蚤种，作战时二、三层楼可全部养蚤。作战时最大生产能量是2.47万瓦（24.7公斤）。'平常养蚤最合适的数量是1600瓦"。此外，同一地方还发现了"蚤幼虫期的饲料和成虫发生量的关系"的图表，以及该部队在各地所搜集的跳蚤、老鼠、蚊蝇的相片。❷

第二节 各地的细菌战支部

一、1855 部队编成表

通过前面的材料，我们可以看到日本华北军 1855 细菌战部队北平本部及其第一、第二、第三课的组织内情，大规

---

❶ 夏绰琨：《关于日军占据静生生物与社会调查所及其撤退情形见闻》，1950 年 3 月，原件存中央档案馆，档案号 149 - 2。

❷ 陆世烺：《关于日军驻北平细菌部队情况调查》，1950 年，原件存中央档案馆，档案号 149 - 104。

细菌战

模地研究各种细菌战战剂,生产各种细菌战战剂,通宵达旦地培养带鼠疫菌的老鼠和跳蚤,相信已经从内心底里斥之为隐藏在北平城内的"细菌工厂"或"白衣魔窟"了!

何止这些!日本华北军 1855 细菌战部队 1944 年 9 月 30 日制成的《华北防疫给水部队编成表》❶记录了北平本部及各地 12 个分部、办事处、分遣队及其负责人:

北京本部	陆军军医大佐西村英二
天津办事处	军医大尉立石五郎
塘沽办事处	军医大尉黑川正治
济南分部	军医大尉大森玄洞
青岛办事处	军医中尉铃木武夫
石门办事处	军医少佐田山吉政
张家口分部	军医大尉川锅里吉
太原分部	军医少佐远藤吉雄
运城办事处	军医大尉松尾梅雄
郑州分部	军医少佐上村秀胜
开封办事处	军医大尉广濑一郎
新乡办事处	军医中尉濑户丰
碓山分遣队	军医少尉田村节彦

这一编成表证明日本华北军 1855 细菌战部队及其机构

---

❶ "华北防疫给水部队编成表",1944 年 9 月 30 日,载郭成周、廖应昌:《侵华日军细菌战纪实》,北京燕山出版社 1997 年版,第 233 页。

第一章　华北日军的细菌战组织网络

分布很广、数量很大。我们已经知道，它的魔爪伸进了16个大中城市，先后在天津、塘沽、保定、石家庄、张家口、太原、大同、运城、郑州、开封、新乡、郾城、济南、青岛、包头、徐州等城市建立了细菌战支部（分部）、办事处、分遣队。同时，在赤峰、承德，还有第731细菌战部队建立的细菌战支队。但是，迄今它们还深深地隐藏着，需要人们花费更大气力把它们的真面目暴露在阳光之下。下面，再据笔者所掌握的档案资料，透过太原支部和济南支部，来看一看这些驻外地支部与办事处的"白衣魔窟"的真相吧。

二、太原防疫给水细菌战支部

太原防疫给水细菌战支部，建于1938年5月，是日本华北军1855部队建立较早的驻外地支部之一。它属于北平防疫给水部并接受该给水部命令，协助华北日军驻太原第1军的作战，但事实上也曾经接受驻太原第1军军医部长的指示。石井四郎在1942年8月至1944年初在太原担任第1军军医部长期间，直接领导太原防疫给水支部的细菌战活动，并进行过冻伤实验与霍乱实验。

太原防疫给水细菌战支部，设在太原市西羊市街12号，称"太原防疫给水部"。日本投降时，潞安日陆军病院与太原防疫给水细菌战支部合并。该防疫给水细菌战支部的内部组织分为教育室、细菌检查室、细菌培养室、解剖室、特殊培养室、消毒所等部门。该支部的支部长，前期为近藤军医少佐，后期为桥本军医少佐。主要成员有：庶务课长卫生大尉福井、卫生少尉近藤安作，诊疗室军医大尉野口龙雄、内田、波川，卫生准尉宫川奎海，药剂中尉武居等。还有准尉2人、下士官16人左右、兵士40余人、军属10余人。太原防疫给水部往运城派出一个防疫给水班，在运城兵团作战时共同前进，担当防疫及给水任务。运城防疫给水班的编制人员有：班长，大阪高等医专毕业的井川军医大尉；班副，日本医科大学毕业的内田军医少尉；东京慈惠医大毕业的间渊军医少尉。另有下士官23人、军属23人、兵士10人。

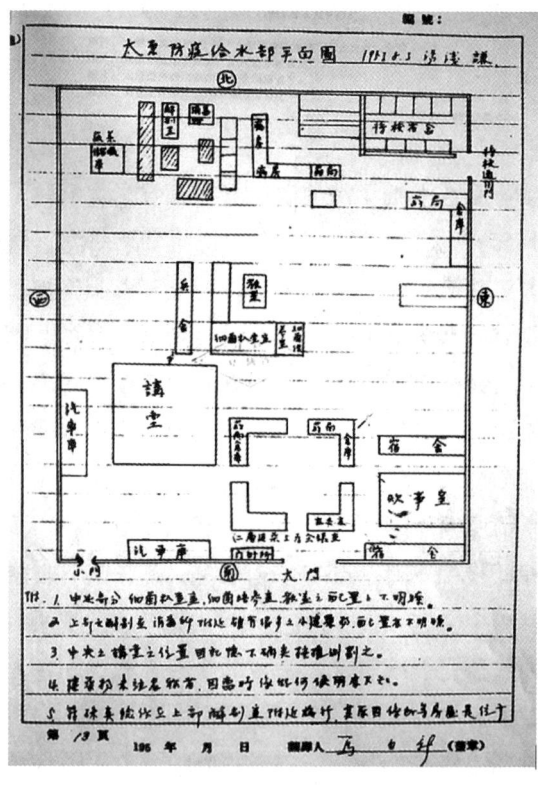

图1-11 太原防疫给水支部的平面图（中央档案馆馆藏照片）

第一章 华北日军的细菌战组织网络

据日军战俘原山西潞安日陆军病院军医大尉汤浅谦1953年1月31日的笔供，他直接参加了1945年5月河南省北部岔道口、官道口的作战，运城防疫给水班前进到陕县南方北曲村，给各部队供水。他听说太原防疫给水部也于1944年河南作战时与第1军司令部到河南渑池、会岭镇、陕县等地参加作战。

关于太原防疫给水细菌战支部的特殊任务，汤浅谦在笔供中说：

> 日军对我等教育法，首先必以"防止敌人的细菌战、毒瓦斯战、毒物谋略"为名，加以训练，并对多数的军医加以教育。1942年4月，第1军送来《关于毒物谋略》的小册子，上写"敌人实行"。我们是根据该项教育了解的。1943年石井四郎来潞安陆军病院查阅卫生，曾以"敌人由空中投下附有鼠疫菌的跳蚤时的演习"，命我们演习处置法。石井完全以上述的方法来教育我们细菌战……

在这一笔供中，汤浅谦列举了太原防疫给水细菌战支部的八项特殊研究任务：

1. 山西发生传染病时，曾研究其病源、传染径路、预防方法，所以设有细菌研究室，其人员多数是曾在传染病院工作的军医，各陆军病院的病理试验室经常往该部送由患者分离的细菌，他也曾由潞安送过三四次。该部在1942年春季，山西发生很多的发疹伤寒，曾研究病源、侵入人体的感染径路、预防法等，送往山西的陆军病院及师团防疫给水班。他还听说1942年秋,在太原电信9联队,对所发生的霍乱,大桥中尉受石井四郎命令,曾特别加以研究。

2. 第1军作战时担任进攻地的检疫、消毒及给水。此时配属于司令部,携带卫生滤水机、毒物检知器具、消毒品,担任防疫。他曾于1945年4月被派往第5独立警备队第28大队,参加河南作战,当时第28大队长伊藤大尉曾说:河南北部班村的大队本部,前年第1军河南作战时,太原防疫给水部曾在该处留有500瓦升汞(氯化汞)40多瓶。

3. 平时该部收容传染病患者,研究治疗法及检查法等,日本投降时,他去该部,曾有肠伤寒、巴兰伤寒、赤痢细菌,患者约50名。

4. 修理在山西各部队的卫生滤水机,为此该部有数名有技术的军佐人员。

5. 对该部卫生人员讲习防疫给水法、病理检查法。他曾于1942年4月初和山西的野战病院、陆军病院(各派一人)军医共20名左右,一同到该部接受军医的卫生滤水机的效力及使用法的教育。潞安陆军病院病理试验室的卫生下士官(可能是现在山西工人医院的中原淳)也被派到该部学习了数个星期的细菌培养技术。

6. 防疫给水部内曾演习过中国人的生体解剖手术。1945年初,第1军军医部长军医大佐近藤治三郎(名古屋医大毕业)主谋,由军医人员军医中佐上村某(金沢医大毕业)、军医少佐田冈某(东京慈惠医大毕业)援助,集合山西的军医约30名,以中国人俘虏为材料,实行一星期的手术演习。当时的教官是潞安陆军病院外科主任军医中尉青羽博次(北海道人,北海道帝大医学部毕业)和原平镇陆军病院卫生部见习士官新谷某（大阪帝大医学部讲师）。

7. 使用中国人的生体实行医学实验。1942年8月，石井四郎来太原担任第1军军医部长，命令防疫给水部实验各种生体手术。1943年3月石井来潞安陆军病院招集军医讲解冻伤的人体实验。其方法即将人体渐次降低温度，使其成假死的状态，再将其侵入37度的浴池内就可苏醒。又说：四肢的冻伤，用温水洗浴，是最好方法，用表来查看血压、呼吸、脉搏及其他的症候。讲话中石井曾吐露使用中国人，虽未表明地点，但很明显是在太原给水部实验。

关于太原防疫给水部是否研究和实行细菌战、毒物战，它有足可供培养大量细菌的设备和人员，仅仅撒布细菌是可能的，并且是容易的。

8. 1943年夏，潞安陆军病院军医中尉青羽博次为了教育（或为其他任务）去太原出差，听石井四郎谈下述的事实："现在已能大量地培养滤过性病原体，将此物如撒布在美国加州，使其连一草一木也不能剩。"❶

汤浅谦的笔供表明，太原防疫给水细菌战支部不仅研制和散布细菌，而且残酷地进行了活人细菌实验和活杀解剖，是日军华北方面军1855部队驻外地的一个具有代表性的细菌战支部。

中华人民共和国成立后，在审判日本战犯时，检查员车奉允于1955年5月28日在汤浅谦的认罪书前面写下了如下判词：

---

❶ 汤浅谦的笔供，1953年1月31日，原件存中央档案馆，档案号119-2-81-2-19。

细菌战

以下第十号六页照片,是于 1953 年 8 月 11 日,在太原市西羊市街侦查汤浅谦的罪行时拍照的,此系前日军第 1 军太原防疫给水部专门进行训练和具体研究实验细菌战术的机关地址,汤浅谦于 1942 年 4 月曾在该机关内受过研究细菌战术的训练,故应负参加之责。

汤浅谦的认罪书❶写于 1955 年 6 月 9 日。我们从六张照片中,可以想见太原防疫给水支部的罪恶内情:

图 1-12　日军华北第 1 军太原防疫给水支部旧址太原西羊市街 12 号全貌的前部(中央档案馆馆藏照片)

---

❶ 汤浅谦的认罪书,1955 年 6 月 9 日,原件存中央档案馆,档案号 119-2-81-3-36。

此照片，我已阅过。此照片确实是日军第 1 军太原防疫给水部所占用房舍的前部，于 1942 年 4 月上旬，我在此处受过细菌战训练。故此照片能证明我在此房舍内受过细菌战训练的建筑物。

被告：汤浅谦

1955 年 6 月 9 日

图 1-13　日军华北第 1 军太原防疫给水支部旧址
太原市西羊市街 12 号全貌的后部（中央档案馆馆藏照片）

此照片，我已阅过。此照片确实是日军第 1 军太原防疫给水部使用过的房舍的后部。于 1942 年 4 月上旬，我在此处受过细菌战训练。故此照片能证明我在此房屋内受过细菌战的训练。

被告：汤浅谦

1955 年 6 月 9 日

图1-14 日军华北第1军太原防疫给水支部的防疫给水教育室
（中央档案馆馆藏照片）

此照片，我已阅过，此照片确实是日军第1军太原防疫给水部所使用的台阶式的教室。于1942年4月上旬，我在此室内受过卫生滤水机做性能、使用法、试验法等有关细菌战的训练。故此照片能证明我在此教室内受过细菌战训练的建筑物。

被告：汤浅谦
1955年6月9日

第一章　华北日军的细菌战组织网络

图1-15　日军华北第1军太原防疫给水支部的细菌培养室
（中央档案馆馆藏照片）

此照片，我阅过，此照片确实是日军第1军太原防疫给水部使用过的细菌培养室。于1942年4月上旬，我在此处受过细菌战训练。故此照片能证明我受过细菌战训练的房屋。

被告：汤浅谦
1955年6月9日

图1-16 日军华北第1军太原防疫给水支部的细菌检查室
（中央档案馆馆藏照片）

此照片，我阅过，此照片确实是日军第一军太原防疫给水部使用过的细菌检查室。于1942年4月上旬，我在此处受过细菌战训练。故此照片能证明我受过细菌战训练的建筑物。

被告：汤浅谦
1955年6月9日

第一章 华北日军的细菌战组织网络

图 1-17 日军华北第 1 军太原防疫给水支部的细菌孵卵室
（中央档案馆馆藏照片）

此照片，我已阅过，此照片确实是日军第 1 军太原防疫给水部所使用过的细菌孵卵室。1942 年 4 月上旬，我在此处受过细菌战训练。故此照片能证明我受过细菌战的训练。

被告：汤浅谦
1955 年 6 月 9 日

三、济南防疫给水细菌战支部

济南防疫给水细菌战支部,是与太原防疫给水细菌战支部同期,于1938年5月建立的又一个具有代表性的重要支部。它直属日本华北军1855部队本部统辖,建立初期配属日本华北军第2军作战,1938年11月配属接防的第11军作战,以后又配属接防第11军的第43军作战。该支部前期设在济南市经六路大纬六路,1942年迁至经六路纬九路,称为"北支那防疫给水部济南派遣支部",又称"日本陆军防疫处",代号"第1875部队"。这支细菌战部队共有150人左右,绝大多数是日本人。

日军战俘原济南市日陆军医院大尉竹内丰,在1953年2月2日的笔供[1]中,写出了济南防疫给水细菌战支部的组织系统,他写道:

支部长,医学博士冈田军医大尉;
副支部长,斋藤军医大尉;
生菌制造班主任,医学博士军医大尉木村稔;
防疫班主任,黑岩军医中尉;
卫生研究班主任,冈田军医大尉兼掌;
计划班、庶务经理班主任,斋藤军医大尉兼掌;
庶务班,负责该细菌战支部的统辖、联络、运营等业务;

---

[1] 竹内丰的笔供,1953年2月2日,原件存中央档案馆,档案号119-2-411-2-16。

第一章 华北日军的细菌战组织网络

卫生材料班,负责供给该细菌战支部各班所需的器械、药物、消耗品等业务;

计划班,负责根据军部的作战要求,制订该细菌战支部的作战计划等业务;

卫生材料班,负责该细菌战支部的理化学实验、卫生学方面的研究和有关毒气的业务;

给水凿井班,负责野战和驻地之检水、饮用水灭菌、用水消毒、给水业务,以及开凿野战用井及野战部队给水业务;

防疫班,负责该细菌战支部的细菌检索、消毒、预防接种及瘟疫预防等业务;

生菌制造班,负责细菌作战使用的各种瘟疫之生菌的研究和制造业务;

经理班,负责该细菌战支部所需物资的调运、工资、给养等业务;

另外,还设有解剖室和焚烧炉,并拥有各种研制细菌的特殊设备:孵卵器(高2米、宽1米)4个,试管、玻璃皿、白金棒等培养器皿,显微镜(1800倍)3台,病源检索器2具,干热灭菌器(高1米、宽2米)3个,野战蒸馏器1具,中型普通灭菌器2个,解剖器1包,S·K消毒器1台,及所需一切药品等。

竹内丰在这一笔供中,还绘出了济南防疫给水支部的驻址及其变化的略图(见图1–18)。

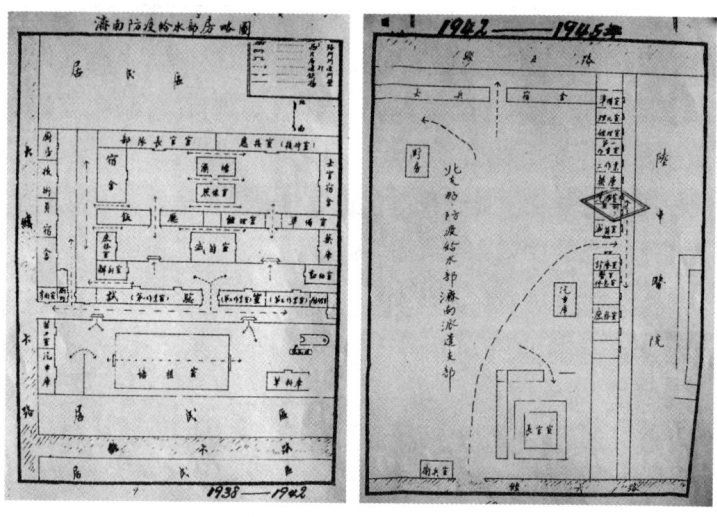

图 1-18　日军济南防疫给水支部的平面图（中央档案馆馆藏照片）

日军战俘竹内丰在 1954 年 12 月 8 日的笔供中还绘制了济南防疫给水支部的编制表（见表 1-1）。❶

表 1-1　济南防疫给水支部编制表

部队名称	华北防疫给水部济南支部冈田部队									
部队长	支部长，医学博士冈田军医大尉									
部队区分		庶务室	计划室	生菌室	病理试验室	理化实验室	卫生材料室	经理室	凿井室	防疫给水班	动物室	解剖室
高等官	职务	主任兼	主任	主任	主任兼室附	主任兼室附	主任兼室附	主任兼				

---

❶ 竹内丰的笔供，1954 年 12 月 8 日，原件存中央档案馆，档案号 119-2-411-16。本表内的机构设置，与竹内丰 1953 年 2 月 2 日的笔供不尽一致，原文如此。

续表

高等官	军阶姓名	斋藤军医大尉	斋藤军医大尉	医学博士木村军医大尉	医学博士木村军医大尉	医学博士冈田军医大尉、黑川军医中尉	斋藤军医大尉、黑川军医中尉	斋藤军医大尉	军医一名	军医一名	由病理实验室管辖	由病理实验室管辖
判任官		卫生下士官一名	卫生下士官一名	卫生下士官安藤卫生军曹	卫生下士官一名	卫生下士官一名	卫生下士官一名	卫生下士官一名	卫生下士官一名	卫生下士官一名		
士兵		卫生兵一名	卫生兵一名	卫生兵三名、土屋卫生上等兵	卫生兵三名	卫生兵一名	卫生兵一名	卫生兵一名	卫生兵若干名	卫生兵若干名		
雇佣人		抄写员、勤务员、勤杂工各一名	抄写员一名				抄写员一名	抄写员一名、厨夫三名				
备考	(1)凿井室和防疫给水班因被派往前方,情况不明; (2)高等官、判任官、雇佣人的姓名,只是现尚记忆者; (3)不详之处,只凭记忆推断; (4)"兼"即兼职; (5)本支部内不经常使用中国人与其他外国人; (6)此表为1943年8月间本人派遣本支部执勤时的情况,估计以后无大变化。											

笔者有一份权威性的档案文献——济南市人民检察署1954年5月24日《向山东省人民检察署关于济南市防疫给

水支部的调查报告》。❶ 这一文献对日本华北军 1855 部队济南防疫给水支部的组织机构、人员情况与犯罪事实作了具体而明确的记载。该文献说：

奉省署 1954 年 5 月 10 日指示，经我署会同公安局历时 9 天，查证已毕。兹将查获情况报告如下：

经查济南防疫给水部于 1938 年设于济南市经六路大纬六路（另附略图及建筑物照片），至 1942 年迁至经六路纬九路（另附略图及建筑物照片，该房现住我师范学院）。该部对内称"北支那防疫给水部济南派遣支部"，又名"日本陆军防疫处"，对外称"1875 部队"，其任务是研究细菌。

图 1-19 日军济南防疫给水支部的大门（中央档案馆馆藏照片）

---

❶ 济南市人民检察署向山东省人民检察署关于济南防疫给水部的调查报告，1954 年 5 月 24 日，原件存中央档案馆，档案号 119-2-411-3-29。

图1-20 日军济南防疫给水支部部队长的办公室
（中央档案馆馆藏照片）

该部组织机构及人员情况，据查悉计有：

负责人有三个：第一任是柳田大佐，第二任是金子少佐（金久保，1940年时），第三任是大森上尉（队长至日降）。

庶务室：管理经济开支，主任是铃木中尉，该室有五六人。

经理室：主任是吉村少尉，该室工作人员3名。

准备室：主任日人，中尉级，姓名不详，有3人工作。

理化研究室：主任渡边鼎中尉，工作人员3名。

灭菌室：主任岩赖中尉。

细菌实验室：主任是岩赖，内分三个作业室。第一作业室，培养大便、小便、痰，抽血检查一般细菌；第二作业室，组织切片；第三作业室，动物解剖，显微镜检查。该室工作人员八九人。

图 1-21　日军济南防疫给水支部的细菌室
（中央档案馆馆藏照片）

防疫队：队长姓名不详,任务是给中国人注射防疫针,有时配合陆军医院及警备队赴外县工作,该部共有日人百名,中国人有二三十名。当时该部中国人现在济南市有:(1)李鸿庆（即李寿臣）,住七大马路卖粥;(2)张森,在中国保险公司济南支公司;(3)李德福,在石油公司济南分公司当炊事员;(4)阎铿文,在济南市第一联合医院化验室当实习化验员;(5)赵金乾,住济南市公修街,拉地排车。

经查该部罪行:

(1)据阎铿文、张森及李鸿庆等人供称:日本"北支那"济南防疫给水部（即柳田部队）,内设六七个作业室,专门研究细菌、伤寒(日文吉福斯)、霍乱(苛里拉)、赤痢(塞哥德)病菌及副伤寒血清、百日咳血清。并记得由北京来将校人员三次参观,说是北京防疫总部派来的,后在队长室坐了不久即走了。后把药箱三五箱不定,移到汽车上运至车站送北京。但装的什么东西不知道。

(2) 在细菌第一作业室内设有显微镜、孵卵器两个、电气离心器两个、电器油灯架一个,是培养大小便、尿(细菌——笔者注)用的。第二作业室,有组织切片机一套,动物实验器一套。第三作业室,有孵卵器两个,显微镜两个,灭菌室有干燥灭菌器一个、灭菌锅一个、压气消毒器一个、镏锅一个。动物室饲养兔、鼠、荷兰猪、羊、牛等,是供解剖室抽血之用。

图 1-22　日军济南防疫给水支部第一、第二细菌作业室
　　　　　(中央档案馆馆藏照片)

（3）民国三十年（1941年），日本人在济南由领事馆下令，所有日人一律打防疫针，吃水统一由防疫给水部检查后由日本部队供给。之后不久，在济南市车站、王官庄、东吕等地发生过霍乱大流行。据传说：（追查未果）日本人在泰安招来很多苦工，每天5角钱，吃得很好，每日打针，然后派到别处，其中有一人留在小屋内解剖了。同时，有一次他们把纬八路一些妓女带去进行抽血化验等罪行。关于他们生产的细菌，以后都向外空运，大部运往东北。他们用人试验是在山东省立医院（陆军医院）。"据我（张森）知道，有

图1-23 日军济南防疫给水支部的动物室（中央档案馆馆藏照片）

一次用人试验过,当时天气很热,是在六七月间,将菌注射到身体内部后,进行解剖(具体情况不详)。"据公安局了解,防疫给水部内大部分是日本人和朝鲜人,中国人很少,工作很机密,不准外人知道。主要的工作是试验细菌,白天工作很少,夜间工作忙,每天晚上使小卧车往里拉人(都是新华院日本特务机关要来的)。

该调查报告还特别说明:"关于日本济南防疫给水部之组织、人员、罪行事实等,前后于1953年4月9日以公政字1418号报中央公安部一局,于1953年9月5日以公政字3950号报山西省日籍战犯罪行调查联合办公室。"

图1-24 日军济南防疫给水支部的药库(中央档案馆馆藏照片)

细菌战

以上资料表明，日本华北军防疫给水部济南支部是一个研制细菌、进行人体细菌实验和活人解剖的秘密地狱。它究竟制造了多少细菌，使用多少活人进行了细菌实验和活杀解剖，迄今仍是一个未解之谜。竹内丰1954年8月21日供认了如下事实：1943年8月1~31日，他被派到济南防疫给水支部去培养细菌。"在此期间，除活体解剖11名八路军俘虏外，就是制造细菌。他与防疫给水支部木村大尉共谋，用孵卵器4个、干热灭菌器3个、病源检索器2个，及其他特殊设备，共制出肠伤寒及巴拉伤寒的生菌共16桶半，每桶的直径40公分，高50公分。"1955年6月25日，在审讯竹内丰时，有如下一段审问与回答的对话：

问：你于1943年8月间，参加日本陆军济南防疫给水支部制造细菌，据你所谈直径40公分、高50公分16桶半共能装多少细菌？

答：我在1943年8月间，在济南参加日军防疫给水支部制造细菌大约有999公斤，这是按桶的容量来计算的，不一定正确。

从竹内丰的这一供词看，日军济南防疫给水支部进行的人体实验犯罪次数和制造细菌数量之大，令人毛骨悚然！

第一章 华北日军的细菌战组织网络

第三节 野战防疫给水班

一、1855 部队组织系统表

石井四郎说:"1938 年 7 月成立了 18 个师团的防疫给水部队,在战场上的各师团中进行活动。随着日本军队活动范围的扩大,又补充设立了机动性部队。"❶ 为了对华北广大地区抗日人民进行细菌攻击作战,日本华北军 1855 部队除在大中城市建立细菌战本部与支部外,在野战师团和重要的野战旅团中均配属了防疫给水班及兽医防疫班,即野战细菌部队。这些野战细菌战班人数不等,少则十数人,多则三四十人。其中,驻山东第 59 师团防疫给水细菌战班和驻山西独立混成第 3 旅团防疫给水细菌战班,具有一定的代表性。驻山西潞安日陆军病院与驻潞安日军第 36 师团防疫给水细菌战班之间的业务往来,则可作为日军防疫给水部队与陆军医院两者共同实施细菌战的一个典型来观察。

谈到这里,人们可能会问:日本华北军的防疫给水细菌战部队的组织网络究竟是怎么一回事呢?领导关系又是什么样的呢?那我们就先简要了解一下吧。

概括地说,日本华北派遣军总司令部及其以下各级军医部长,统一领导各级军的防疫给水细菌战部队和各级军的陆军医院,前者是特殊的密谋部队,后者是公开的部队医务部

---

❶ 郭成周、廖应昌:《侵华日军细菌战纪实》,北京燕山出版社 1997 年版,第 42 页。

门,但在各该级军医部长的统一领导下,又有着实施细菌战任务的密切联系。

具体的情况,请看以下一张日本华北军1855部队组织系统图(见图1-25)。

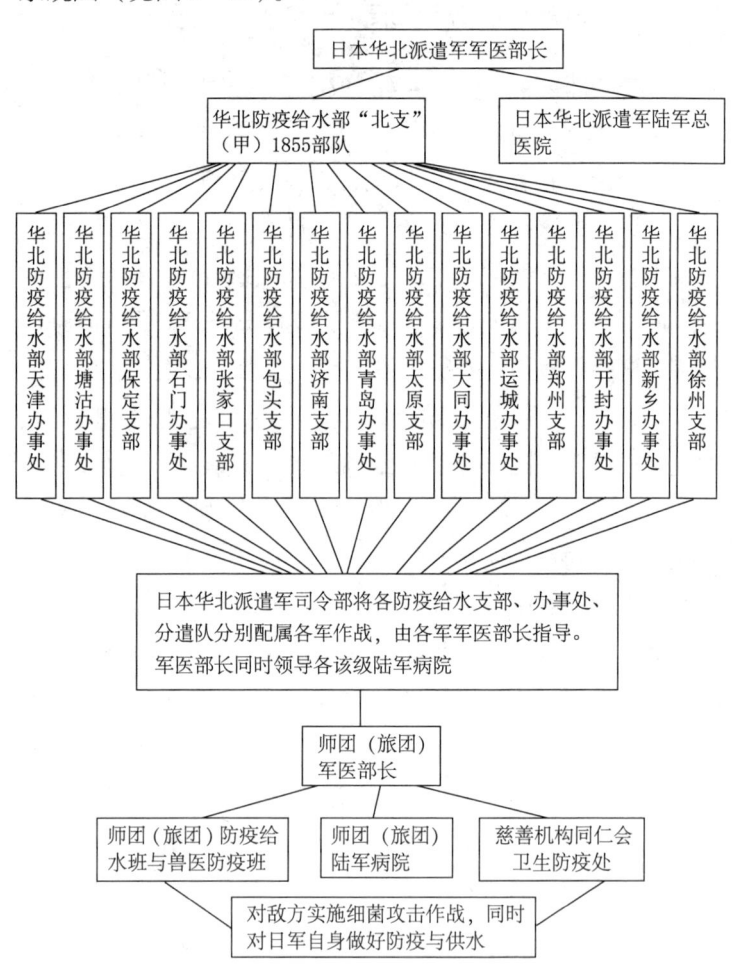

图1-25 日本华北军1855部队组织系统

图1-25是一张1855部队组织系统示意图,可以看出日本华北派遣军防疫给水细菌部队的秘密组织系统,也可以了解日军陆军医院与日军防疫给水部队配合细菌作战的秘密联系。

现在,我们来剖析驻山东省日军第59师团防疫给水细菌战班、驻山西省崞县(今原平)第3旅团防疫给水细菌战班,以及驻山西省潞安日陆军病院,看一看日军野战师团配属的野战防疫给水细菌战班及其与野战师团陆军病院合谋进行细菌战的内情。

二、第59师团野战防疫给水班

日本华北军驻山东省第59师团于1942年4月8日编成之时,即作为绝对的军事秘密,配属了该师团防疫给水细菌战班。当时的师团长是柳川梯中将。该师团防疫给水细菌战班起初人数较少,1943年1月起扩大了防疫给水细菌战班的业务。1943年9月,第59师团师团长细川忠康中将曾下令防疫给水班实施霍乱细菌作战。1945年4月13日,第59师团师长藤田茂中将曾下令防疫给水班准备对美实施细菌战。

关于日军第59师团防疫给水班的性质和任务,日军战俘林茂美在1954年7月28日的证言书中说:

第59师团防疫给水班,实质上,实行过师团内给水的事实完全没有,称谓师团的检便、检查,普遍地与培养生菌有关,是准备细菌战的特殊机关。当时师团长曾下过命令,不让暴露防疫给水班的名称,公开对外叫"2350部队",或

细菌战

"冈田部队"。❶

日军战俘林茂美自1942年12月1日至1945年8月15日日本投降,一直在日军第59师团防疫给水班担任卫生曹长、准尉等职,掌握卫生兵的工作以及指挥全盘的业务和部署,负责细菌室、化验、培养细菌等工作,培养过霍乱、伤寒、结核、赤痢、流行性脑膜炎等细菌。他的这一证言,应是准确可信的。

关于师团防疫给水班的性质和任务问题,日军第59师团师团长藤田茂在1954年8月27日的口供中也作了明白的供述。他说:

> 防疫给水班的性质和任务除与字面相同外,还有培养细菌准备细菌战的任务。1945年5月下旬,我到第43军司令官处去报告"秀岭一号作战"的情况时,军司令官细川中将向我表示将来对美国要实施细菌战的意思。我根据司令官的意图,产生了使用防疫给水班进行霍乱细菌战的构想。于6月上旬,我命村上参谋去和防疫给水班班长协商,做好细菌战的准备。我承认这一阴谋。❷

那么,日军第59师团防疫给水班的组织与设备的情况

---

❶ 林茂美的证言书,1954年7月28日,原件存中央档案馆,档案号119-2-2-3-8。

❷ 藤田茂的口供,1954年8月31日,原件存中央档案馆,档案号119-2-2-1-5。

第一章 华北日军的细菌战组织网络

是怎样的呢？林茂美在 1954 年 10 月 6 日、7 日的口供中，作了较为具体的供述。他说：

1942 年 12 月 1 日，我由第 41 大队转到第 59 师团防疫给水班，任检查助手及书记。防疫给水班是 1942 年 4 月 8 日成立的。

防疫给水班有班长 1 名，叫冈田春树，班附 1 名，叫大久保昇，下士官 2 名，卫生兵 25 名至 30 名。防疫给水班设事务室、药室、水质检查室、细菌室、培养室、培养器制造室，当时我的主要工作是在细菌室担任化验工作。

防疫给水班表面上是防疫和检查水质，实际上是培养和散布细菌来杀害中国抗日军及和平居民。我在细菌室担任化验和培养细菌的任务。❶

林茂美接着供述了第 59 师团防疫给水班的组织系统。在泰安期间（1942 年 12 月 1 日至 1944 年 4 月）：

班长：中尉，冈田春树；班附：少尉，大久保昇军医兼职。

事务：曹长，林茂美；下士官，小池军曹；古池上等兵以下 2 人。

药室：下士官，小池军曹；冈田上等兵。

---

❶ 林茂美的口供，1954 年 10 月 6 日，原件存中央档案馆，档案号 119－2－619－2－1；林茂美的口供，1954 年 10 月 7 日，原件存中央档案馆，档案号 119－2－619－1－4。

检查水质室：曹长，林茂美；下士官，小池军曹；渡边兵长以下2人。

细菌室：曹长，林茂美；加藤兵长以下12人。

培养室：曹长，林茂美；冈村兵长以下8人。

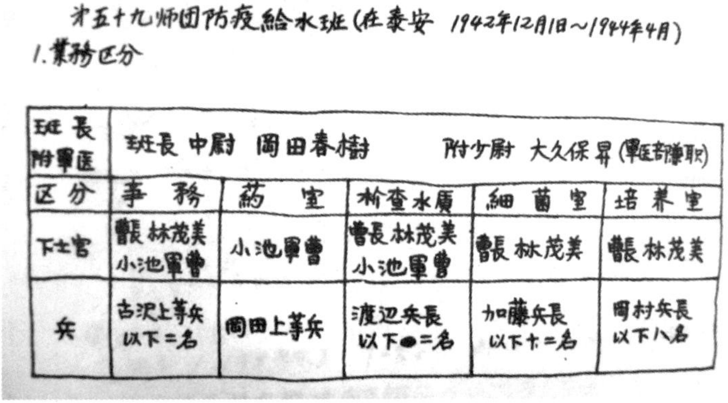

图1-26 第59师团防疫给水班组织系统

在济南市期间（1944年4月至1945年7月）：

业务区分差不多和泰安防疫给水班一样。人员最少20人，最多是35人从事培养细菌的。1945年2月左右，编成特别警备队后，防疫给水班卫生兵复归到原队。1945年3月，叫济南中学校五年级学生（日本人）10人替代防疫给水班卫生兵服务，对他们教育一个月后，在防疫给水班雇用了3个月。

林茂美在1954年8月24日的罪行供述中，写出了防疫给水班研制细菌的各种设备：

显微镜2台，试验管2000个，培养皿2000个，采便管1000

个，物体板 500 个，盖板 200 个，酒精灯 5 个，白金耳 10 个，大培养孵卵器 1 台（有 1000 名培养能力），小孵卵培养器 1 台（有 300 名培养能力），灭菌瓶 20 个。一日检便培养检查能力最大是 1000 人，普通是 500 人，结核菌一次检查 500 人（月两次），并有应付这些的灭菌能力和寒天培养能力。

并特别说明：培养霍乱菌、伤寒菌、结核菌、流行性脑膜炎菌，这些原菌"是从济南同仁会防疫处长神山茂夫那里领取"，同时"由华北防疫给水部济南防疫给水支部领取"。为了准备杀戮中国人民，平时经常保有和培养着 10 支细菌。❶

关于第 59 师团防疫给水班培养各种细菌的内情，林茂美在 1954 年 10 月 6 日的口供中作了如下交代：

问：你昨天回去考虑得如何？今天你把关于如何培养细菌，如何试验，作一彻底交代。

答：我们给水班培养的结核菌，每年试验一次。另外师团每年检验大便一次，主要是发现是否有传染病，如何传染，及时住院治疗。再者师团还组织一特别训练队，这些队员都是患有传染（病）的，经常在这些人身上试验细菌。1943 年 2 月，第一次霍乱菌是由济南同仁会取来的。2 月下旬全师团卫生下士官集中起来受实际培养霍乱细菌的教育，训练方法是用显微镜让受训练者看细菌是怎样形态，如何生长，如何繁殖，训练这些下士官准备将来作细菌战时的人

---

❶ 林茂美罪行供述，1954 年 8 月 24 日，原件存中央档案馆，档案号 119-2-619-1-5。

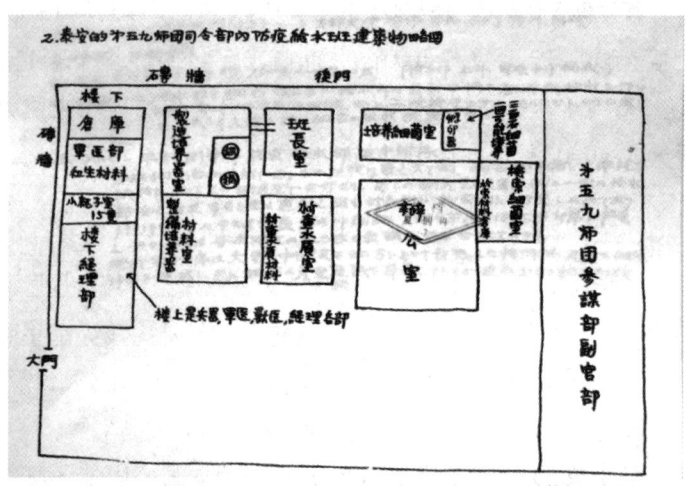

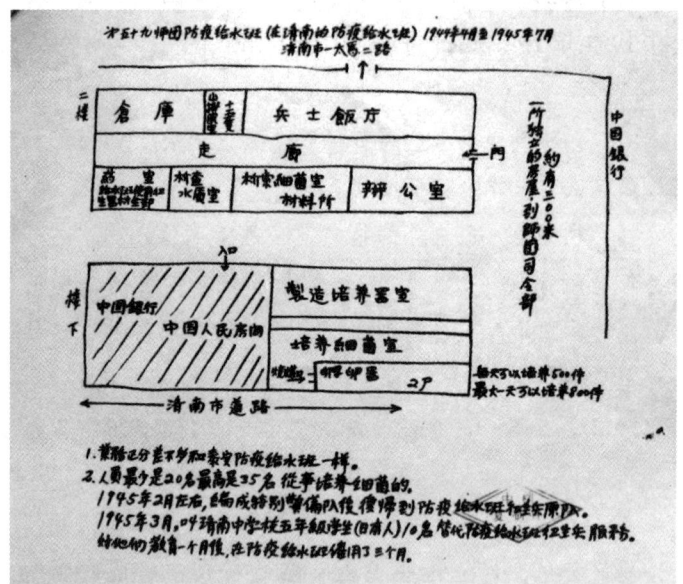

图1-27　日军第59师团司令部内防疫给水班的建筑物略图
（中央档案馆馆藏照片）

员。至9月为止,培养的霍乱菌没超过10玻璃管,每玻璃管容纳1CC~2CC,每玻璃管细菌杀伤力达100名左右。培养方法是用细菌培养基,远藤寒天把原菌装入孵卵器内,要有37度温度,需要24小时,即可培养成功。1942年12月1日到1945年7月,共培养细菌128次,培养细菌共80玻璃管,霍乱菌30管,结核菌10管,赤痢菌10管,伤寒菌10管,副伤寒A 10管,副伤寒B 10管。另外又培养两次脑膜炎(菌)5管,流行时疹菌5管。❶

第二天,即1954年10月7日,林茂美又作了如下补充:

1937年12月到1938年5月,我在日本福冈久留米陆军医院受卫生下士官教育,学习过细菌的培养和保管。1940年12月在第32师团野战医院学习一个月,内有一个科目是关于细菌方面的。1943年6月,到北京防疫给水部(设在协和医学院内)学习一个星期。

第59师团防疫给水班培养的细菌,主要是霍乱菌、伤寒菌、赤痢菌、结核菌等,有时还培养流行性脑膜炎菌。培养细菌时,是把原菌和细菌培养基装入孵卵器内,温度37℃,霍乱菌经过24小时即可培养成功。❷

---

❶ 林茂美的口供,1954年10月6日,原件存中央档案馆,档案号119-2-619-2-1。

❷ 林茂美的口供,1954年10月7日,原件存中央档案馆,档案号119-2-619-1-4。

细菌战

从上面林茂美的供述来看,日本经营的所谓"慈善卫生救济机关"——"同仁会防疫所",实际上与日军防疫给水细菌战部队有着密切的联系。

据林茂美1954年8月24日的笔供,日军第59师团防疫给水班除经常培养和保有供细菌战用的各种生菌外,还经常进行细菌战的教育训练,调查各种传染病情况,调查井水等当地卫生情况,为日军防疫给水和对中国人民使用细菌战做准备。

1944年5月前后,第59师团防疫给水班在山东济南盘踞时,林茂美作为第59师团防疫给水班长冈田春树的教育助手,对第59师团隶属各大队15名军官军医,进行了两天每天6小时的关于霍乱、肠伤寒、副伤寒(A、B)、发疹伤寒、赤痢、结核菌、原生原虫的检查法及染色法、培养基制作法,试验管以及关于培养皿灭菌法的学科补助和实习教育。这个教育资料中关于霍乱的问题,是以1943年9月中旬在霍乱作战后所报告的霍乱发生终熄报告作为教育的资料,对细菌战检查实施了教育。

1944年8月上旬,第59师团防疫给水班在山东济南盘踞时,防疫给水班班长冈田春树以下10名,侵入山东省长清县万德村庄,调查在万德村庄内外存在的中国人民使用的20眼井,指挥8名卫生兵从每个井里采水2公斤,渡边兵长检查氯的含有量,石灰磷、铁含有量,阿尔加里性、酸性以及不纯物量等,然后决定饮用适宜或不适宜。他将此作为"兵要卫生地志"的资料,制作成文件,报告给第59师团军医部长军医仲正功臣少佐。

根据班长冈田春树的命令,为了调查"兵要卫生地志",

他命令佐野上等兵自 1942 年 12 月 1 日至 1943 年 11 月末，命令渡边兵长自 1943 年 10 月至 1945 年 6 月，到第 59 师团隶属各大院、部队内及盘踞地附近，包括泰安、德县、张店、博山、东昌、馆陶、临清、白马山、张庄、吐丝口镇、新泰、莱芜等地，实施各大队的采水，一个月平均采水 10 件，采集总计 420 件以上的井水，检查了氯的含有量，石灰磷、铁的含有量，阿尔加里性、酸性，以及不纯物量等，决定饮用适宜或不适宜，作为"兵要卫生地志"的资料，报告给第 59 师团军医部。

自 1942 年 12 月 1 日至 1945 年 7 月 12 日，第 59 师团防疫给水班在山东泰安、济南盘踞时，林茂美奉第 59 师团防疫给水班长冈田春树的命令，令第 59 师团隶属各大队医务室，经常调查报告关于部队内及中国人民的传染病发生情况，将此作为"第 59 师团防疫报"，每月发四次左右（1943 年 9 月、10 月霍乱情报发行 20 份以上），合计发行 140 份以上，向第 12 军军医部、第 59 师团参谋部以及各大队报告和分发。❶

三、独立混成第 3 旅团野战防疫给水班

日本华北派遣军独立混成第 3 旅团，于 1938 年 2 月在北平地区编成，配属第 1 军序列，参加徐州会战后，一直驻防山西省崞县（今原平），至日本投降，达 7 年之久。该旅团军医部于 1942 年成立防疫给水班，负责人是萩野昇大尉军医。在旅团防疫给水班未成立前，萩野昇与卫生下士官近

---

❶ 林茂美的笔供，1954 年 8 月 24 日，原件存中央档案馆，档案号 119-2-619-1-5。

藤曾去太原防疫给水支部受训两个星期。旅团防疫给水班成立后，有两台专设孵卵器，研究传染病的细菌和细菌作战。

日军战俘吉泽行雄，曾任日本华北派遣军独立混成第3旅团司令部少尉军医，通信队中尉军医、大尉军医，驻崞县原平镇陆军病院大尉主任、教官等职。1943年3~7月，曾先后三次在太原市和崞县接受石井四郎关于细菌战争的教育，后于1944年10月至1945年3月，以独立混成第3旅团军医和原平陆军病院主任教官身份，先后对100名卫生兵进行了增殖细菌和预防细菌的基本知识训练。

根据吉泽行雄1954年9月1日的口供，日军独立混成第3旅团防疫给水班曾研究和实施了细菌战，该旅团内也曾被感染了疟疾、副伤寒B、回归热等传染病。吉泽行雄与该旅团防疫给水班有着密切的联系。他曾于1940年8月，在轩岗镇，为了调查"兵要卫生地志"的资料，亲自于当地诊疗了40名老百姓所患的赤痢和斑疹伤寒的病症情况，写成材料送交独立步兵第9大队医务室，作了"兵要卫生地志"，该地志的内容即各地之气候、居住状况、河与井的情况、地形及每年发生最多的传染病情况。其目的是便于进行作战，掌握作战地区之卫生情况。他在这份口供中，交代了先后多次收集各种细菌材料供给旅团防疫给水班研究细菌战的事实：

1942年12月和1943年夏及1944年1月，为了检查新兵的大便，先后将140名新兵之大便，令卫生下士官送至独立第3旅团防疫给水班进行检查三次，结果确定2名有赤痢菌。

1943年夏和1944年夏,为确定B型副伤寒菌,先后两次,将170名士兵之血液及大便令卫生兵交旅团防疫给水班进行检查,结果含有此种细菌的共2人。

1943年和1944年夏,为了检查用水中之细菌,令卫生兵先后两次将通信队所食用之井水送至旅团防疫给水班进行检查,结果无菌,并确定水质的硬度是17度。

1943年11月在河北省阜平作战中,在东下关亲自用显微镜检查了约10名士兵的回归热和疟疾,结果是没有回归热的就有疟疾,并经军医部长用电报通知了旅团所属各队,并报告了太原军司令部。

1944年6月上旬,在河南作战时,用显微镜检查了约10名士兵的回归热,结果有半数是,并报告了旅团军医部。❶

吉泽行雄的这一供词表明,日军独立混成第3旅团防疫给水班是一支短小轻便的细菌战部队,它与旅团陆军病院有着极为密切的业务联系。

四、第36师团潞安陆军病院

有人可能会问,不是在专门追寻日军的防疫给水细菌战部队吗,怎么这里又牵出日陆军医院了呢?

细心的读者可能还记得,前面曾记录过日本华北军防疫给水部本部第一课与日本华北军陆军总医院东城分院一同驻

---

❶ 吉泽行雄的口供,1954年9月1日,原件存中央档案馆,档案号119-2-732-1-5。

在北平协和医学院的院内，济南日陆军病院的竹内丰被临时调到济南防疫给水支部去赶制细菌战剂，驻原平的日军独立混成第 36 旅团陆军病院的吉泽行雄多次为该旅团防疫给水班收集各种细菌战研究材料，日军陆军医院与防疫给水细菌战部队有着诡秘的联系。

的确，在细菌战方面迄今还有世人所不知道的许多隐情。日军驻山西省潞安第 36 师团陆军病院提供了一个很小的例证，人们可以从中窥见某些黑幕后面的隐情。

第 36 师团潞安陆军病院，地点在山西省潞安城内西北角，距离该师团防疫给水班很近。潞安陆军病院，代号"乙第 1837 部队"，病院院长为军医中校西村庆次，后为军医少校酒井满。有证据表明，该陆军病院与潞安日陆军防疫给水班同属第 36 师团司令部军医部直接领导，与潞安日陆军防疫给水班及太原防疫给水支部有着研制细菌战剂的业务关系，该陆军病院不仅供给他们从患者身上采集和培养的霍乱菌、伤寒菌等强力菌株，而且积极培养进行细菌作战的"卫生"人员。

日军战俘汤浅谦，1942 年 2 月至 1945 年日本投降，一直在驻山西省日本华北派遣军第 1 军第 36 师团潞安陆军病院任中尉军医、教育主任、大尉军医等职，曾以军医身份，先后在太原防疫给水支部和潞安陆军病院，参与和亲手活体解剖中国战俘与和平居民 19 人（后面再详述），积极参与研究细菌武器，训练细菌作战人员。他在 1954 年 7 月 18 日的笔供中，写出了"潞安陆军病院以细菌战为目的"的业务内情。1942 年 2 月至 1943 年 10 月底，他在潞安陆军病院先后担任传染病室附军医、病理实验室附军医、军医中尉。病院

第一章 华北日军的细菌战组织网络

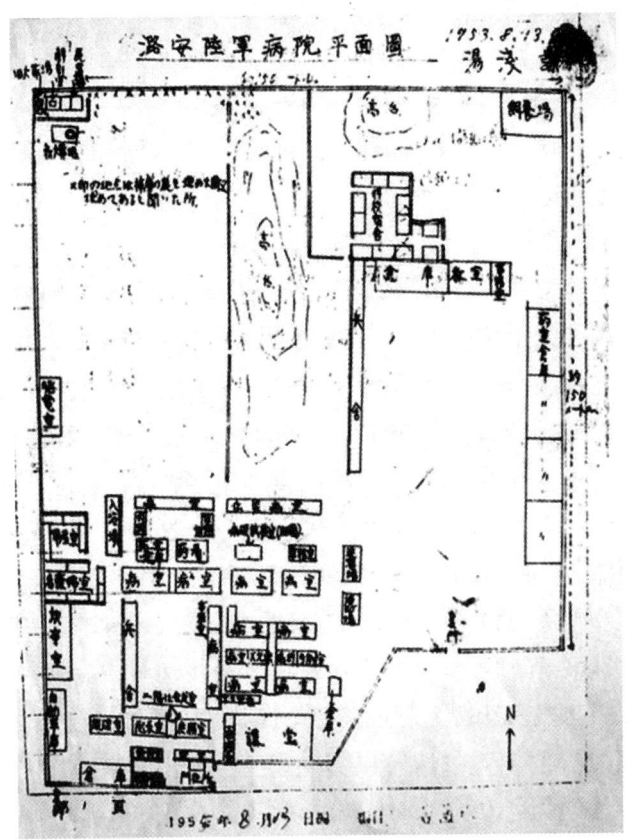

图1-28 潞安日陆军病院平面图（中央档案馆馆藏照片）

内的病理实验室，有主任军医1名、室附军医1名、卫生下士官1名、卫生兵4名。汤浅谦在笔供中供认："潞安陆军病院以细菌战为目的，保存平时从患者所取的新菌，将此补给于潞安防疫给水部，令制造使用最强毒力菌。即病院做成强力的菌株，防疫给水部将此增菌，使用于细菌战。"他于1942年2月间，担当了病理实验室附军医，工作以来，命下士官（榎井曹长，后为濑迫军曹）和兵，从传染病患者身上采取了新菌（主要为肠伤寒菌、A 型副伤寒菌、B 型副伤寒菌）作为菌株培养保存起来。潞安防疫给水部要求准备强力的菌株，什么时候要都能供给。他亲自送到给水部的菌株有 7 回或是 8 回。"给水部在每次作战前由病院培养菌株，制造强力的新菌，在作战之间散布。"

汤浅谦在笔供中还供认：他"从入院的患者所取的肠伤寒菌，给予防疫给水部细菌战用强力的菌株，将此培养，在作战地撒布，令其感染于住民。中国人民受到的损害是很大的"。同时，"在撒布细菌的地区，就是如何注意，日军也有感染细菌的"。从 1942 年 5 月至同年 7 月，进行"十七（1942 年）春太行作战"之际，收容过第 36 师团出动部队的患肠伤寒的士兵就有 20 余名，其中以第 223 联队第 1 大队的为多，本部也有三四名入院。1942 年秋作战之后，第 36 师团发生肠伤寒患者 36 名以上入院。1943 年"十八春太行作战"时收容了回归热患者和肠伤寒患者多人。❶

据汤浅谦 1955 年 8 月 31 日的口供，潞安日陆军病院以细菌战为目的，不仅为防疫给水班培养霍乱、伤寒等强力菌株，而且于 1942 年 5 月至 1943 年 5 月，奉陆军病院院长之命，先后训练了两批卫生兵共 410 人，亲自讲授了散布细菌的方法。

---

❶ 汤浅谦的笔供，1954 年 7 月 18 日，原件存中央档案馆，档案号 119 - 2 - 81 - 2 - 25。

第一章　华北日军的细菌战组织网络

问：你具体承认在中国做了些什么危害中国人民的罪行？

答：1942年5月和1943年5月，在潞安陆军病院受院长之命，为了培养卫生兵和细菌战的卫生兵的目的，先后训练卫生兵两批。

第一次，1942年5月至同年9月，共训练卫生兵230来名，由我兼任教官。主要科目是解剖生理学、疾病治疗学、消毒法等。然后，进行了行军演习、救护演习数次，防疫演习三次：（1）假设有赤痢患者在内部发生，即行隔离，检查粪便和彻底消毒工作；（2）假设内部发生了肠伤寒，即将患者送病院，检查血液及消毒工作；（3）假设班内发生了斑疹伤寒，即行消灭蚤虱的方法。

第二次，我任教育主任，于1943年5月至同年9月，共训了180来名。主要科目是：生理解剖学、病理治疗学、看护法卫生要务，并进行了各种演习及精神教育、实验工作，有的进行过细菌的实验。防疫演习与第一次大致相同。其中有一次是演习细菌战，假设从空中投下了鼠疫菌炸弹，即以石灰进行扑灭法，又用石炭酸水的喷射法，是由外及内，否则蚤即四散，并将堆积破席的地方用火烧掉。这是采用石井四郎来潞安指示实验过的方法进行教育卫生兵的。

问：你亲手培养细菌战的卫生兵时，讲授过哪些撒布细菌的方法？

答：我所讲的是用生理食盐水将试管中之细菌溶解后倒在井中、水池内、河里。我亲用试管并通过假设在井中撒布细菌的方法来教育卫生兵，并进行了往水菜类内注射细菌法和细菌弹的空投法,又说明了凡是成熟的食物,如馒头类均能放入细菌进行撒布。如果没有成熟的食物,如白面、大米等类,就不能放入细菌撒布,因为此类食物尚须经过成熟的过程,就等于消毒了。因此所放入的细菌就没有效果了。

汤浅谦在这一口供中,还进一步交代了该陆军病院与潞安防疫给水班的关系。他说:他未到潞安病院前,病院与潞安防疫给水部就有互相交换细菌的关系。他担任病院病理室军医后,仍不断地与该防疫给水部研究细菌,帮助检查细菌,检查新兵的粪便和交换菌株。他曾指示赖美曹长、濑迫军曹、藤见一等兵、中原下士官,从传染病患者身上采取新菌(主要为肠伤寒、A 型副伤寒、B 型副伤寒),进行培养保存,一方面为了送给太原给水部作细菌战研究,另一方面是为了准备能供给第 36 师团野战防疫给水部的强力菌株。在 1942 年 2 月至 1943 年 11 月间,他给第 36 师团防疫给水部送过菌株在 8 次以上。当砦崎(大尉军医)任给水部长时送过 2 次以上,池田(大尉军医)任给水部长时送过 3 次以上。有时防疫给水部卫生曹长也来取。交换的菌类有:肠伤寒,副伤寒之 A、B,赤痢菌和 X19 菌。

关于强力菌株的杀伤力,汤浅谦说:潞安陆军病院所培养的是菌株,还不是直接撒布的细菌,每一支试验管只能放 0.5 瓦。他先后送与潞安第 36 师团野战防疫给水部的菌株共 8 次以上,每次 3 试管,计 12 瓦。这些都是新的强有力的菌株。但是,再经过防疫给水部培养,其量就更加大了,想培

养多少都行，如1.5瓦的菌株经过一天的培养就能生产1公斤。❶

汤浅谦的上述供词表明，日军潞安陆军病院与潞安防疫给水班的关系极为诡秘，其细菌战剂的生产能力也是惊人的。

---

❶ 汤浅谦的口供，1955年8月31日，原件存中央档案馆，档案号119-2-81-1-5。

第二章　人体细菌实验和活杀解剖

在华北地区，侵华日军不仅用活人试验各种细菌的杀伤效力，制造各种细菌战剂，而且用活人做各种医学解剖实验，演练各种解剖手术，还美其名曰"医学教育""医学研究"。这些魔鬼，甚至用中国人演练各种杀人手段和方法，还丧心病狂地取出中国人的心脏、肝脏等器官贩卖，取出中国人的人脑去做所谓的"药材"。

从现有的资料看，侵华日军在华北的这些反人类罪行，自日军1933年入侵华北地区之后即开始了。据种村文三的供词，1933年4月6日，他在热河省古北营子站时，和铁道联队十字列车的森本捨三少佐军医一起，用一个被车子轧了左小腿的中国工人做了手术练习，他任助手，将其左腿锯掉，使这名中国工人成了残废。❶ 另据高梨文雄1954年11月24日的笔供，1938年4月，在山西省潞安县城西西关村，第108师团第108联队第3大队筑馆熊雄军医见习士官将一名抓来的25岁左右的农民做了"外科手术试验品"。❷ 据杉下兼藏1954年11月29日的笔供，1938年8月14日，在太

---

❶ 种村文三的口供，1954年8月21日，原件存中央档案馆，档案号119-2-1106-1-4。

❷ 高梨文雄的笔供，1954年11月24日，原件存中央档案馆，档案号119-2-744-1-6。

原市西羊市街工业学校运动场的两间房内,他与第109师团卫生队卫生少尉军医佐伯及卫生准尉浅井将一名抗日军俘虏进行了活体解剖,并拍摄了解剖时的相片。❶ 此后,这种人体细菌实验与各种解剖演练逐步扩展,不论在1855细菌战部队的本部、支部,还是在各地日陆军医院和野战医院,都是很平常、很普遍的,有不少大队、中队甚至小队的军医也都进行着五花八门的"自由解剖"。可以说,凡日军所驻之地,几乎都有抗日志士或老人、妇女、儿童被作为细菌实验和各种解剖的"材料"。这些魔鬼,有时甚至不打一点麻药,就把活生生的中国人给"手术"、解剖而残杀了。

第一节 人体细菌实验

一、北平本部的人体实验

据多名亲历者与知情者的证词,侵华日军"北支"(甲)1855部队的北平本部曾大量进行活人细菌实验与解剖观察。曾在本部第三课细菌武器(鼠疫跳蚤)研究所工作过的伊藤影明和平川喜一所作的证词刊载于日本《战争责任研究》(季刊)1993年第2期。

伊藤影明于1943年11月起在1855部队第三课细菌武器(鼠疫跳蚤)研究所从事以带鼠疫菌的老鼠为媒体饲养跳蚤的工作,他在证言中指认日军军车曾把中国俘虏押运到第

---

❶ 杉下兼藏的笔供,1954年11月29日,原件存中央档案馆,档案号119-2-74-1-6。

细菌战

三课的监禁室内。

1945年2月前后,有一辆陆军标记的卡车把中国俘虏押运到第三课。当天,为了防备意外的发生,给每一个卫兵分发了5颗子弹。押运来的俘虏监禁在涂有黑色油漆、装有铁窗子的房间里。把俘虏押运来的第二天,伊藤影明偶然从监禁室的木制窗往里看,当时,他看到了一个20来岁的中国男人,"只有两只眼睛在闪闪发亮"。❶

平川喜一1943年6月被分配到北平1855部队,经过6个月培训,1944年1月到第三课培养鼠疫跳蚤,曾与伊藤影明一起工作。他因在实验室被感染,于同年夏天调离第三课,改做警卫工作。1994年12月,平川喜一写了一份证词,证实1855部队北平本部第三课有5间俘虏监禁室,有一次,连续三天将17名中国人俘虏,做了人体细菌实验与解剖观察。

1944年刚过夏天,我奉命担任警戒。当时丰台(步兵训练队)有俘虏收容所。从那里用汽车将俘虏带到北京。连续带来了三次(6人,5人,6人)。直接带到了第三课(静生所)。押运的有翻译广田(军属)和我(特别警戒)两人。

带到第三课后,对俘虏进行实验。俘虏都是些体格健壮

---

❶ 西野留美子:"北平甲1855部队的验证",载郭成周、廖应昌:《侵华日军细菌战纪实》,北京燕山出版社1997年版,第236-237页。

第二章 人体细菌实验和活杀解剖

的人。从收容所带出时由翻译谎称要带他们去医院。

第三课有很多隔离小房间,把俘虏关到里面,只空出几间以前饲养跳蚤的房间。俘虏们不怎么吃食物,雇了中国人做馒头等但还是无效。

第一次带来6个人后,当天(也可能是第二天)从本部来了两名军医,一起进入房间里,穿着白大褂,给俘虏注射细菌。当时我没在场,不知注射了什么细菌。然后观察感染后的变化。当时听翻译讲"俘虏说,日本人太残忍了"。过一夜,俘虏们都死了。

解剖设在第二课进行,因第二课有解剖设备,都运到那里去了。

那时,第三课里还没有军医,都是由本部派军医来做实验。第二天用汽车运走尸体后,汽车直接开到丰台,并带来了第二批俘虏。第三天又继续进行试验。但死后我不知尸体被埋在哪里。我知道的是其中的一次(第三天的那一次)。俘虏穿着普通居民服装,头上围着布手巾,手上戴着手铐,但没带脚镣。

当时部队的情况是这样的,我们新兵到那里时75号是食堂。2楼的40、41、42、43、44、25、26……是饲养跳蚤的房间。收容受试验者的是4、5、6、11、12房间。因3太大了,没有使用过。❶

平川喜一还亲身参与过第三课利用羊进行的细菌实验。

---

❶ 郭成周、廖应昌:《侵华日军细菌战纪实》,北京燕山出版社1997年版,第229-230页。

细菌战

曾用作实验场的是某个村庄,进行实验时,先把五六只羊赶进蓄水沟围起来的放有鼠疫跳蚤的地方,然后观察这些羊的感染情况。大约过三天,这些羊就因感染致死。实验后,把羊的尸体烧掉,再把鼠疫跳蚤装入石油桶里带回部队第三课。❶

日军战俘松井宽治1950年1月9日的证词刊登在1950年2月21日《人民日报》上。他在1855部队第三课从事饲养鼠疫跳蚤工作的过程中,听说在他被调入该部队工作前一年(1944年),第三课曾进行过人体实验,有两名中国人因此死了。实验内容详细情形虽不得而知,但听说那两个中国人手脚被绑起来,口里塞着东西,被装在麻袋里面,在白天从北平市内运到部队驻地,经过一个星期便死了。他还听第三课尾崎技师说,在1942年,有一次曾通宵生产跳蚤,运到外面去;尾崎还说进行过空中实验,得到了圆满的结果。

这些证词表明,侵华日军"北支"(甲)1855部队曾进行过多种细菌实验,特别是利用活人进行细菌实验和解剖观察,仅第三课的一次人体细菌实验,就连续三天,使用17名中国人战俘做了细菌效力实验和解剖观察。由此可以想见,1855部队北平本部的人体实验,其数量是相当大的。

那么,1855部队北平本部三个课,究竟使用多少中国人做了细菌实验和解剖观察的实验材料呢?这恐怕将长久地成为一个谜。

---

❶ 西野留美子:"北平甲1855部队的验证",载郭成周、廖应昌:《侵华日军细菌战纪实》,北京燕山出版社1997年版,第237页。

二、各地支部的人体实验

实际上，侵华日军"北支"（甲）1855部队不仅其北平本部，而且它在华北各地的支部、办事处、分遣队，以及各地的野战防疫给水班与陆军病院，都秘密地进行了研制细菌武器的人体实验与解剖观察。

济南防疫给水支部的人体细菌实验和解剖观察犯罪，在"北支"（甲）1855部队的十多个支部中具有典型性和代表性。

日军战俘竹内丰，日本东京医学专门学校毕业，1936年12月至1938年6月来中国在东北松江省汤原陆军医院、虎林陆军医院、内蒙古海拉尔市陆军医院任军医中尉。1942年12月第二次来中国，在山东省济南市陆军医院内科任军医中尉，于1945年提升为军医大尉。在此期间，曾对卫生下士官、卫生兵、女护士实施过毒瓦斯伤治疗防护法及细菌战的防护法教育。济南陆军医院与济南防疫给水支部都是受日本华北方面军军医部领导及业务指导，双方业务必须互相帮助解决，因而，1943年8月1日，由济南陆军医院内科病室临时调到济南市防疫给水支部，参加了最秘密的使用中国战俘研制细菌武器的罪恶活动。他在1954年11月的笔供中，写出了1855部队济南防疫给水支部进行人体细菌实验的实情，其野蛮、残忍、恐怖程度，令人毛骨悚然！

他在中国山东省济南市华北方面军济南陆军医院内科病室任军医中尉时，从1943年8月1~31日，被派到华北方面军防疫给水部济南支部。在未去之前，该支部长为了做研

细菌战

究实验,从济南宪兵分队要来了 11 名八路军俘虏。为了试验细菌战用的伤寒菌感染力,事先给八路军俘虏做了接种试验。他到该支部当天,就在支部长、医学博士冈田军医大尉的命令下,开始协助细菌室主任、医学博士木村军医大尉做实验工作,木村军医大尉为了做伤寒细菌感染力实验,将八路军俘虏做了活体解剖。竹内丰在这一笔供中写道:

  1943 年 8 月 6 日,我按细菌室主任木村军医大尉的指示,命令细菌室卫生下士官将解剖室的器械材料准备好,命令三名卫生兵将感染伤寒菌的两名八路军俘虏抬到解剖室。先将一名放置在解剖台上,用绳绑住上下肢固定好后,我命令卫生下士官给他进行全身麻醉,又命令两名卫生兵做拿器械的助手,我做手术助手。木村大尉执刀,从腹壁正中切开,我用大钝钩将创口拉开,木村大尉查看脾、肝、肠的病变后,将肠拉出腹腔外,详细检查肠管的病变。我将肠管病变处切除一部分后,将内脏塞回腹腔。继而进行胆囊穿刺,采出胆汁后,将腹壁缝合。最后,静脉注入吗啡液,将其杀害。接着我又命令卫生下士官将另一名八路军俘虏固定在解剖台上,施以全身麻醉。我做手术助手,木村大尉执刀,从腹部正中切开,查看了脾、肝、肠等处的病变。我将肠管病变处切除,取了一部分作为标本之用,用胆囊穿刺取胆汁以备培养,然后将内脏塞入腹腔,进行了腹壁处理。木村大尉将吗啡注入俘虏静脉将其杀害。我将肠管的一部分装入标本瓶中贮藏起来。木村大尉取了另一部分制作了切片标本。以上我们做活体解剖杀害的两名八路军俘虏,由支部长与(济南)宪兵队联系,令宪兵用卡车将尸体运走了。

第二章　人体细菌实验和活杀解剖

图 2-1　日军济南防疫给水支部的解剖室（中央档案馆馆藏照片）

1943年8月9日，我奉细菌室主任木村军医大尉的指示，命令细菌室卫生下士官和卫生兵三名将解剖室的器械材料准备好，抬入一名感染伤寒菌的八路军俘虏，固定在解剖台上，命卫生下士官进行全身麻醉，命令两名卫生兵做拿器械材料的助手，命令一名卫生兵做杂务。我任手术助手，木村大尉执刀，从腹部中央切开，我和木村大尉一同检查了脾、肝、肠的情况，我将肠拉出腹腔，与木村大尉共同详细地检查肠管病变后，将内脏又塞回腹腔。木村大尉进行胆囊穿刺，采取胆汁以备培养。我将肠管一部分切除后，进行腹壁缝合，并向静脉注射吗啡，将其杀害。此外，我采取了一部分病变肠管贮存入标本瓶中，另一部分木村大尉制作了切片标本。以上因活体解剖而杀害的八路军俘虏尸体，经支部长与济南宪兵队联系，令宪兵用卡车运走了。

细菌战

连续使用两名八路军俘虏做伤寒菌传染效力实验与解剖观察之后，仅仅过了三天，竹内丰等就第三次进行活人细菌实验与解剖观察，并以此对卫生下士官及卫生兵进行现场教育。竹内丰在笔供中接着写道：

1943年8月12日，我根据细菌室主任木村军医大尉做好解剖准备的命令，让细菌室卫生下士官将解剖室的器械材料准备好，又命同室卫生兵三名抬来一名患伤寒的八路军俘虏，送到解剖室，放在解剖台上，将上下肢固定，令卫生下士官进行全身麻醉，又令两名卫生兵做拿器械的助手。我做手术助手，木村大尉执刀，由腹部正中央切开，拉开腹腔，将腹腔内脏的名称、位置、作用向卫生下士官及卫生兵们作了教育。以后，木村大尉又检查了脾、肝、肠的病变，我将肠拿出腹腔与他共同检查后，切除了一段病变显著的肠管后，进行胆囊穿刺采取胆汁，以备培养，将肠管送进腹腔内，进行腹壁三层缝合。木村大尉注射吗啡液于静脉之内，将俘虏杀害。我将采取的肠管贮存入标本瓶中，另一部分木村大尉制作了切片标本。因进行活体解剖杀害八路军俘虏的尸体，经支部长与济南宪兵队联系，用卡车运走了。

此后，1943年8月15日、18日、21日、24日、27日，每三天一次、连续五次进行活人细菌实验与解剖观察，实验观察伤寒菌、鼠疫菌的杀伤力，取样再培养，制成标本，并对卫生下士官及卫生兵进行讲解教育。1943年8月30日，

第二章 人体细菌实验和活杀解剖

竹内丰等又将两名八路军俘虏做了细菌实验与解剖观察。竹内丰继续写道:

我根据细菌室主任木村军医大尉进行解剖的指示,令细菌室卫生下士官将解剖室器械材料准备好,又命卫生兵三名将患伤寒病的两名八路军俘虏抬入解剖室,先将一名放在解剖台上,将四肢固定后,令卫生下士官用乙醚哥罗芳纯酒精混合麻醉剂进行全身麻醉。至进入麻醉期后,我任手术助手,木村大尉做手术者,令两名卫生兵做助手,由腹部正中切开,我用大钝钩将腹壁撑大,木村大尉检查脾、肝、肠等的病变后,又将肠拿出腹腔外,我俩又作了详细检查。我按木村大尉的指示将肠管病变最突出明显的部分采取了一部分,木村大尉将肠送回腹腔,我做了胆囊穿刺,采取胆汁,以备培养,然后进行腹壁缝合。木村大尉将吗啡液注入静脉中将其杀死。接着,我又命卫生兵将另一名俘虏放置于解剖台上,将上下肢固定,令卫生下士官给以全身麻醉。至俘虏进入麻醉期后,我做手术助手,木村大尉执刀,两名卫生兵充为递送器械的助手,由腹部正中剖开,将腹壁扩张,和木村大尉一起检查了脾、肝、肠的病变状况,我将肠拿出腹腔又与木村大尉作了详细检查。木村大尉指示将肠管病变显著部分切取一部分,后将肠送回腹腔,用大钝钩插入手术创口内,将腹壁扩张。木村大尉进行胆囊穿刺,采取胆汁,以备培养。我将腹壁缝合,并将吗啡注入静脉将其杀害。所采取的病变肠管一部分我贮存于标本瓶中,另一部分由木村大尉制成切片标本。因活体解剖而被杀害的八路军两名俘虏尸体,后经支部长与济南宪兵队联系,

叫宪兵用卡车运走了。❶

图2-2 日军济南防疫给水支部的准备室（中央档案馆馆藏照片）

韩国人崔亨振曾在"北支"（甲）1855部队济南防疫给水支部当过翻译，目睹了该支细菌部队各种人体细菌实验的临床过程和非人道的暴行。他于1989年7月21日在《韩国中央日报》上发表《日军在中国的第二支细菌部队》❷ 一文，揭露了日军济南防疫给水支部经常地、大量地、惨无人道地进行活人细菌实验和活杀解剖的反人类罪行，该防疫给水细菌战支部平均每三个月进行一次人体实验，每次死100多名俘虏。崔亨振说：

---

❶ 竹内丰的笔供，1954年11月，原件存中央档案馆，档案号119-2-411-1-7。

❷ 崔亨振："日军在中国的第二支细菌部队"，载《韩国中央日报》1989年7月21日。另载《参考消息》1989年8月2日。

第二章 人体细菌实验和活杀解剖

在中国山东首府济南的日军济南地区防疫给水支部,是同臭名昭著的第731部队完全一样的另一支细菌部队。这支部队的部队长是渡边一夫中佐,还有20多名军医分属在细菌研究组、培养组和人体实验组等。因为他们穿白大褂,所以这支部队也被人们称为"白大褂部队"。部队驻地用双重铁丝围着。军医们把鼠疫等各种病菌注射到中国俘虏身上,然后观察整个发展过程。被注射过鼠疫菌的俘虏,其中有十几人经过一场恶寒和高烧的痛苦后死去。

我第一次看到的人体实验,是对10名俘虏注射天花病菌,然后临床观察反应。全身出现天花的人声嘶力竭地喊着"救救我"就悲惨地死去了。然后,尸体被烧成了灰。

研制肠伤寒疫苗时,则强迫俘虏们吃下含有病菌的饭团子。

培养斑疹伤寒病菌时,先收集俘虏身上的虱子,再把虱子带的病菌注射到俘虏身上。因此,俘虏们一到这个地方就注定要被病魔缠身直到死亡。

为了研究中国大陆地方病,军医还从狗粪中找出病菌,经过培养后,把它包在饭团内让俘虏们吃下去。

这支部队平均每三个月进行一次人体实验,每次要死100多名俘虏。因此,一年要杀死400到500多名俘虏。我在这个部队服役期间死亡的俘虏有1000人。

崔亨振还写道:

实验对象不足时,军医们就到附近村庄抓来中国大人和小孩进行实验。

军医们还对离部队 8 公里远的一个村子 50 多户 300 多名村民进行了霍乱病菌的人体实验。他们先把沾有霍乱菌的猪肉等狗食撒在村里,经过 15 天左右因霍乱死了 20 人后,就宣布这个村子为传染病发生地区,然后便观察防疫和治疗过程。

崔亨振最后说:

现在我感到掩盖日本军国主义的罪行对不起历史,所以,虽然晚了也要揭露这一真相。

崔亨振的这篇见证及前述竹内丰的供述,有力地证明侵华日军"北支"(甲)1855 部队济南防疫给水支部的人体细菌实验与解剖观察是有计划、经常进行的,人体细菌实验和活杀解剖中国人的数量也是相当惊人的!

三、野战防疫给水班及陆军病院的人体实验

据林茂美的供词,日军驻山东第 59 师团防疫给水细菌战班进行过多次人体细菌实验,不仅在中国人身上进行细菌实验,而且在住院日本军人身上进行细菌实验。他在 1954 年 8 月 24 日的笔供中,供认了如下情况:

1943 年 7 月上旬,第 59 师团防疫给水班在山东省泰安县泰安盘踞中,他是曹长、检查助手。当时,由北京华北防疫给水部香川卫生中尉以下 6 名,以对泰安地方的中国人民试验血型为名,而来到泰安师团军医部。奉班长冈田春树中

尉的命令，他指派5名卫生兵携带枪为警戒兵，准备了向泰安村庄侵入的汽车。冈田中尉以下13名侵入泰安小学校，强制从六年级的男女儿童每个人的耳朵采血2克。同时又在泰安伪县公署附近选择脸色特别不好的肚子大的行路的中国人民，强制从30人的耳朵上每人采2克血。血液涂在物体板上。华北防疫给水部香川卫生中尉以下6名当日返回北京，其结果不详。

1943年8月上旬，第59师团防疫给水班在山东省泰安县泰安盘踞中，他是曹长、检查助手。据称在长清县万德村发生了霍乱患者，他与班长冈田春树中尉以下10名一同侵入万德村庄，强行把采便管插入村民的肛门，进行了直接检便。不管男女，对300人实施了侮辱性的采便。当日返回。

1943年6月前后，在山东省泰安，第59师团防疫给水班长冈田春树中尉以下4名，为了研究馆陶热和捕鼠，携带捕鼠器5个、药鼠剂5付，用药鼠剂杀死了馆陶热的媒介物——鼠20只，活抓了5只活老鼠，翌日返回防疫给水班。饲养中鼠死了4只。他将余下的1只送交给华北防疫给水部天坛防疫部动物研究室某军医少尉，提供了细菌研究的资料。

自1944年10月前后到1945年4月前后，第59师团防疫给水班在山东省济南盘踞中，他作为防疫给水班长冈田春树大尉的助手，对师团野战医院约100名的肠管系入院患者进行了原生物原虫检查及蛔虫、鞭虫的检查，其90%是保有原生物患者和原虫；60%~70%是保有蛔虫和鞭虫。经研究，写成关于"原生物赤痢"的小册子。同时，冈田大尉开

细菌战

了个原生物特效药的药方，到青岛某制药厂试制造。当时，他写了这个请求及要求的一切文件。此后，将冈田大尉所开处方的试药约100副拿到野战医院给入院的原生物患者服用，制作统计表，进行效力的试验。同时将研究的一切资料报告给第12军军医部和华北方面军军医部。❶

林茂美的上述供词表明，日军第59师团防疫给水班的人体细菌实验，是为华北日军的细菌攻击作战服务的。

据现有资料，日本华北派遣军不仅1855部队的本部、支部以至野战防疫给水班都在经常地普遍地进行着人体细菌实验，而且在各级陆军医院都无例外地进行着人体细菌实验。

驻山西省潞安日军第36师团陆军病院用中国人代替豚鼠做细菌实验，凶残地宰割活人。今天的人们可从中了解一二。

据中岛京子的笔供，1939年7月，她在山西省潞安日陆军病院任护士，奉小岛军医之命，将鼠疫菌8CC注射在一个20多岁的抗日军俘虏的胸部。几分钟后，此俘虏面部发紫，出黑斑，嘴唇变黑，呼吸困难，很快就死亡了。尸体可能由小岛军医等解剖了。她还听说这个俘虏是中村军医由舞部队带回的4个中的一个。❷

---

❶ 林茂美的笔供，1954年8月24日，原件存中央档案馆，档案号119-2-619-1-5。

❷ 中岛京子的笔供，1954年9月3日，原件存中央档案馆，档案号119-2-53-1-5。

第二章 人体细菌实验和活杀解剖

中岛京子在 1956 年的另一份笔供中,详细地写出了潞安日陆军病院进行人体细菌实验与活杀解剖的真实情景。她写道:

我于 1939 年,作为陆军医院西村部队的特殊志愿护士参加了潞安作战。盛夏 7 月的一天,医院里送来了 4 名抗日军士兵俘虏。其中的一名年约二十二三岁,是一个容貌端正善良的青年,被日本军使用的糜烂性毒气弄得全身溃烂,右脚尤为严重,根本不能行走。

当时,我想:"为什么把这样脏的中国人带到这里来?"可是,医院的卫生护士长远藤军曹却对我说:"这家伙由你负责!"我十分生气,心想:"没有他我还忙得不可开交,再塞给我这么一个脏东西,受得了么?快点死掉算了!"因此,在处理创面时,也只是涂点红药水,应付了事。有一次,我想:"如果在他溃烂的伤口上涂上碘酒,他将会痛成什么样子?"于是便在他糜烂不堪的腿上厚厚地涂了一层碘酒,这个青年痛得打着滚呻吟,苦不堪言。三天间,我没有很好地让他吃饭,大小便也不给他处理,再加上伤痛,他陷于极度的衰弱状态,溃烂的腿上和粪便上落满了苍蝇,蛆虫到处乱爬。我想:"得想个办法快点把他处理掉才好!"

这位抗日青年战士,被日军的糜烂性毒气弄得全身溃烂,又被日军的"白衣天使"百般折磨,随后就被他们做了手术演练的材料。中岛京子接着写道:

傍晚,远藤护士长对我说:"给那个中国人做手术,你

细菌战

做好准备!"我做好了手术室的准备工作。远藤护士长、加藤卫生一等兵,还有护士古田初子、川口睦子、我和另一个人,共6人作为助手。穿好手术衣,等待手术开始。小岛军医进入手术室后便命令:"今天由我指导,由远藤做手术。"我们便将这一青年绑到手术台上。远藤只是简单地做了局部麻醉,便用手术刀割开皮肤,切开肌肉,进行止血。最初,我曾帮助止血。我想:"我倒是用肉和鱼做过菜,可用刀切人肉不知是什么样?反正一两个中国人的死活是没有关系的。军医也承认我是有胆量的护士,是个人才,我也要干出点成绩来!"于是便向军医请求道:"请允许我来做截肢手术吧!"军医说:"你能行吗?"他没有接受我的要求。我再次要求说:"没有问题,请让我来做吧!"结果,军医批准了。这时,远藤说:"反正是个中国人,这就算不错了!"说着,便马马虎虎地停止了止血。我拿过手术用的锯,从右膝关节的下面开始像锯木头一样咔嚓、咔嚓地截肢。因为我是第一次做手术,进行得很不顺利。军医和护士长都在注视着我,我心里发慌,汗流浃背,手术衣都湿透了。由于做的是局部麻醉,不十分有效,青年人痛得大声喊叫,一名士兵和一名护士,两个人按住他被绑着的腿,他仍然扭动着身体,腿迟迟锯不下来。我嫌他讨厌,便在他嘴里塞满了纱布,让他喊不出声来。青年人由于痛苦和愤恨,咬着牙,用着可怕的眼神瞪着我。由于没有充分地止血,所以每当他呼吸或扭动身体的时候,鲜血便从刀口咕嘟嘟地喷射出来。不知什么时候,军医早已走开了。截断这一根骨头竟用去了40分钟,从手术开始到全部结束整整用了2个小时。

第二章 人体细菌实验和活杀解剖

但是,这些白衣魔鬼并没有就此罢手,还要把这位已经被宰割而陷入危重状态的中国抗日青年军人作为潞安日陆军病院研制的 A、B 细菌液的实验材料。中岛京子继续写道:

把青年抬回病房,由于流血过多,他已经精疲力竭,脉搏微弱,陷入危重状态。我立即通过远藤向军医进行汇报。军医说:"先注射 8 毫升 B,过五六分钟后,如没有变化,再注射 5 毫升 A,然后注意观察情况!"说着拿来了两种瓶装的液体。我给他注射了 B,不到 3 分钟,只见他痛苦得满床乱滚,从鼻腔中流出通红的鲜血,开始挣扎,但已发不出呻吟声了。一会儿,他用像蚊子般微弱的声音说:"妈妈!"可能是呼唤他的母亲。接着,他向我要水喝,我却没有给他。当注射后 12 分钟左右,这个年轻人便断气了。根据注射后急剧发生的变化和 A、B 这两种使用代号的药名,我意识到这就是当时由潞安陆军病院研制的细菌液。后来,这个青年还被军医们作为研究材料解剖了。

中岛京子在这一笔供的最后说:

像这样宰割活人,把人代替豚鼠,用作细菌试验,等等,这就是天皇制军队的真实情况,也是戴着"白衣天使"假面具的我的本来面目。❶

---

❶ 中岛京子的笔供,1956 年,原件存中央档案馆,档案号 119-1-174,第 84-87 页。

第二节　用人体培植病菌

一、用抗日俘虏培植病菌

用抗日俘虏培植病菌，这一反人类的罪恶事实，是由驻济南日军第59师团陆军病院军医中尉竹内丰在中国法庭受审时供认的。竹内丰在1954年11月的一份笔供中，详细地供述了他在日本华北派遣军防疫给水部济南支部使用八路军俘虏制造细菌战用的恶性生菌的内情。

在这一笔供中，竹内丰首先写出了他当时的心境与用人体制造细菌战用的恶性生菌的目的。他说：

> 我任中国山东省济南市"北支那"方面军济南陆军医院内科病室的军医中尉期间，自1943年8月1日至31日止，被调到"北支那"防疫给水部济南支部从事于制造作战用的恶疫生菌工作。开始时很顾虑，怕感染上，曾一度产生恶感。后来自己想虽然这个工作危险，但能取得卓越成绩，升官快，何况在日本以活体进行细菌研究是不易得到的机会，这正是锻炼自己技术的最好机会；同时，我还想日本虽是连战连胜，然而敌人并非仅是中国而已，还有美国及其他许多国家作为战争的对象，随着战线扩大，兵力将嫌少，用细菌战即可"以寡胜众""以少取多"，这是一个最好的方法。因此制造细菌一事是吾等军医应尽之义务，须以认真的态度去做，又基于支部长医学博士冈田和木村军医大尉的命令，鼓舞我从事制造细菌战用的生菌的工作。

第二章 人体细菌实验和活杀解剖

"细菌战即可'以寡胜众''以少胜多',这是一个最好的方法。"一语说出了日本天皇和军部把细菌战作为"秘密武器"的密谋!

接着,竹内丰写出了制造细菌战用的恶性生菌的准备工作:

我据细菌室主任、医学博士木村军医大尉的指示,命令细菌室3名卫生兵,在开始培养细菌之前,将培养皿、烧瓶、滴管、试管、不透明玻璃、玻璃棒等细菌制造材料进行洗涤、干热灭菌、培养等准备工作。在每一次培养作业完了之后,将使用的器材先以蒸气消毒进行杀菌后,精细地洗涤,再加以干热灭菌,准备下一次的培养工作。又命卫生下士官准备好培养基的原料、所需的药品材料等物,同时教育卫生下士官使用关于远藤氏平板培地、增菌培地、鉴别培地、调制培养基及大量培养细菌时的涂植作业法。在我到达该支部前,支部长为了做研究实验,从济南宪兵队要来八路军俘虏11名,已用伤寒菌接种感染者9名,已用鼠疫菌接种感染者2名。

竹内丰1943年8月1日到达济南防疫给水支部当天,就与该部队军医大尉木村一起开始了使用鼠疫菌接种感染的2名八路军俘虏制造鼠疫生菌的罪恶活动。他写道:

我到达该支部之日,我和木村大尉将他已用鼠疫菌接种感染的2名八路军俘虏共同进行诊察解剖。根据临床剖检所见，确定了该菌种有相当的感染力，由俘虏患者的静脉抽血，注入增菌培地，又将血液琼脂培剂涂植于摄氏37度的孵卵器内，静置培养18至20小时后，将好的菌落采取，涂植在远藤氏平板培剂上，于孵卵器中培养约20小时，根据白金耳检查，将一部分优秀菌落采取进行了预定的凝集反应检查，一部分移植到平板培剂上，放于孵卵器内进行分离培养，又用白金耳作菌落检查和预定的凝集反应检查后，采取准确的菌落，再移植到平板培剂上，于孵卵器内静置约20小时进行纯培养，后用白金耳对培地面上之菌落进行精细检查，反复进行凝集反应的检查，涂植标本施以镜检，确认没有杂菌混入后，以生理食盐水溶解，用白金耳涂植在大型平板培剂上，于摄氏37度的孵卵器培养约20小时后取出，采入于生菌容器内贮藏。又反复进行培养操作，就这样制造了很多作战用之鼠疫生菌。

日军济南防疫给水支部用接种伤寒菌感染的八路军俘虏制造伤寒生菌的经过与方法，据竹内丰的笔供，一是进行活体解剖时进行胆囊穿刺，采取胆汁，加以增菌培养；二是利用接种伤寒菌俘虏的粪便，加以增菌培养。他写道：

用伤寒菌接种感染的俘虏患者，进行活体解剖时，进行胆囊穿刺，采取胆汁，先注入于增菌培剂中，后涂植于血液平板培地上，静置于摄氏37度的孵卵箱中，培养约20小时后，将好的菌落采取，涂植在远藤平板培剂上进行培养，后用白金耳进行精细检查平板面，采取了一部分好的菌落，进行了预定的凝集反应检查，又将该菌落的一部分移植到新鲜

第二章 人体细菌实验和活杀解剖

的平板培剂上,置于孵卵器内约 20 小时给以分离培养后,再以白金耳检查,作预定凝集反应检查,采取准确的菌落一部分,移植到新鲜的远藤平板培剂上,置于孵卵器内,予以纯培养约 20 小时后,再以白金耳作精细的全部平板面上之检查,凝集反应检查,涂抹标本,实施显微镜检查,确认为纯伤寒菌时,加入生理食盐水给以溶解,涂植于许多大型远藤平板培剂上,放于摄氏 37 度孵卵器内,培养约 20 小时后,采取放入容器内贮藏。以此反复地进行多量培养操作,贮藏了许多伤寒生菌,以供作战之用。

关于用接种伤寒菌的八路军俘虏的粪便制造伤寒生菌的实情,竹内丰写出了采集与培养的具体过程:

取被接种伤寒菌患伤寒病俘虏的粪便,用白金耳倒入胆汁培剂中,搅拌溶解,另一部分涂植在新鲜的远藤平板培剂上,置于摄氏 37 度孵卵器内,培养约 20 小时后,用白金耳检查菌落,将好的菌落取出一部分,施以预定的凝集反应检查,另一部分涂植在新鲜的平板培地上,置于孵卵器内约 20 小时进行培养后,用白金耳精检这个菌落,将好的采出做预定的凝集反应检查,又将该菌落的一部分移植到平板培剂上,放入孵卵器内培养约 20 小时,将杂菌和伤寒菌分离开,用白金耳检查此培剂面上的菌落,实施凝集反应检查,将确认的伤寒菌落采出,移植到新鲜的平板培剂上,放于孵卵器内纯培养约 20 小时后,再用白金耳精细地检查全部菌落,作预定凝集反应检查,及涂抹标本、显微镜检查等,确认没有混入杂菌,纯粹为伤寒菌后,加入生理食盐水溶解,涂植

细菌战

于多数的新鲜大型远藤平板培剂上，放于摄氏37度的孵卵器内培养约20小时后，采入容器内贮藏之。以这样的培养作业反复进行，贮藏了多量的伤寒生菌，以供细菌战用。❶

那么，日军济南防疫给水支部这次利用11名八路军俘虏进行细菌杀伤力实验，同时制造了多少供细菌战用的鼠疫、伤寒生菌呢？

竹内丰在1954年8月21日的笔供和1955年6月25日的口供中，有如下供词：

在此期间，除活体解剖11名外，就是制造细菌。我与防疫给水支部木村大尉共谋，用孵卵器4个、干热灭菌器3个、病源检索器2个，及其他特殊设备，共制出肠伤寒及巴拉伤寒的生菌16桶半，每桶的直径40公分、高50公分。在1943年8月中旬，分三次计15桶由日本"北支那"方面军参谋用飞机运走。至我工作调动时，还有1桶半的生菌正在赶制中，以后制出多少，我就不知道了。❷

当他受审讯时被问道："你于1943年8月间，参加日本陆军济南防疫给水支部制造细菌，据你所谈直径40公分，高50公分，16桶半，共能装多少细菌？"竹内丰回答："我

---

❶ 竹内丰的笔供，1954年11月，原件存中央档案馆，档案号119-2-411-1-7。

❷ 竹内丰的笔供，1954年8月21日，原件存中央档案馆，档案号119-2-411-1-5。

在1943年8月间,在济南参加日军防疫给水支部制造细菌,大约有999公斤,这是以桶的容量来计算的,不一定正确。"❶

竹内丰的供词表明,日军"北支"(甲)1855部队不仅使用活人试验细菌武器的杀伤力,而且使用活人制造用于细菌战的恶性生菌,不仅利用接种鼠疫、伤寒等细菌的活人器官制造恶性生菌,而且利用他们的粪便制造恶性生菌,其制造鼠疫、伤寒等恶性生菌的速度与数量,也是十分惊人的!

二、魔鬼的自白

"我就是这样一个魔鬼。"这是日本战俘竹内丰在1955年的一份笔供中,在反省解剖八路军俘虏和制造细菌的罪恶时所写下的一句话。

如前述,日军战俘竹内丰等,在日军"北支"(甲)1855部队济南支部,短短一个月内,将11名八路军俘虏分为两批,给其中6名吃下含有细菌的食物,另5名注射细菌液,然后活体解剖,观察细菌效力,并利用这些八路军俘虏的生体与粪便制造细菌战用的恶性生菌。其野蛮、残忍,登峰造极!

竹内丰写出了八路军俘虏被押进日军济南防疫给水支部时的情形与他自己彻底丧失人性的凶残心境:

1943年8月,我作为军医中尉,在华北方面军华北防疫给水部济南支部从事细菌制造业务。当时,"济南防疫给水

---

❶ 竹内丰的口供,1955年6月25日,原件存中央档案馆,档案号119-2-411-1-6。

细菌战

部支部长冈田军医大尉从济南宪兵队要来11名八路军俘虏，说是要用他们试验细菌的效力"。这些八路军俘虏，为了祖国解放的正义事业，不屈不挠地进行战斗，不幸为侵略者所俘虏。"他们戴着手铐和脚镣，在刺刀和手枪的严密监视下，乘坐卡车来到了济南防疫给水部支部。消瘦苍白的面孔，突出的颧骨，蓬乱的头发和胡须，还有那又脏又破的衣服，所有这一切都说明他们是如何同残酷的拷问和饥饿进行顽强斗争的。然而他们的目光是镇定而不可侵犯的，只有对明天的胜利拥有坚强信心的人才能具备如此的威严。"而当时已彻底丧失人性的我，认为"这是为济南事件中殉难的日本人复仇"，便将这些英雄当作了豚鼠的代用品。

八路军俘虏被竹内丰等日本军医接种伤寒细菌后，迅速出现持续高烧和极度痛苦的症状，陷入危重状态：

> 这11个人被拘留在房子入口处的土地上，地上只铺一条草席和一条军用毛毯，给他们注射我们培养的伤寒菌，或将细菌投在食物里让他们吃下。不久，症状便出现了，持续高烧、呻吟、苦闷，甚至说胡话。
>
> 俘虏们的高烧和疲劳已达到顶点，为了使身体稍微舒服一点，企图转动一下，但是脚上带着沉重的脚镣，不能自由活动，无法翻身。他们用充血的燃烧着怒火的眼睛瞪着去观察病情的我们。病情一天天加重，被折磨得极度衰弱和憔悴的样子，实在目不忍睹。使人感到，原来所谓临终的痛苦就是这样的。由于大量摄入剧烈的活细菌，病情一直恶化下去。全身瘦得只剩下骨和皮，陷入危重状态。两颊的肉像被

第二章 人体细菌实验和活杀解剖

刀削一样,塌陷下去,只有颧骨高高突起,十分显眼。他们已经不能自己翻身了,呼吸微弱,只有鼻翼还在翕动。

竹内丰看到八路军俘虏痛苦的样子,心中暗自庆幸:"这个菌种的感染力相当强,用于细菌战是毫无问题的!"

竹内丰确认他所培养的伤寒菌种具有极强的感染力之后,又企图通过解剖观察,进一步检查由于细菌感染而受到损害的内脏各器官的变化。于是,首先将一个俘虏抬进了解剖室,竹内丰接着写道:

濒临死亡的俘虏发现解剖台旁已经准备好解剖所必需的大小手术刀以及其他各种器械,他立即在极端的痛苦之中发出悲痛的哀鸣:"军医啊!军医啊!"由于高烧而干裂苍白的嘴唇,似乎还想说话,但再也没有气力了,只是过度的悲痛引起身体的阵阵轻轻的抽搐。

这时,我让一个懂中国话的卫生下士官大声地向他喊道:"是要给你治病!"说着,便将手脚牢牢地绑在解剖台上,使他一动也不能动。接着,我又指示负责麻醉的下士官把麻醉罩放在俘虏的口和鼻子上,滴上纯酒精、乙醚和氯仿的混合麻醉剂,他逐渐陷入麻醉状态。估计差不多了,我便拿起手术刀,尽量用力,从胸窝直到耻骨,将深深陷下、烧得滚烫的腹部垂直切开,打开了腹腔。鲜血立即沿着刀口的两侧涌出来,俘虏的上半身和解剖台眼看着被鲜血染红。由于不采取任何止血措施,血一直不停地流出来。木村军医将一个很大的钩形器械插入刀口,从侧面将腹壁拉开,我就从扩开的腹腔里将内脏拿出,放在一个搪瓷面盆里,然后,同

细菌战

木村军医一同开始检查病变。细菌的侵蚀力完全像我们预期的那样明显,由于获得了今后用于大批杀人的材料,不禁心中暗喜,互相议论着,"这样一来,可能在细菌战中发挥作用了!"暴行仍在继续进行,我把被细菌侵蚀变化明显的部分肠管切断,又将脾脏摘出,装入标本瓶,以便制作切片标本,充作报告材料。接着,我又无情地把一支大型穿刺针插入胆囊。当我们的一切目的都达到以后,向他的肘部静脉注射了2毫升吗啡液,他的心脏终于停止了跳动。

就是这样,我和木村军医一个接一个地把11名俘虏都作为效力实验的培养基而杀害了,将获得的大量细菌交给华北方面军,或附上标本,报告此次暴行的成果,为发动细菌战提供了资料。

竹内丰在这一笔供的最后,忏悔说:

如上所述,人为地使献身于人类最美好事业的人们感染传染病,最后切制成标本,培养细菌。我就是这样一个魔鬼。❶

三、用住院日军培植病菌

侵华日军"北支"(甲)1855部队及陆军病院,这帮细菌战的恶魔,为了制造大量的细菌武器,散播杀害中国人民,除了把中国抗日战俘当作生产恶性传染细菌的材料以外,甚至还把住陆军病院的日本军人患者也作为生产恶性传

---

❶ 竹内丰的笔供,1955年,原件存中央档案馆,档案号119-1-174,第88-92页。

第二章 人体细菌实验和活杀解剖

染细菌的材料来使用。据汤浅谦1954年7月18日的笔供,驻山西省潞安第36师团防疫给水班是进行细菌战的特殊机关。第36师团潞安陆军病院与该防疫给水班保持着交换细菌的关系。由潞安陆军病院从住院传染病患者,主要是日本军人身上,采集新菌,进行培养,加以保存,一方面送日本华北派遣军防疫给水部太原支部供细菌战使用,另一方面供给第36师团防疫给水班作为再培养的强力菌株。汤浅谦在这一笔供中,写出了使用日军患者生产细菌战剂的实情:

潞安陆军病院以细菌战为目的,保存平时从患者所取的新菌,将此补给于潞安防疫给水部,令制造使用最强毒力菌,即:病院作成强力的菌株,防疫给水部将此增菌,使用于细菌战。

汤浅谦写道:

每次作战前,由陆军病院培养菌株,防疫给水班制造强力的新菌,在作战期间撒布。由于细菌有返回传染的作用,所以,"在撒布细菌的地区,就是如何注意,日军也有感染细菌的"。

在汤浅谦担任潞安陆军病院传染病室附军医、病理试验室附军医、军医中尉期间,1942年5~7月,在春季太行作战中,潞安陆军病院收容了第36师团出动部队患肠伤寒者20余人,其中第233联队第1大队的患者较多,本部也有三四人入院。1942年秋季作战中,第36师团有36人以上肠伤

寒患者入院。1943年春季太行作战时，潞安陆军病院也收容了第36师团多名回归热、肠伤寒患者。❶

于是，为利用这些入院日军患者制造细菌战用的新菌，汤浅谦在1955年8月31日受审时供认，他曾"指示赖美曹长、濑迫军曹、藤见一等兵、中原下士官，从传染病患者身上采集新菌，主要是肠伤寒、A型副伤寒、B型副伤寒，作为菌株培养、保存起来，准备强力的菌株，潞安防疫给水班什么时候要求都可能供给的"。

当审讯员问到他究竟培养过多少细菌的时候，汤浅谦回答：

我所培养的是菌株，还不是直接撒布的细菌，至于数量，每1试验管只能放0.5瓦，我先后共送与潞安第36师团野战防疫给水部的菌株在8次以上，每次3试管，共12瓦。这都是新的强有力的菌株，但是再经过防疫给水班培养的话其量就更加大了，想培养多少都行，如以1.5瓦的菌株经过一天的培养就能生产1公斤。❷

从汤浅谦的供词可以看出，仅潞安陆军病院由日军患者身上制造出的新菌株，供给第36师团防疫给水班，就能再由该防疫给水班培养出相当大数量的细菌武器，由此可以想

---

❶ 汤浅谦的笔供，1954年7月18日，原件存中央档案馆，档案号119-2-81-2-25。

❷ 汤浅谦的口供，1955年8月31日，原件存中央档案馆，档案号119-2-81-1-5。

第二章 人体细菌实验和活杀解剖

见日军"北支"(甲)1855部队与陆军病院制造细菌武器的能量了!

第三节 医学研究中的人体解剖

一、防疫给水部队的人体解剖

日本华北派遣军防疫给水部和陆军病院所进行的人体细菌实验与活杀解剖,以及各种医学手术练习的人体解剖、杀人手段的人体解剖,虽然与东北地区的第731部队和第100部队不同,不是由日伪机关"特殊输送"的,但一般也是按计划、有组织地实施的。

侵华日军"北支"(甲)1855部队及其各地支部的活人解剖,这里仅以太原防疫给水支部为例,列举两件手术活杀演练的证词。

如1942年4月,驻太原日本华北方面军第1军司令部调集所属军医进行医学手术教育,首先在太原防疫给水支部学习,而后在陆军病院工程队解剖4名抗日战俘。这次活人手术实习,就是按照驻太原第1军军医部队和太原陆军病院院长的指令而有计划、有组织地实施的。

据汤浅谦1955年8月31日的口供,1942年4月初,他当时配属在潞安日陆军病院(乙第1837部队)内,担任传染病和病理实验两室军医中尉的职务,潞安日陆军病院命令他与卫生下士官及护士各一人到太原出差。他写道:

来到太原陆军病院,在前三日,由下士官和护士们研究

· 99 ·

细菌战

营养伙食问题。我和各地来的军医共20名，第一天在太原防疫给水部受防疫给水训练，第二天在工程队（第1军俘虏收容所）做了解剖演习手术。遵照第1军军医部长军医少将兵头周吉及太原陆军病院院长军医中佐佐藤某的命令，对4名俘虏进行活体手术演习。当时首先有工程队军医一名（姓名不详）佩带白肩章，他令他的部下提来4名俘虏，他亲自用手枪将这4名俘虏各打一枪，未死。这时，我们在太原陆军病院院长佐藤中佐指导下，分为四组，然后将被枪打伤之4人缚在手术台上，进行解剖。有的剖腹取子弹，有的切断四肢，军医部长兵头周吉也在场教手术法。我解剖了其中一人，是做了上肢切断术。在手术做完后，这4个俘虏完全死了。❶

汤浅谦在1955年6月9日的认罪书中承认：

此照片，我亲自阅过，此照片上，确实是在1942年4月初，由日军第1军太原陆军病院在太原小东门北巷日军第1军司令部太原工程队内，主持将4名俘虏进行活体解剖杀害的房屋。我确实在此房屋内解剖了1名俘虏，又参与了3名俘虏的解剖。故此照片上确实是能证明我解剖了4名俘虏的房屋。❷

---

❶ 汤浅谦的口供，1955年8月31日，原件存中央档案馆，档案号119-2-81-1-5。
❷ 汤浅谦的认罪书，1955年6月9日，原件存中央档案馆，档案号119-2-81-1-8。

第二章 人体细菌实验和活杀解剖

图2-3 太原小东门北巷之日军华北第1军俘虏收容所
（太原工程队）遗址（中央档案馆馆藏照片）

又如，1944年1月，日本华北派遣军第1军组织所属军医在太原防疫给水支部进行为期三天的医学手术实习教育，解剖中国抗日战俘8名，并宣布"这是军事机密，不可说予别人"。中村三郎1954年8月31日的口供，写出了在太原防疫给水支部受训的大致情况，1944年1月，他在第1军司令部任军医中尉，在太原防疫给水支部受训三天。第一日，听近藤军医部长训话，并发给手术小册。第二日和第三日，用8名中国俘虏进行了活体解剖的手术实习。当时，受训者共21人。在解剖时分为四组来进行。手术前，由士兵将俘虏的衣帽脱光，蒙住眼睛，带进手术室，捆在手术台上，首先注射了麻药，麻醉后各组开始手术实习。葛城教官在各组巡视、指导。进行手术种类，有盲肠炎、虫样切除术、疝气

细菌战

手术、气管切开术、动脉结扎术、粪漏形成术、四肢切断术。在实习中,各组互换顺序进行。当手术实习完后,人虽然无四肢,但还活着,然后用苯酚5CC向脑脊髓内注射杀死。❶

图2-4 日军华北第1军太原防疫给水支部的教育室旧址
(中央档案馆馆藏照片)

从汤浅谦和中村三郎的供词可以看出,太原防疫给水支部的活体手术实习,前者供认一天内活活实习解剖了4名中国抗日战俘,当时用枪打伤后,未打麻药,即分组实施手术演练;后者供认三天内活活实习解剖了8名中国抗日战俘,当时只是局部麻醉,七项手术完后,人还活着,取出的心脏还在跳动。有人性、有血气的人们可以想见,太原防疫给水支部这样一个魔窟,它活杀解剖了多少中国人!又是何等残

---

❶ 中村三郎的口供,1954年8月31日,原件存中央档案馆,档案号119-2-1105-1-4。

第二章 人体细菌实验和活杀解剖

酷之极,惨无人道!

二、河南焦作矿区的"医学教育"

侵华日军华北陆军病院与防疫给水部队统一在军医部长的领导与指挥下,使用活人进行医学手术训练的反人类罪行,更为普遍、更为残忍。

如在河南焦作日军第117师团陆军医院解剖一名中国农民的惨景,真可谓登峰造极!据铃木启久的口供,这次活人手术解剖演练,是于1945年春天,在驻怀庆(今焦作)的第117师团野战医院内进行的,他亲自命令该院院附野田实使用一名中国人进行实验,其目的是实验以空气注射的杀人方法。❶ 野田实❷在《在河南焦作解剖中国农民的自白》❸ 的证言中,详细地写出了这次活人手术教育的内情。他说:

---

❶ 铃木启久,日本福岛县人,1938年3月至1945年8月三次侵入中国,曾在东北任独立守备步兵第12大队长,在南京任步兵第67联队长,在天津任步兵第27旅团长,在河南省新乡任步兵第4旅团长和第117师团长兼第4旅团长。铃木启久的口供,1954年5月6日,原件存中央档案馆,档案号119-2-1-1-4。

❷ 野田实,日本岐阜县人,1942年1月至1945年8月侵入中国,先后任日本华北方面军驻保定陆军病院(代号(甲)1831部队)少尉、中尉外科病室医官,训练队主任教官兼第63师团第66旅团司令部及第63师团病马厂医官,第117师团野战病院外科诊疗室主任、教育主任、代理庶务主任、疗养所所长、病院附等职。

❸ 野田实:"在河南焦作解剖中国农民的自白",载谢忠厚、张瑞智、田苏苏:《日本侵略华北罪行档案5·细菌战》,河北人民出版社2005年版,第135-138页。

细菌战

1945年4月,我所在的原第117师团野战医院,驻在河南省有名的煤矿区焦作镇。

一天,院长军医少佐丹保司平找我,说明天要搞"军医教育",按照去年10月郑州第12军司令部举办的"教育"样子搞,还说宪兵分队答应并弄来活人做实验。

接受任务后,我便拟订行动计划交给院长,并着手准备。

第二天下午,宪兵带一个中国人到手术室来,这是一个约莫二十五六岁,看上去很健康,穿着黑衣服的淳朴的中国农民。这时我忽然想到,他就要在这里被杀掉。过一会儿,军医、卫生兵在先,塌鼻梁留着小胡子的院长随后都来了,院长问:"准备好了吗?"我向水谷示意做全身麻醉,又对宪兵说:"给他讲,要检查身体,躺在这手术台上。"那人看来不懂宪兵的话,满脸讶异的神色。宪兵把他推进手术台,我指着手术台,焦急地用中国话说:"睡觉吧,睡觉吧!"宪兵把那人举上去按倒在台上,我们6人分别按住他的手、脚、肩膀、头部和腰。水谷迅速将浸了麻药的纱布往口、鼻上盖。那人猛力挣扎,大家拼命拽住,弄得手术台嘎啦晃动,我两手抱住他的头,他脸上露出可怕的怒火,咬紧牙齿屏住呼吸,左右摇头想甩掉盖在嘴上的纱布。为了让麻药快生效,我用两个拇指用力按他的两颊,使他的嘴张开,把纱布塞进去后,他呼吸立即短促了。我向发呆的水谷喊道:"加麻药!"他慌慌张张地拔开瓶塞住纱布上倒。挥发的麻药气味冲进我的鼻孔后,感到全身无力,我一下"意识到药量过大了",便让使用乙醚,叫卫生兵把那人两脚绑在手术台上。进入深度麻醉了,我让森下卫生军曹负责麻醉,让水谷洗手

第二章 人体细菌实验和活杀解剖

准备手术，卫生兵搬来手术器械。

卫生兵帮我把那人脚上的绳解开，脱掉身上的衣服。我见他后背有几条似乎经过严刑拷打的青紫色的伤痕，我无动于衷地又把他的两脚捆上。

军医各就各位了。这时我眼前浮现出去年在郑州第12军直辖兵站医院，对一位抗日战士进行"解剖活人"的情景：我紧张地屏住呼吸，和二十几名"被教育者"军医一同站着，从北平第一陆军医院派来的教官长盐军医中佐突然喊了声"立正！"他向领导这次"教育"的第12军军医部长川岛清军医大佐报告："从现在开始。"之后又发出"敬礼！"号令。我想这是按照病理解剖死者时搞的仪式来对待眼前的活人。

接着，野田实写出了这次活人手术教育的惨景。

"教育"的过程是这样的：

最初将右下腹切开10厘米，搞形式的盲肠手术。摘出的阑尾细得像蚯蚓，完全是健康无异状的。

接着从剑突到脐下在腹部正中切开30厘米，之后检查内脏，剥开大网膜找胃，拉开肠子看到肝脏里边露出的蓝黑色胆囊。活人内脏的血腥气、粪便气味冲进我的鼻孔，对此我只感到愉快。它使我回忆起在河北省保定时宪兵队藤木大尉说过的话："活人的肝可以治百病，可总没有弄到手。"查完内脏，拉平腹膜缝合，我从苫单下边拉出那人的手查脉搏，脉稍弱，但无大变化。这回两人一组，分两组同时在活人身上做截肢——右臂、左大腿的手术。洗完手，在右臂、左腿根部系止血带，走走形式做了皮肤消毒。我在左股下三分之一处切开皮肤向上剥离，再把活人的大腿顺骨缝处切开。我让高岩尝试非外科医生体会不到的感触，叫他拿一把大切断刀，用持刀的胳膊压住大腿，一下子切断。还提醒他，止血是麻烦事，必须切开肌肉见骨头。高岩用力切掉周围软组织，鲜血像瀑布似的喷出来，伸展的肌肉痉挛收缩，一会儿被切断了。高岩急忙拿止血钳止血，我说："这血总是要流的，先不用管。"他赶快用两手分开肌肉，剥离大腿骨上的黏着的肌膜、骨膜，露出了雪白的大腿骨。我用厚厚的纱布把肌肉断口包住向上提起，让高岩用骨锯靠大腿上端锯断。锯子锯到半路夹住动不了，我让持脚的卫生兵把脚往下放放，高岩就势猛劲锯，顺利地锯断了大腿骨。我一面讲解，一面帮高岩结扎主要血管，我用长辈的口吻告诉他："在处理神经时，必须从上头拉出顺理好，以免日后假肢会痛。但今天不必担这份心。"

左股骨切断结束后，我们喘了一口气，右上肢的截肢手术也结束了，我揭开单子看那人脸相，昏昏沉沉陷入深度麻醉之中。两三个小时前的健康相貌完全没有了，脸色苍白，口唇发青，脉搏细微，瞳孔缩小，使人感觉他有着强韧的生命力。

最后一项做"喉结手术"，做完气管切开手术之后，全部"教旨"按计划完成了。

野田实等用这名中国农民做完了"军医教育"，院长丹保司平交代迅速做好善后清理，便匆匆走开了。野田实换完衣服，点上一支香烟，去厕所，然后回到手术室，看见苫单

第二章 人体细菌实验和活杀解剖

已被拿走,活生生被截断左腿和右臂,惨不忍睹赤身裸体的人躺在手术台上,手术室一角放着截下来的大腿和胳膊,卫生兵在冲刷着木条地板。但是,他更大的兴趣,是要在这名中国农民身上实验静脉注射空气的杀人方法,因为这是师团长铃木启久下达给他的命令。野田实写道:

我感兴趣的是要看看往这个男人的静脉里注射多少CC空气可以致死。于是,让森下拿来5CC注射器,5CC空气推进去没有变化,我感到很意外,让再试试20CC的。森下推进一点点,用大拇指拼命顶,还是不动。我说:"躲开,让我来!"看看针头没堵,我便用小肚子顶住胳膊肘子使尽全身力气推,推了约莫一半,那人左胸心脏部位发出"咕噜咕噜"的响声,下腭轻轻动了一下。我拔出针观察,他大喘了两口气垂下头来,苍白的脸上一下子变成了死色。森下取来听诊器,听不到心音,听到的只是人在临终时心脏停止跳动后特有的"刷——"样响的杂音。我对待在一旁的森下说:"行动秘密些,弄到马厩后面挖好的坑里埋掉。"

在这份自白里,野田实也写出了他经过中国政府和中国人民的改造教育后的悔恨心情:

现在,浮现在我眼前的是连绵不断的太行山,山麓连接着河南肥沃的土地,在那里,热爱和平的中国人民为建设社会主义在辛勤地劳动。然而,就在这块土地下面,埋葬着多少被我夺去了生命饮恨而死的人们。我想到这里只是悔恨,简直想撕开自己的胸膛。

细菌战

本来说"医者仁术",医学应该为人类社会服务,为了侵略战争,我有意识地将医学用于杀人,冒渎了医学。

我从切身体验彻底否定了战争。中国人民使我重新觉悟到做人的良心和当医生的使命,并给我指出了生活的方向。对此,我是衷心感激不尽的。

实际上,驻河南省日陆军医院的活人解剖手术教育,绝不止焦作矿区一处。例如,据日军战俘德久知正的笔供,1939年9月,第35师团原田(熊)部队驻扎在河南省阳武县西门外西北角。当时因为本部军医和田少尉及某军医少尉想做人体解剖实验,本部高桥军曹指令5名警戒兵,他是其中一人(是萩原大队本部对空通信手,一等兵)把监禁在本部的一名中国农民(34岁,男子)押到上述地点。高桥军曹命令他将这个中国农民弄倒在地上,然后用刺刀顶着他的胸膛,威胁他:"不许动,动就杀死你!"令和田军医实施空气注射(量不明)。和田军医用注射针刺中国农民的左腕静脉,让血流出来,将其杀害后,就将他的腹部、胸部做了解剖。临走时,还把他的脑袋割下来带走。他和其他警戒兵将尸体埋了。[1]

三、山西省潞安日陆军病院的"手术演习"

据汤浅谦的笔供,山西省潞安日陆军病院的活体解剖"演习教育",是有计划、有组织地常态式进行的,他先后亲

---

[1] 德久知正的笔供,1954年8月25日,原件存中央档案馆,档案号119-2-997-1-5。

第二章 人体细菌实验和活杀解剖

手解剖活杀了 18 名中国抗日战俘和中国平民。汤浅谦在 1955 年的笔供❶中说:

潞安陆军医院为本院和驻山西省潞安的第 36 师团的军医举办了一个叫做"潞安军医教育班"的研究会,研究战争医学。为了提高青年军医的手术水平,每年都进行四五次以俘虏为材料的活体解剖。我刚来到军队不久,于 1942 年 3 月下旬,作为该医院传染病病房的军医中尉,第一次参加了活体解剖。这次暴行是在位于医院内运动场一角的解剖室里进行的。在这里还排列着露天火葬场和灵堂,附近一带已埋满通过解剖而杀害的尸体,几乎再也没有挖新坑的余地了。不时地可以看到,野犬将泥土挠开,在咬食尸体。

这一天下午,我们医院和第 36 师团的军医约二十五六个人,在医院院长西村军医中佐的指导下,将从潞安城内第 36 师团第 223 联队队部带来的两名俘虏作了活体解剖。这两个人年纪都在 30 岁左右。当他们发现面前的手术台上面排列着手术刀、剪刀,还有钩形的穿刺器和锯骨头的锯子时,便知道从现在开始将要被一刀一刀地割成碎块。他们对于日本军的这一灭绝人性的暴行,内心里充满了愤怒和仇恨,毫不畏惧地目不转睛地瞪着我们。

我向一个比我先来医院的军医问道:"干过什么事情的俘虏才要杀死呢?"他答道:"你说什么呀?八路即便被俘虏了,也不会听从摆布的,所以要全部杀光!"他似乎认为这

---

❶ 汤浅谦的笔供,1955 年,原件存中央档案馆,档案号 119 - 1 - 174,第 70 - 75 页。

细菌战

是理所当然的事情。

接着,汤浅谦写出了第一次参加活体解剖的内情:

过了一会儿,两名俘虏被解开了绳子,剥光了衣服,又绑到手术台上。直到这时,他们仍然出人意料地镇定自若,也可能是决心显示中国人至死不屈的斗争意志吧!"打上麻药,一点不痛!"护士就像平时做手术似的说,又用熟练的动作蒙上了他们的眼睛。这样做,是为了不使军医在手术过程中与他们的目光相遇而感到畏惧;注射麻药也并不是为了减轻他们被宰割的痛苦,而是怕他们在手术时扭动身体。

令人毛发悚立的杀人手术开始了。军医们闪着异样的目光,站在手术台周围。外科主任音羽军医向部队的青年军医们讲授腰椎麻醉的做法。"什么?还要皮肤消毒?总之要杀死,有必要吗?哈哈哈哈!用力刺进去就是了!"麻药刚刚注射进去,就开始切盲肠。"啊——!"俘虏一阵阵地叫喊,并挺直身体。但因被绑住,所以只能摆动手脚,扭动身体。音羽无情地用手术刀切开他腹部,俘虏拼命地忍受着痛苦,高亢的绝叫声回响在狭小的手术室中。"啊!讨厌的家伙!麻药还不起作用吗?汤浅君!你给他做全身麻醉!"使用对待狗或猫的语气,音羽没有丝毫怜悯的表情。

这时,汤浅谦乘机在这名俘虏身上做了麻药效力的实验。他写道:

我想,这可是试验麻药效果的好机会,于是将大量的乙

第二章 人体细菌实验和活杀解剖

醚滴在吸入器上,然后放在俘虏的嘴上。俘虏呼吸三四次之后,只见脸色变得苍白,一面"哈、哈"地喘着,一面痛苦地左右摆动头部,企图摆脱掉吸入器。但是,我用力地将吸入器按住,乙醚被吸入,不久,他便开始用肩部呼吸,陷入昏睡状态了。"用了那么多的乙醚,也不会立即窒息而死的呀!"站在一旁看着的一名军医,带有几分赞美的语气,毫不动心地对我小声说着。突然,"如果死了,手术就没意思了!啊哈哈!"音羽一阵大笑。

手术重新开始了。音羽同另一名军医拿起手术刀刺入下腹部,"哧"地一下鲜血喷涌出来,鲜红的血,是动脉出血!被麻醉到死亡边缘的俘虏几乎已没有意识了,但由于痛苦而满脸冷汗,下颚在"喀哒,喀哒"地打战,断续发出的呻吟声十分刺耳。他腹部被开了一个大洞,军医取出肠子,用剪刀切掉盲肠。痛得一动不能动的俘虏只是在痛苦地喘着气。军医们都若无其事的样子,又将脐部以下切开,开始练习肠缝合的手术。

在这一笔供中,汤浅谦还写出了另一名抗日战俘被解剖的惨景:

在另一张手术台上,西村向年轻的军医们讲授截断左臂的方法。由于难忍的痛苦,俘虏挣扎着,咬紧牙关,一阵阵发出"咕——咕——"的呻吟声。当用锯锯骨头时,他似乎全身感到被刀刺的疼痛,由于反射作用,手臂在痉挛着。当大血管被切断时,鲜血咕嘟咕嘟地流出来。濒临死亡的俘虏急促地喘着气,苍白的脸上出满了黏汗。面对着这一凄惨的光景，我在好奇心的驱使下，更加大胆了，手握着弯成钩状的气管切开器，对准微微动着的喉头刺进去。由于皮肤是柔软的，用不上劲，刺不进去。俘虏痛得形象大变，发出低沉的叫声，头在左右摆动着。"用力！不管是食道还是什么，只管往里刺！"在西村的鼓励下，我用尽全力一刺，"扑哧"一声刺穿了。随着呼吸喷出了血沫，他脸上已完全失去了血色，呼吸困难，只有鼻翼在急促地翕动着。由于喉头被打开一个洞，连苦闷的呻吟声也发不出来了。

做完了各种手术解剖演习，汤浅谦和西村并没有罢手，他们还要在这两名抗日战俘身上进行注射麻药和注射空气的实验。汤浅谦继续写道：

就是这样，在大约两小时的时间里，练习了肠缝合、切盲肠、截肢和气管切开等手术后，部队的军医们回去了。这时已近黄昏时分，解剖室的水泥地面上洒满了鲜血，室内一片死寂，只是听到俘虏时断时续的呼吸声。我想到要进行最后一项实验，把麻药乙醚吸入注射器，注射到肘部已变得很细的血管中去，当时他连续发出两三次咳嗽声，呼吸停止的同时，脸色一下变得苍白。另一个奄奄一息的俘虏，西村刚才就给他往心脏里注射空气。采取如此残暴的行为，他似乎感到还不满足，"光是注射空气，还轻易不死呢！哈哈！"他发出一阵嘲笑声，停下手来。我想正好利用这个机会，向卫生兵显示一下我的胆量，于是便约了音羽，两个人用带子把俘虏勒死了。

第二章 人体细菌实验和活杀解剖

据汤浅谦1954年11月20日的笔供,在潞安日陆军病院除上述第一次活体解剖两名抗日战俘外,另有以下罪恶事实。

1942年8月底,在山西省潞安城内西北隅潞安日陆军病院的解剖室里,按院长军医中佐西村庆次的命令,集合全院军医和第36师团的军医几十名,用从潞安城内东南角步兵第223联队队部押来的两名俘虏,进行了活体手术练习。为了学会在野战时对喉头损伤的病患者如何处理,汤浅谦对其中一名俘虏用野战气管切开器做了将气管割开的练习。将另一名俘虏用哥罗芳麻醉剂注射到静脉内,观察和试验这种药品如何使其窒息致死。之后,把这两具尸体埋在解剖室的东侧。

1943年3月底,汤浅谦在潞安日陆军病院任教育主任兼传染病室、病理实验室中尉军医时,将步兵第223联队队部押来的两名俘虏做了活体手术演习。这一次,按照院长酒井满军医少佐的命令,召集全院的军医及第36师团的十几名军医,进行手术演习教育。汤浅谦对其中一名俘虏进行了割开气管术的演习。对另一名俘虏,由军医助手做了摘除睾丸的手术。手术演习完了后,把尸体埋在解剖室的东边假山旁。

1944年4月初,汤浅谦在潞安日陆军病院任庶务科兼内科室中尉军医时,接受院长酒井满军医少佐的命令,从潞安城内东南角独立步兵第245大队(叠第1476部队)队部,经与该队部大尉军医(高级军医)松冈猪一郎预先联系,押送来两名俘虏,充为本院军医及独立步兵第14旅团配属的十几名军医进行手术练习的对象。汤浅谦为了练习摘取眼球手术，让军医做助手，用一名抗日战俘做了练习。对另一名俘虏，为了给配属在部队里的新任军医传授野战气管割开器的使用法，进行了气管切开术的表演。演习结束后，命令卫生兵将尸体埋在解剖室的东边假山旁。

1944年9月下旬，汤浅谦在潞安日陆军病院任庶务科长兼内科室中尉军医职务时，按照院长酒井满中佐军医的命令，预先与大尉军医松冈联系好，将独立步兵第245大队队部送来的两名抗日俘虏当作手术演习对象。把其中的一名作为手术演习对象，有10名左右军曹观摩学习。把另一名抗日俘虏提供给院长酒井满，砍了头。在手术演习中，汤浅谦向同伙传授大腿切断术，研究绑止血绷带防止过松过紧的种种要领。手术演习后，汤浅谦命令卫生兵把两具尸体埋在解剖室的东侧。

潞安日陆军病院将抗日战俘作为活体手术演习的材料之后，并不罢休，他们还要把已经被切割得七零八落的中国人的脑子取出来，送回日本去研制所谓"药材"。汤浅谦在上面的笔供中，有以下两段话：

1945年1月底，院长酒井满命令汤浅谦把独立步兵第245大队队部卫生兵押送来的一名俘虏作为活体手术演习的对象，提供给医院解剖室军医及独立步兵第14旅团军医，约10人，进行手术演习教育。在这次手术演习教育中，汤浅谦分配在麻醉组里。演习手术后，院长酒井满命令卫生班长帮助把尸体的头盖骨切开，取出脑子，再把表层上的脑皮质剥取下来，把脑皮质切剁十分细碎以后，再把院长酒井满交给的有酒精味的、能装500克而已盛有一半液体东西的瓶

第二章 人体细菌实验和活杀解剖

子打开,把脑皮质装进去,第二天即交给潞安城内东面电信第 9 联队第 3 中队(乙第 3506 部队宇野队)派来的卫生兵拿去。这是酒井满受托于太原电信第 9 联队(乙第 3506 部队)队长陆军大佐杉野俊三郎之命,让汤浅谦干的。杉野俊是准备赠送给日本制药公司再行研制以后,当作制药材料用的。这一具尸体即命卫生兵埋在解剖室东边假山旁。

1945 年 3 月中旬,汤浅谦在山西省潞安城内西北隅第 1 军第 194 兵站医院("北支那"派遣乙第 1837 部队,旧称潞安陆军医院)任庶务科长兼内科室中尉军医职务时,受院长酒井满军医中佐的命令,经与独立步兵第 245 大队队部大尉军医松冈联系,收押了该队卫生兵送来的两名老百姓,提供给陆军医院和第 14 旅团的军医,共约 10 人,作为在解剖手术演习的对象。汤浅谦对其中一名老百姓做了割开气管术的练习。另一名老百姓,由汤浅谦的同伙,作为教授军医助手的手术练习材料解剖了。手术演习的解剖做完以后,让卫生兵班长帮助,把这两人的脑子掏出来,又把该脑皮剥取下来,用乳磁钵研得稀烂,装进 8 个瓶里。数日后,由潞安电信第 9 联队第 3 中队的看护兵班长拿去了。❶

20 世纪 50 年代初,中华人民共和国对日本战犯进行审判期间,对潞安日陆军病院活体解剖杀害中国人民的罪行进行了深入的调查取证,人民群众进行了检举揭发。

据潞安日陆军病院的病理科苦力马合盛等人 1952 年 8

---

❶ 汤浅谦的笔供,1954 年 11 月 20 日,原件存中央档案馆,档案号 119 - 2 - 1105 - 2 - 15。

细菌战

月10日的检举书，[1] 检举潞安日陆军病院院长西村庆次等于1941年10月、11月手术解剖6名中国人。检举书全文如下：

因日寇占潞安时，于1944年3月份，在潞安陆军病院西村病理室当苦力。在1941年10月，亲眼看到由宪兵队用汽车拉来4人（内有长治县贾掌村1人，年约40余岁），经过剃头并用石炭酸水洗浴后，由院长西村、外科科长松田、副科长种村文三，亲自将4人押往后院室内，动手术解剖毙命。又于当年11月间，有城外支差者一老一少二人，因在病院门外拾取罐头筒数个，适被外科科长松田看见，当时将二人抓获院内，捆吊到12时后，押往后院惨杀毙命。经过数十日内，复由土内将尸体挖出，将老者头部割下，用药水去掉皮肉，将头骨陈设于院长西村室内。事实确凿，特此检举。

具检举人：病理苦力　马合盛（指印）
　　　　　苦力头　　刘　兰（指印）
　　　　　外科苦力　马狗孩（指印）

据潞安日陆军病院苦力马天才等1953年的检举揭发书，[2] 证明潞安日陆军病院于1942年11月扣押杀害的"支

---

[1] 马合盛等人的检举书，1952年8月10日，原件存中央档案馆，档案号119-2-1105-1-7。
[2] 马天才等的检举揭发书，1953年，原件存中央档案馆，档案号119-2-1106-1-7。

差者一老一少二人"是长治县第三区北领头村民崔起旺、北张村秦保灵二人。该检举揭发书说:

民等马天才、刘兰、马得忠,于民国二十九年(1940年)在敌人盘踞潞安时有一陆军病院,民等当时被敌人抓差压迫分配到日本陆军病院从当苦力。在民国三十一年(1942年)十一月间,那时是敌人勒索各村民力修补城墙,有长治县第三区北领头群众崔起旺,年41岁,北张村秦保灵,年16岁,在陆军病院东边后门外拾小瓶子和罐头桶子,不料被该院士兵看见,将二人扣押在病院事务室院内,在大柳树上用草绳捆住……由日本庶务室种村文三翻译话说他二人是八路军,结果在该犯指示下拉到后院大操场六角庭后边,用刀子杀了。民等亲目所见,拟请政府依法究办。

检举揭发人:马得忠(盖章)　马天才(指印)
任才旺(盖章)　马合成(盖章)
马天明(盖章)　马文保(盖章)
刘纪祥(盖章)　马根虎(指印)
孙海水(指印)　郝根虎(盖章)
刘　兰(盖章)

据崔海旺等人1953年3月9日的控诉书和秦保善等人同日的控诉书,❶村民崔起旺、秦保灵二人确实被潞安日陆军病院扣押杀害。崔海旺等人的控诉书说:

---

❶ 崔海旺等的控诉书、秦保善等的控诉书,1953年3月9日,原件存中央档案馆,档案号119-2-1106-1-7。

细菌战

山西省长治专区长治县第三区北领头村崔起旺,在1941年11月18日进潞安修城墙,每天下午休息,在20日下午游玩到陆军病院附近拾瓶子,有陆军病院士兵看见,将此人扣押,以后在战犯种村文三策动下,20日黑夜将崔起旺杀死在陆军病院。伤情,将头砍下,身上砍数刀。控诉人意见,要求政府将战犯公审,经过政府调查事实证明。

此致

控诉人:胞弟　崔海旺　　儿子　崔露秃
北领头村人民政府(章)

秦保善等人的控诉书称:

山西省长治县第三区北张村秦保灵,年龄16岁,于1941年11月18日到长治城内修城墙,每日下午休息,时在20日下午到陆军病院去拾瓶子,有陆军病院士兵看见,将此人扣押。嗣后,经政府调查,却系战犯种村文三策动下,20日下午黑夜间将此人杀死,把头砍下,腰中有刀口。控诉人意见,要求政府将战犯公审,严办,经政府调查事实,证明为何。

此致

控诉人:胞兄　秦保善(指印)　秦保才(指印)
北张村人民政府(章)

第二章 人体细菌实验和活杀解剖

据郭成则等人1954年8月10日的控诉书,❶潞安日陆军病院在1941年10月和1942年阴历十月初二,由宪兵队前后两次用汽车拉来共7人,在密室内手术解剖。该控诉书称:

当日寇占潞安时,于1941年3月份在潞安陆军医院西村庆次部队病理室当杂工。在(19)41年10月及(19)42年阴历十月初二日,亲眼看到由宪兵队用汽车拉来郭金富、黄有成、裴胖狗(均南街人)及长治城外人4名(内有长治县贾掌村一人,年约40岁),前后两次共7人,都经过剃头并用凉水搅石炭酸水洗浴后,由院长西村亲自指挥外科科长松田、副科长种村文三,将7人押往后院密室内,分次动手术解剖毙命。

据裴喜狗1954年9月13日的控诉书,❷证明上面控诉书所说的裴胖狗,是他的弟弟,1942年阴历十月初二,被潞安日陆军病院汤浅谦"活活地剥死了"。

裴喜狗的控诉书说:

我叫裴喜狗,男,现年45岁,职业农民,现住山西省

---

❶ 郭成则、黄招狗、斐瑞生、马合盛、刘兰、马狗孩等人的控诉书,1954年8月10日,原件存中央档案馆,档案号119-2-1106-1-7。

❷ 裴喜狗的控诉书,1954年9月13日,原件存中央档案馆,档案号119-2-81-1-9。

长治市下南街寺巷，门牌3号，于民国二十七年（1938年）日伪占领长治时，我全家逃到壶关县庄池村居住。后我弟裴胖狗去平顺县圪陀村参加抗日部队工作。于民国二十九年（1940年）六月间我弟返家种地，并暗里做地下工作。于民国三十一年（1942年）间，南街有个任连生给日伪宪兵队当密探，将我弟裴胖狗以私通八路名义报告宪兵队。于同年九月初四日早晨，宪兵队警察所"灭共班"到南街寺巷我家，将我弟捆走，同时又将我街郭金富、黄有成一并捆到宪兵队扣押，该宪兵队对我弟严刑拷打28天。有我街黄金保在宪兵队当苦役，亲眼看见对其灌凉水、用电、行重刑。

同年阴历十月初二日上午9点左右，英雄街的柳五则出西门外买菜返家，路过宪兵队门口，见有汽车一辆，车上捆有3人，其中有我弟裴胖狗、郭金富。柳五则走到十字街遇见我，他和我说宪兵队将我弟与郭金富，另有不认识一人捆在汽车上，不知拉往何地去了。我听到他的话就骑自行车赶到西门外找寻，并无踪影。我又从西门上返回，行至西街朱家巷口面条铺，又遇见秦改莲（女），告诉我听人说将我弟等拉往府上日伪陆军医院去了。

次日，任连生（宪兵队密探）之弟任连登到我家，告我说陆军医院军医汤浅谦昨日将你弟胖狗活活地剥死了。因此我认为上述罪责应由汤浅谦来负。

山西省长治市人民检察院对证人马海水的询问记录❶进

---

❶ 山西省长治市人民检察院对证人马海水的询问记录，1954年12月28日，原件存中央档案馆，档案号119-2-81-1-9。

第二章 人体细菌实验和活杀解剖

一步证实了潞安日陆军病院军医汤浅谦亲手进行活体解剖中国村民的罪恶事实。该询问记录如下：

山西省长治市人民检察院检察员孟保贵，于1954年12月28日，在长台南街对马海水关于证明前日本陆军潞安陆军医院中尉军医汤浅谦的罪恶事实进行了询问。证人马海水，男，现年46岁，职业商人，居住山西省长治市西街铜锅巷33号。

问：马海水，请将你所知道的汤浅谦罪行具体谈谈。

答：我当时在潞安陆军医院外科干杂活，日人汤浅谦也在外科充任中尉医生。该人大约有二十六七岁，身高约五尺，圆脸，皮色较白，因此我认识他。民国三十一年（1942年）十月初二日上午9点钟左右，汽车司机吉田命我把汽车准备妥当，接着中尉医生汤浅谦亲率4个伪兵（手持枪刀）乘汽车到达西街宪兵队门口，吉田命我好好看守汽车，他们一同相随进了宪兵队内。大约不到一个钟头，捆押3个"犯人"，一同上了汽车，吉田命我一直开往陆军病院后院解剖室门前。我亲眼看到该3人进到解剖室内，当我要进去看个究竟，被吉田阻挡。之后，我同他将汽车开往车房内。那3人的具体情况没有见到，因为中国人不能轻易进去。后来我听一个河南人对我说："你拉来的那3个'犯人'已被活剥死了，因那天我给医生们提水，见到解剖室内满地是血，而3人不知哪去了。"我认定是被医生汤浅谦活剥杀害了。

问：你根据什么能说明这一罪责应由汤浅谦来负？

答：因为这个河南人是给日伪干活的苦役，在里面专管给活体解剖犯人洗澡，侍候各个医生。再者拉人是汤浅谦亲自率领伪兵进行提押,是我给他开的汽车,因此我认定上述罪责应由他负。

四、山西原平陆军病院的"手术演习"

驻山西省崞县原平镇日独立混成第3旅团陆军病院,代号3589部队,如潞安日陆军病院一样,经常实施惨无人道的活体手术演习。据中村三郎1954年的笔供,该陆军病院活体解剖了中国抗日军俘虏两人。该笔供原文是:

1945年7月初间,我参加了在原平镇陆军病院独立混成第3旅团管内的军医集合教育(外科手术教育,经1日),用中国战俘两名进行生体实习后杀死。教育负责人:独立混成旅团高级医官原见军医少校,原平陆军病院院长西村孝军医中校。教官:原平镇陆军病院外科医官新谷卫生部见习士官。

受训者,有自己及以下的:吉泽行雄军医大尉(原平镇军医大尉兼陆军医院医官),宫本军医中尉(代县独立6大队),铃木军医大尉(五台独步8大队),井利军医大尉(忻县独步9大队),中井军医大尉(静乐独步9大队),莲江军医中尉(崞县通信队),另外一名工兵队军医。[1]

中村三郎在1954年8月31日的口供中,供认了这次活体解剖实习的内情:

---

[1] 中村三郎的笔供,1954年,原件存中央档案馆,档案号119 – 2 – 1105 – 2 – 15。

第二章 人体细菌实验和活杀解剖

这次活体解剖实习,"在进行时,做了虫样突起切除术、粪漏形成术、气管切开术、动脉结扎术、四肢切断等手术。手术完后,俘虏还活着,仍用苯酚5CC注射在脑脊髓内杀死"。❶

据吉泽行雄的笔供,1944年2月下旬,在原平陆军病院,由旅团司令部军医部的汽车从崞县宪兵队拉来2名八路军工作人员,均30余岁,分两组进行手术实习解剖。他与原见及萩野三人一组,先行麻醉,令别组将被害者的下肢切断,以便他动手解剖,原见协助开腹及小肠缝合术,共2小时,将八路军工作人员杀死。另一位八路军工作人员,大体是用同样方法杀害的。尸体处理大约是送到火葬场烧了。❷

实际上,原平日陆军病院使用中国人做手术解剖的罪恶,远不只上面吉泽行雄所供认的那样!让我们看一看20世纪50年代初中国受害者与知情人的控诉书、见证书吧,看一看中国政府的取证调查吧。

陈水池,当年在原平镇日陆军病院当苦力。他检举该病院有三次解剖中国人,其中一次,吉泽行雄解剖了神山村青年农民贾招来。陈水池检举吉泽行雄的材料是这样写的:

吉泽,改华名吉伟民,日寇侵占时期在崞县独立混成第

---

❶ 中村三郎的口供,1954年8月31日,原件存中央档案馆,档案号119-2-1105-1-4。

❷ 吉泽行雄的笔供,1954年9月1日,原件存中央档案馆,档案号119-2-270-1-5。

细菌战

3旅团通信队当上尉军医，1944年调原平菊地部队当军医，在原平镇陆军病院训练卫生兵，担任主要教官，教育急救法及人体构造、治疗等方法。他们每次教育新兵都要做一件惨无人道的事，就是从宪兵队把中国人要去进行解剖。这是我在病院侍候他们时知道的。仅我就知道他们有三次（解剖中国人），特别是1944年七八月的时候，就是他（吉泽行雄）在那里担任教官，解剖了一次。在第二天就有神山的人来找寻，才知道他们把尸体埋在医院的西墙外，这人是神山村的一个青年农民，叫贾招来。❶

张三多，崞县柳巷乡班村人，证明与张成官、张同同三人在班村以东日陆军病院西墙外找见被解剖的神山村农民贾招来。张三多在1954年12月25日的证词中说：

我叫张三多，现年39岁，职业农民，居住山西省崞县柳巷乡班村。1944年7月间，我村东营盘有日寇陆军病院，日犯吉泽行雄将距离我村15里远神山村的一个好百姓贾招来解剖了，扔在营盘西墙外。他家兄贾招义知道其弟被日寇杀害，找寻不着尸体，当时在我村问讯，雇人寻找。我与张成官、张同同等三人帮助寻找，得报酬白洋6元。到快天明的时候，我们三人走到营盘西墙外才找见尸体。尸体用土埋着，挖出来看没有穿衣服，是开了膛的，肚里心、肝、肠全没有，里边还填着许多药布，下边一条腿已经被割掉。我们

---

❶ 陈水池检举吉泽行雄的材料，1954年12月，原件存中央档案馆，档案号119-2-732-3-49。

第二章 人体细菌实验和活杀解剖

将尸体背至我村老渠里,交给神山村贾招义。贾招义拿被子将尸体卷回去了。以上事实确实,如有虚伪愿受政府法律处分。❶

另据段心宽对吉泽行雄的控诉书,日寇田坂队在崞县仓街占驻时,吉泽行雄于1944年9月间,由该村抓捕革命干部4人,当晚逃脱1人,其余3人于次日即被该犯在仓街陆军病院后院活活剥死,尸体不知落于何处。❷ 山西省崞县人民检察院的调查记录,证实了吉泽行雄等在仓街陆军病院解剖抗日军人3名的事实。调查询问证人贺银柱的笔录如下:

山西崞县人民检察院检察员冀永,1954年12月28日于本县城关东街对贺银柱关于证明日本战犯吉泽行雄解剖我八路军的行为进行询问,证人贺银柱,男,33岁,职业务农,居住本县东街。

问:1944年9月日寇在我县仓街解剖八路军的情况,你知道吗?

答:在那里因我在日寇第3589部当苦力,日寇从河东孙家庄、中庄村俘虏我军4人,带回该部,捆在卫生房门口大槐树底下,当晚跑了1人。过了几天,日军将我军3人送

---

❶ 张三多的证词,1954年12月25日,原件存中央档案馆,档案号119-2-732-3-49。

❷ 段心宽对吉泽行雄的控诉书,1952年8月11日,原件存中央档案馆,档案号119-2-732-3-50。

细菌战

到该部医院,解剖了2人,由小笠原中士杀了1人。❶

张存福,当年在日军西(村孝)部队医院内科以给该部队担水谋生,指控吉泽行雄在该医院解剖两名抗日战士,以训练新兵手术。张存福在控诉书中说:

1940年高粱成熟之时,我亲眼看见把我抗日部队战士两名(身穿灰色棉衣,头戴灰色棉帽,上有青天白日帽花),拉到日寇手术室内。我因担水急需,当时就走开了。后听伙房伙夫(系太原人氏,姓名失记)与我谈,今天吉泽大夫又活剥了我中国人两个。我当时在惊怕之余,问该伙夫剥人怎么剥,他谈道:"听说在一张木床上,有皮带、铲子,先把手、脚、头部捆好,口内塞上东西不让叫唤,先开膛取心肝,后割小腹,并开割各部,训练日寇新兵学手术。"以上控诉是实,请政府对该犯依法扣捕惩办。❷

高福生,当年在日陆军病院西(村孝)部队当苦力,以其亲耳所听、亲眼所见,指控吉泽行雄等手术解剖中国人作为新兵教育资料的罪恶事实。高福生在控诉见证书中说:

我曾听班村居民张文瑞谈,1940年在陆军医院(西部

---

❶ 山西省崞县人民检察院询问证人贺银柱的笔录,1954年12月28日,原件存中央档案馆,档案号119-2-732-3-50。

❷ 张存福对吉泽行雄罪行的控诉书,1954年4月3日,原件存中央档案馆,档案号119-2-732-1-10。

第二章 人体细菌实验和活杀解剖

队)有医官吉泽行雄,将崞县六区上封村劳动人民苏万金(年约25岁),由崞县宪兵队要来活剥。将皮肉掩埋,骨头用笼蒸水煮后,再用铁丝自头至脚串联在一起构成人形骨架,作为他们教育新兵学习的资料。可是我并未见活剥,而骨架却是我亲眼在西部队教育新兵的讲堂上见过。又一次(年月日失记),将我革命干部两名同志解剖。日寇杀人是防备中国人知道的。因我年幼,药局主任命我拿注射器送化验室。当时我听说又杀害咱们中国人,心中恐慌,一不留意将化验室地上脸盆盖的报纸煽开,一看原是两副心肝。我因害怕赶紧跑,即被该室下士(日名不知,中国外号叫小虎羔)赶上来打了我几个耳光。日寇在咱国内惨无人道杀害我革命干部,人人切齿,莫不痛恨。❶

1954年12月28日,山西省人民检察院忻县分院检察员党毅如赴原平镇进行了实地调查,查明吉泽行雄在原平镇日陆军病院解剖了两名抗日战士的罪行。党毅如的这份调查材料❷如下:

我根据山西省崞县原平镇群众张存福的检举材料,经过研究,于1954年12月8日,前往崞县原平镇,向检举人张存福及当时侍候过日本人的苦力高福生、李五龙等进行了周

---

❶ 高福生的控诉见证书,1954年,原件存中央档案馆,档案号119-2-732-3-42。

❷ 山西省人民检察院忻县分院关于吉泽行雄罪恶事实的调查,1954年12月28日,原件存中央档案馆,档案号119-2-732-3-44。

密的询问。查明在1940年9月下旬,驻扎在原平镇的前日本陆军病院少尉吉泽行雄曾解剖过被俘抗日战士两名。经过情况如下:

(一)在解剖我被俘人员之当日早饭后,当时充当原平前日军西部陆军医院的担水苦力张存福,亲眼看到有5个日本鬼子捆着两个穿灰色军衣的被俘战士,带到外科治疗室内,始终未见出来。

(二)张存福当日在伙房吃午饭时,听朱保成说吉泽今天又动手术。

(三)当日午饭后张存福在院中亲眼看到五六个日本鬼子抬着两个里面不知装什么东西、外面染满鲜血的草袋,从后营门出去。

(四)张存福当日晚担完水后回班村时,路过医院后营门外铁路旁边的土壕,发现了他看见的那两个染鲜血的草袋,当时为好奇心所驱使,拆开草袋看,原来是两具被解剖的尸体。

综上所述,吉泽行雄当时亲手解剖我被俘战士两名,确系事实。因:(一)上述事实均系张存福亲眼看到。(二)张存福、李五龙、高福生、朱保成等均系医院长期苦力,对吉泽行雄及内部情况十分熟悉。(三)吉泽当时确在西部医院当少尉军医。因此,吉泽行雄应负亲自解剖我被俘战士两名之罪责。

调查人:山西省人民检察院忻县分院检察员党毅如

另据松永光穗的笔供,山西省大同日陆军医院也由大同日军宪兵队供给活体手术解剖的"材料"。他在笔供中是这样写的:

第二章 人体细菌实验和活杀解剖

1941年6月30日左右,他在山西大同日军宪兵分队时,受宪兵分队长平野大尉的命令,他和补助宪兵莳田上等兵二人,将拘留在该队中的共产党员一名,押到大同日军陆军医院城内诊疗所,交给该诊疗所军医中尉,立即开始活体解剖。将该共产党员强制拉在手术台上,他和莳田上等兵二人共同握紧他的手脚,积极帮助中尉军医进行活体解剖。3天后,听诊疗所的卫生兵说,该人于当晚10时左右死去。❶

五、山东省陆军医院的人体解剖

日军在山东的各陆军医院几乎均从事着以中国人作为材料的活体手术解剖练习。据长田友吉1954年8月4日的笔供,济南陆军医院卫生新兵教育队用两名中国农民,进行了新兵直观解剖教育。他供认:

1942年4月中旬至6月上旬,于山东省济南陆军医院卫生新兵教育队,根据院长高木千年的命令,铃木军医大尉、井绩军医少尉、饭冈卫生军曹和我(第41大队第5中队卫生一等兵),对350名卫生新兵进行直观教育,将两名由济南俘虏收容所送来的30岁左右的中国农民(男)用解剖刀加以解剖虐杀。解剖是由铃木军医大尉、井绩军医少尉、饭

---

❶ 松永光穗的笔供,1954年11月7日,原件存中央档案馆,档案号119-2-738-1-4。

细菌战

冈卫生军曹共同进行的。我作为受解剖教育者同时也参与了这次虐杀。此外,饭冈卫生军曹又将被虐杀者其中一名的肝脏、脾脏、胰脏、肾脏等取出来当做教育标本。尸体埋于医院的一角。❶

1954年11月1日,长田友吉在笔供中交代了1942年9月中旬济南陆军医院为进行卫生新兵教育,解剖两名中国男子的内情,不打麻药,其野蛮、残忍、恐怖,充分暴露了日本军队惨无人道之兽性。他写道:

1942年9月中旬的一天,上午9时,山东省济南陆军医院教育队队长军医大尉铃木,命令卫生新兵教育队在医院的庭院中集合,受教育的新兵约有350人,当时我是卫生一等兵。

济南陆军医院院长高木千年,令日军从济南俘虏收容所带来两名中国男子,年龄30岁左右,他们由于长期被监禁,身体瘦弱不堪。教育助手饭冈卫生军曹命令十余名卫生新兵,立即将两名中国人的衣服全部脱光,分别用麻绳绑在距离约30米处的两个解剖台上。这十几名新兵手持上了刺刀的枪,包围了解剖台。两名中国人知道自己即将被杀害,不断地呼喊"快点,快点!"

于是教育主任铃木军医大尉立即命令饭冈卫生军曹用东西堵上了两名中国人的嘴。当350个新兵围站在绑在解剖台

---

❶ 长田友吉的笔供,1954年8月4日,原件存中央档案馆,档案号119-2-270-1-5。

第二章 人体细菌实验和活杀解剖

上的一名中国人身边时,铃木军医大尉说:"现在开始进行解剖实验,大家要好好回顾课堂上讲过的人体构造,认真观察。这两名俘虏,是用来做学术实验的,你们要怀着送葬的心情,先从切除阑尾开始;一般要进行麻醉,但今天要把他们杀掉,所以不注射麻药。"说着,他拿起了锋利的手术刀,"扑哧"一声从中国人的右下腹部切下去。铃木军医大尉在井绩军医少尉、饭冈卫生军曹的帮助下,用了20分钟寻找阑尾,而且没有进行麻醉,中国人由于极度的痛苦,发出深深的呻吟,拼命挣扎,麻绳几乎被挣断,黏汗顺着头、颈、胸流下来。铃木军医大尉让饭冈卫生军曹按住中国人的身体,切除了阑尾,他用手提着送到我们面前,进行讲解。这时中国人更加痛苦难忍,铃木军医大尉说:"好了,你太痛苦了杀了你吧!"说着,用一个尖刃刀向中国人的颈部刺去,把他杀害了。然后,铃木军医大尉、井绩军医少尉和饭冈卫生军曹切除了肝、脾、肾等腹部脏器,并将这些脏器逐一切开向我们进行讲解。当将肠子取出时,铃木军医大尉让两名新兵手持肠子的两端,他说:"肠子的全长大约9米,因为这个俘虏是用来作解剖的,没有给他吃东西,所以肠子是空的。"

接着,长田友吉写出了解剖惨杀另一名中国人的惨景:

通过活体解剖残酷地杀害了一名中国人后,铃木军医大尉、井绩军医少尉、饭冈卫生军曹和350名新兵,又围到绑着另一名中国人的解剖台周围。这次是由井绩军医少尉切开了中国人的颈部,插上气管切开器。中国人由于疼痛而开始挣扎，井绩军医少尉用尖刃刀刺入中国人的颈部，将其杀害。接着，井绩军医少尉在饭冈卫生军曹的帮助下，用骨钳将肋骨"咔吧、咔吧"地一根根切断，从胸膛取出肺、心脏和气管，又将这些内脏器官逐一切开，对我们讲解。最后，由井绩军医少尉和饭冈卫生军曹将第一个被惨杀的中国人的肝、脾、胰、肾脏等腹部脏器装入盛有福尔马林液的容器里作为标本。在两名中国人尸体的胸膛和腹腔里塞上烂棉花，然后草草缝合，装进两个麻袋里，由数名新兵埋在医院内的猪圈旁。❶

另据石田松雄的笔供❷，1943年7月中旬，他是第59师团野战医院临清野战医院患者收容队的一等兵。在山东省临清县执勤时，队长军医中尉冈野广命令3名士兵，为进行活体解剖练习，将在临清宪兵队拘留所监禁的两名抗日爱国者（年龄25～30岁）带到部队内，指使部队卫生兵将其监禁起来。次日，由冈野中尉及4人（见习士官日野甲子夫及卫生兵3名）进行了活体解剖并予以杀害。他当时执行卫兵勤务，根据卫兵司令伍长山之内的命令，在杀害被害者的前一天，在卫兵所后面的小空房里，用刺刀严密地警戒了一夜；次日，按冈野中尉的命令，将该两名被害者带到了手术室内，在现场又直接进行了约30分钟的警戒。事后，将尸体埋在兵舍后边的空地里。

---

❶ 长田友吉的笔供，1954年11月1日，原件存中央档案馆，档案号119-1-131。

❷ 石田松雄的笔供，1954年8月20日，原件存中央档案馆，档案号119-2-490-1-5。

六、河北保定城外的人体实验场

河北省驻保定日军第63师团第66旅团陆军病院，代号（甲）1831部队，也是日本军医用中国人做手术演练和医学实验的地方之一。

据野田实1954年7月10日的笔供，1942年10月下旬，在河北省保定市保定陆军病院内，他与该院院附外科主任军医中尉长田文男使用一名伪军战伤者做了脓胸手术实验。他供认：

> 在这个目的之下，以窪田护士长、某卫生下士官为手术助手，并指挥数名卫生兵，在实施手术时，患者容态急变，呼吸陷入停止状态，于是停止手术，采取应急处置，结果，呼吸状态虽然恢复，但一般状态很是严重。"反正是中国人，杀了也不要紧。"说着又继续施行手术。该患者于翌晨遂被杀害了。我应负使用中国人战伤患者做手术实验而致杀害的责任。当时我的职务和阶级：旧保定陆军病院附外科病室附医官兼训练队主任，军医少尉。被害者：某伪县保安队员，男，年龄35岁左右，姓名忘记；病名：右胸部穿透性贯通枪伤兼脓胸。

1944年5月上旬，野田实与长田文男提议，用两名八路军俘虏做安装止血带的医学实验，并得到保定陆军病院院长军医中佐柴田长七和第66旅团长少将佐久间盛一的批准。野田实供认，实验的地点在第66旅团司令部内的空营房。他写道：

细菌战

1944年5月中旬的星期六午前10时许,我和该司令部附卫生军曹藤田某,还有两个卫生兵,把两个八路军俘虏(男子,一名约30岁,一名约27岁,中等身材)带到前述的营房,下半身脱成裸体,地上铺上席子,叫他们仰卧着,把止血带各安装在大腿部的一侧,连续24小时一回也没有松过。在这个时间里,派两名卫生兵轮流严格监视止血带的完全安装,我、长田文男和藤田也轮流去观察止血带末梢部的变化。第二天,星期日午前10时许,把止血带解开,安装止血带的末梢部暗紫色处已经肿上来。由于在陷于半腐烂状态处发生的毒素全身循环的结果,这两名八路军俘虏一般状态发生急变,翻来覆去的痛苦难堪,其中一名暂时闷死,其他一名在危急状态中,但是还活着。为了保持秘密的目的,在当天午后4时许,我命令藤田给该俘虏注射上强拿卤考本、斯考保拉氏和吗啡各1公撮,以惨杀之。就这样两名都惨杀了。我又命令藤田在当日天黑时去掩埋尸体,埋在保定城外城墙附近。

在这次罪恶的医学实验之后,为了使用更多的中国战俘做生体医学实验,1944年5月,第66旅团司令部军医中尉野田实与保定陆军病院院附长田文男计划,策划了在保定日陆军病院附近设置生体解剖实验场的罪恶计划。这一计划得到了第66旅团高级副官林吾夫的许可,决定将生体解剖实验场地设在保定城外的空营房(调去河南参加打通中国大陆交通线作战的原第110师团步兵第163联队本部的禁闭室)内。据野田实供认:

第二章 人体细菌实验和活杀解剖

1944年6月下旬到7月上旬,我又于旧第63师团步兵第66旅团司令部,通过情报系军官黑江中尉,领到15名或者是16名的八路军俘虏,都是男子,穿着黄褐色的军服,大概是在25岁以下,用该旅团司令部的载重汽车,派上一名警备兵,我亲自坐在司机旁边,把他们带到保定城外,监禁在上述地点,将看押和饮食(剩饭)委托给邻近保定兵器所黑岩中尉。约1个月,我一回也没去看,就那样弃之不理,虐待着他们。在另一方面,就向北京方面军军医部请求实验用的病理机械及药品。正在进行准备的时候,于1944年7月下旬,接到充当第117师团编成人员的转调命令,1944年7月29日,由保定不寒而栗地出发赴平原省新乡,以后处置结果不详。❶

这个生体解剖实验场,在野田实离开后,15名八路军俘虏的命运又将如何呢?之后,那些日本军医又犯下了多少活活解剖中国抗日志士和平民百姓的滔天罪行呢?至今还是一个谜!

第四节 杀人手段的人体实验

一、注射空气实验

日军"北支"(甲)1855部队与各地陆军医院,不仅用活人实验细菌的杀伤力,用活人生产细菌武器,用活人演练

---

❶ 野田实罪行供述书,1954年7月10日,原件存中央档案馆,档案号119-2-901-1-5。

细菌战

各种医学手术,还用活人实验各种杀人手段,如注射空气、注射麻药、注射毒药、注射石炭酸、注射细菌,使用止血带,等等,不下数十种杀人手段和方法。

日军驻山东第59师团的小岛隆男机枪小队长也用一名中国农民进行了静脉注射空气的杀人实验。他在口供中说:

1942年7月,我是第12军预备队机枪小队长,在山东章邱县"扫荡"过程中,为了实验打空气针致死,命令中村军曹侵入村庄逮捕一名男性农民,并命令卫生下士官中村和卫生兵两人进行实验。强行往农民的胳膊静脉注射空气。首先注射5CC的空气,约30分钟后,又注射了15CC的空气,就这样将他杀害。❶

与铃木启久、野田实及小岛隆男不同,驻山西省第41师团山炮兵第42联队作战系中尉市毛高友则利用一名抗日战士,做了脊髓注射空气的杀人实验。他在笔供中供认,1941年5月上旬,在以歼灭晋南抗日军为目的的中原作战中,在第41师团山炮兵第42联队长小仓三男中佐指挥下,在山西省垣曲县五茅岭西方2公里处蚁山南方山根的某村宿营盘踞期间,他当时是联队作战系中尉,为了实验将空气注入人的脊髓里人体的反应变化,将一名抗日战士俘虏(男性)交给联队高级军医难藤正明,经过实验后,又以剧烈的药剂将其虐杀。❷

---

❶ 小岛隆男的口供,1954年11月3日,原件存中央档案馆,档案号119-2-780-1-4。

❷ 市毛高友的笔供,1954年9月16日,原件存中央档案馆,档案号119-2-521-1-5。

第二章 人体细菌实验和活杀解剖

据日军第 117 师团师团长铃木启久的口供,他为了实验用空气注射的杀人方法,1945 年春天,第 117 师团野战医院在驻河南怀庆(今煤矿区焦作)期间,下令该师团医院院附野田实用一名中国人做了注射空气的人体实验。❶

二、毒药、汞液实验

据吉泽行雄的口供,1940 年 7 月中旬,他在原平镇陆军病院养病时,曾参加解剖了两名中国男子。他为了实验药物效力,将其中一名男子以升汞液 2CC 直注心脏,练习了心脏注射,后经庶务主任用手术刀刺死,将尸体烧掉。❷

小岛隆男抓捕一名村民(男性)做了砒霜的杀人效力实验。他在 1954 年 11 月 3 日的口供中说:

1942 年 6 月,我是第 12 军预备队机枪小队长,在山东利津县小清河北岸行军休息的时候,为了实验毒药的效力,命令中村军曹侵入村庄,逮捕一名男性农民,并亲自指挥部下将毒药砒霜放进盛水的碗里,迫使农民喝下这碗水。吃药后 15 分钟,药性发作,他万分难受,痛苦地在地上打滚,渐渐不省人事。显然是实验的药已发生效力。这时队伍要开走,我们随即离开了村庄。但我确认此人一定是死了。❸

---

❶ 铃木启久的口供,1954 年 5 月 6 日,原件存中央档案馆,档案号 119 - 2 - 1 - 1 - 4。

❷ 吉泽行雄的口供,1954 年 9 月 1 日,原件存中央档案馆,档案号 119 - 2 - 732 - 1 - 5。

❸ 小岛隆男的口供,1954 年 11 月 3 日,原件存中央档案馆,档案号 119 - 2 - 780 - 1 - 4。

三、麻药实验

据种村文三 1954 年的笔供，1940 年 4 月 15 日，在山东兖州站日陆军医院，庶务主任兼外科病室主任加藤军医中尉要解剖由兖州宪兵队带来的一名抗日军俘虏。当时，他教给加藤军医说，用 20CC 的麻药，在解剖前注入被害者的静脉内，即可简单杀死他。他写道：

10 月（原文如此，疑为 4 月——笔者注）16 日，将受教育中的新兵 18 名带至陆军医院的尸室见习解剖。因怕被在医院劳动的中国人看见，因此将周围把守。解剖前，加藤军医用自己教给他的方法，用 20CC 麻醉药注入被害者的静脉内，杀死后，外科病室的石崎军医少尉以刀解剖。被害者系陕西省人，约 40 岁，身穿抗日军兵服。❶

吉泽行雄 1954 年 9 月 1 日的口供，也证实日军用麻药实验杀人的方法，不过他是将强性麻药注射在受试者的皮下。他说，1942 年 7 月，任独立混成第 3 旅团通信队中尉军医时，在山西省崞县县立医院，为了实验麻药效力，给一生疮患者中国少年（年约 13 岁）的皮下注射 0.5CC 强性麻药，少年当即陷入麻醉中。此注射量按成年人来说亦是过多的数量，但是对该少年进行手术治疗后没有发生性

---

❶ 种村文三的笔供，1954 年，原件存中央档案馆，档案号 119 - 2 - 1106 - 2 - 15。

第二章 人体细菌实验和活杀解剖

命危险,从此即了解到此种强性麻药的效力。❶

四、刺杀、解剖演练

用活人练习刺杀、解剖,是侵华日军进行新兵教育的基本方法之一。安达千代吉在1955年的笔供中,写出了第4独立警备队独立步兵第21大队使用抗日战俘演练刺杀本领的实情,具有一定的代表性。

1945年6月中旬,第4独立警备队独立步兵第21大队驻在绥远省托克托县城内。当时,安达千代吉任队部附准尉,并在庶务功绩系供职。一天早饭后,他正在办公室里吸烟,大队长丸尾大尉进来下令:"今天练刺杀,从10点开始,除值班人员外全体集合!"于是,安达千代吉写道:

> 大队的全体人员很快就在山上一个略高的墓地上集合起来了。高台上的一切重要地点都部署了端着刺刀的士兵,在略显空旷的广场上,挖了11个深4尺、长6尺的坑,新挖出的土色非常引人注意。集合起来的士兵大约有250人,各中队整理队列。这时,大队长丸尾说:"今天让大家用活靶做一次刺杀练习,各中队选出有把握的人,接受安达中尉指挥!"

安达千代吉从各中队选出的士兵中,又选出6个体格健壮的人。他想,这是一个显示准尉威严的极好机会,于是便开始从持枪直到刺杀的要领,高声地讲解起来。

---

❶ 吉泽行雄的口供,1954年9月1日,原件存中央档案馆,档案号119-2-732-1-5。

细菌战

接着,安达千代吉写出演练刺杀的阴森惨状:

不大一会儿,有七八个端着刺刀的士兵围着一群抗日军战士,从后面用刺刀逼着,口中吆喝着"快走!快!"追赶着从山坡爬上来。随着越来越近,一阵异样的声音传入耳中:"哗啷,哗啷!"原来抗日军战士的双脚上戴着粗粗的脚镣,光着的脚腕已被磨得血肉模糊。

安达千代吉从 11 个俘虏中选出 6 人,让他们站在土坑前面。这些人年纪大约 30 岁到 45 岁,头发长得很长,脸色苍白,这一切都说明他们曾经在狱中进行了长期的艰苦斗争。深陷的眼睛放出的炯炯光芒,紧闭的嘴角,都在燃烧着对日本侵略者愤怒和仇恨的烈火。

大队长丸尾下达了"开始"的命令。安达千代吉急不可耐地发出"刺杀"的口令。新兵像红了眼的恶狼一样,"哇,哇"地吼叫着,阴惨的余音在山谷里回荡着。一瞬之间,随着"呜"的一声哀叫,咕咚一下掉到坑里去了。

这时,安达千代吉往坑里一看,只见寺田二等兵也在坑里。原来寺田被自己用来刺杀的枪带落到坑里,伏在抗日战士的身上。安达千代吉想"糟糕!"便立即大声吼道:"喂!振作起来!你还算是个日本的帝国军人吗?"寺田蓦地从坑里站起来,面无人色,两腿直打哆嗦。安达千代吉再次喊道:"放开比生命还重要的枪,有你这样的混蛋吗?喂!振作起来!"寺田似乎刚刚醒悟过来似的,本能地抓住枪,企图用力拔出来,但无论如何也拔不动……是抗日战士的愤怒、诅咒、仇恨和沸腾的鲜血缠住了日本兵的刺刀。寺田更加惊慌

第二章 人体细菌实验和活杀解剖

了,用左脚踩住抗日战士的身体,好不容易才拔出刺刀,从土坑中爬了上来。他脸色苍白,大口大口地喘着粗气,用力站住的两腿不停地颤抖着,偷偷摸摸地回到队伍中去了。

然后,安达千代吉下令解散,检查落在坑里的抗日战士被刺杀的情况。一个、两个、三个,落在坑里的战士匍匐在血泊之中,手指还在微微地动着。他说:"这家伙还轻易不肯死呢!"立即从腰间拔出日本刀,用反手对准心脏刺进去,只听到"咕哧"的一声,从拔出刀来的伤口中,鲜血咕嘟咕嘟地涌出来。也同样用刺心脏的做法杀掉了第四个人和第五个人。

在新兵练习刺杀之后,又使用其余 5 名抗日战俘,由军官和下士官演练砍头。安达千代吉写道:

隔了一会儿,部队开始由军官和下士官练习砍头。由大队长丸尾直接负责指挥。让马占山军的士官,一名 23 岁左右的青年坐在坑前。丸尾向这名战士问道:"你有什么要求吗?"在战士抬起的双眼中,喷射出激怒和仇恨的烈火。"没有别的,给我一支烟!"丸尾带着几分惋惜的样子把正在吸着的香烟递给他。一口、两口,死亡一分一秒地临近了。周围一片寂静,连一声咳嗽都听不到,丸尾提着出鞘的日本刀等在那里。青年面对死亡毫不动摇,充满正义和必胜信念,泰然自若的态度!一支烟迟迟吸不完。丸尾早已不耐烦了,大喝一声:"别吸了!"说着便举起日本刀对准脖颈砍下去。只听"咔嚓"一声,刀停住了。原来刀砍进了后头部,缕缕鲜血从刀口流出,白骨可怕地露了出来。这时,丸尾感到"失败了"!在这同时,只见青年跪了起来,怒视着丸尾,燃烧着愤怒和仇恨的烈火,浑身是血的形象，使丸尾不禁打了个趔趄。他再次举起刀来砍掉了青年头颅，鲜血喷出有一尺高，随后便落在坑里，血腥的可怕的气氛笼罩着周围……

随后，安达千代吉写了他亲手砍杀抗日战俘头颅的狰狞面目：

让第二个抗日战士坐在坑前。我曾亲眼看到大队长的失败，所以略为有些踌躇。但我又想："我曾说过我要砍，也要顾点体面，再说，如果成功了，队长也会对我另眼看待。别说是士兵，就是在军官面前，我也可以趾高气扬了。"我立即拔出刀来，摆好架势，然后运足了气，"唉"的一声呐喊，手起刀落。随着"咔嚓"一声可怕的声音，脖颈被我砍掉了三分之二，头一下子垂在胸前。鲜血立即喷出一尺来高，热血的气味十分刺鼻，随着便"吧噔"落进坑里去了。眼看着土坑已被鲜血染红。看着这一切，我松了一口气，心想："无论怎么说，我这个准尉的面子总算保住了。"就这样，其余的3个人，也都被军官和下士官给杀掉了。

这群野兽将11名抗日战士做了练习刺杀、砍头的材料，但并不肯罢休，他们的兽性还未了。安达千代吉最后写道：

接着，大队长丸尾喊来植松军医见习士官，问他"准备工作进行得如何？"这时，只见部队的三四个卫生下士官和士兵，带着野外用的外科解剖器材箱走过来。由两三个卫生兵将刚才刺死的抗日战士从坑里拖出一个来，脱光了衣服。

接着,打开解剖器材箱,大、中、小号的手术刀、凿子、锯、槌子,完全像是木工的工具。由军医说明截断上肢手术的做法。由工藤卫生伍长执刀,转眼间,上臂被刀切开,张开的刀口就像一个咧嘴的石榴,到处向外渗出鲜血。手术刀下不时地发出"咔哧,咔哧"的异样的声音,不大一会儿,乳白色的骨头便露出来了。早已迫不及待的风间卫生兵拿起闪闪发光的锯,像锯木头一样开始截肢。其他卫生兵牢牢地握住胳膊的另一端,片刻之间,骨头被锯断,一条胳膊被揪了下来。然后,又进行了缝合练习,像白蜡一般的一只手臂丢在旁边的草丛里。接着,又从踝关节处切断左脚,再同样切断右脚。就是这样,人被杀死之后,尸体还要被割得七零八落。❶

五、性病实验

据德久知正1954年8月25日的笔供,1940年6月中旬至9月23日,天津陆军医院特设分院院长军医中尉田某,为了研究第四种性病,把天津宪兵队移交来的抗日军军官大尉王某(28岁)及大尉李某(32岁)监禁在该院地下室,进行实验研究工作。他写道:

为防止逃跑,把他们的脚后筋切断了。在做实验中,我(特设分院特别警备班一等兵)奉警备班长某军曹的命令,每天上、下午各检查他们体温一次,并做采尿、记录饮食摄

---

❶ 安达千代吉的笔供,1955年,原件存中央档案馆,档案号119-1-174,第41-46页。

取量及移植病菌后的情况等工作。此外还禁止他们白天睡觉，发烧时也不给退烧药吃。我因为在1940年9月23日离开了该医院，后来的情况就不详了。❶

六、咽喉切开实验

据日军战俘重富广一1954年8月的笔供，1940年7月中旬，在密云石匣镇站西三四百米的田地里，独立守备步兵第16大队队附楹尾元治军医中尉经大队长深野时之助大佐的同意，用一名抗日俘虏做了咽喉切开的呼吸实验。他在笔供中说：

1940年7月中旬，在水堡子西南战斗中，捕了一名俘虏。我命令古北口宪兵分队队附玉井军曹进行审问。结果得知，俘虏系山西人，年龄25岁，从军两年。松尾用他做了口腔内负伤出血过多不能呼吸时将下咽喉切开使其能呼吸的实验，之后将其杀害，埋于田里。❷

七、摘取人体器官

据日军战俘木田1944年2月7日的揭露，1939年12

---

❶ 德久知正的笔供，1954年8月25日，原件存中央档案馆，档案号119-2-997-1-5。

❷ 重富广一的笔供，1954年8月，原件存中央档案馆，档案号119-2-873-1-4。

第二章 人体细菌实验和活杀解剖

月,日军混成第 8 旅团驻在河北沙河县的佐野中队伊藤军医解剖了一名老百姓,将肝取出,说这是能治妇女病的一种药,偷偷地贩卖。1941 年 9 月,安都中队长、渡边军曹、佐佐木伍长三人,为了医治梅毒,将老百姓的脑袋打破,取出脑子来。❶

又据日军战俘逢见谷正夫 1954 年 11 月 20 日的笔供,他在河北通县城里通州宪兵队任伍长庶务科附主任时,1940 年 5 月间,按照分队长宪兵中尉荒牧纯介的命令,把在宪兵分队扣押的一个抗日战俘带出来,在该队后院空房交给由荒牧招至的日军守备队军医大尉毛利某,供他活体解剖。毛利吩咐几个卫生兵开始下手,他在旁边看着。毛利先打针杀了战俘以后,割下脑袋进行解剖。逢见谷正夫写道:

结束解剖后,我据荒牧的吩咐,托毛利取出脑子。我把脑子又使中国人听差赵某在澡堂锅炉里烧烤后交给荒牧了。❷

八、皮肤医学实验

据竹川德寿 1954 年 9 月 13 日的口供❸,他在伪山西省

---

❶ 《晋察冀日报》1944 年 3 月 8 日。

❷ 逢见谷正夫的笔供,1954 年 11 月 20 日,原件存中央档案馆,档案号 119 - 2 - 746 - 1 - 7。

❸ 竹川德寿,化名晋寿德,1942 年 5 月侵入中国,1943 年 6 月至 1945 年 8 月,任日本华北派遣军第 1 军司令部直辖山西省伪保安干部学校少尉、中尉指导官等职。竹川德寿的口供,1954 年 9 月 13 日,原件存中央档案馆,档案号 119 - 2 - 867 - 1 - 5。

保安干校期间，犯下了用中国学生的皮肤进行医学实验的罪行。他供认：

除强令招募 100 余名青年学生进行奴化训练外，于 1944 年 5 月，应山西省桐旭医学专门学校附设医院皮肤科医师松下纪文要求，他用人的皮肤进行医学实验。即以治病为名，将 5 名学生介绍到他那里。松下给学生注射了药剂，说是治蛔虫。而后从这 5 名学生每人胳膊上各剥取长宽 2 厘米肉皮做实验。

竹川德寿又写道：

1946 年，松下曾对我说："他把皮肤实验结果已写成论文草稿，因当时他要回国不便携带，即将文稿和皮肤实验玻璃板等物交我保存，并想让我想办法代为带回日本。"1950 年 11 月，我往永年集中时，在太原将这项材料交我部下诸节敏夫（前部下），他现在永年训练团，可证此事。

第五节　日军在华北进行人体实验的特点

前面已经提到，侵华日军在华北地区只能占领大中城市和交通要道，而广大农村是中国共产党领导的抗日根据地，这种农村包围城市的基本形态，是与东北地区不同的，也是与南方地区不同的。在这种犬牙交错、复杂惨烈的敌后战争态势之下，日本华北派遣军防疫给水细菌战部队和陆军医院的人体实验，不论研制细菌武器的人体实验、手术医学的人体实验，还是杀人方法的人体实验，在获取实

第二章　人体细菌实验和活杀解剖

验对象——活人的方式上,更灵活、更随意;在实施人体实验的部队和人员上,更无序、更宽泛;在进行人体实验的地点上,更分散、更广泛。据现有档案材料,自1933年4月6日种村文三在热河省古北营子用一名中国工人做手术练习开始,至日本投降的12年间,人体实验解剖逐年扩展,凡日军所到之地,从大中城市,到乡村的平原和山沟,几乎都有抗日志士和平民百姓,青年、老人、妇女、儿童,被日军军医当作实验"材料"而解剖虐杀。日军这种反人类罪行,大体可分为有计划进行的人体解剖、上级批准的人体解剖和五花八门的自由人体解剖。

一、有计划的人体实验解剖

在"北支"(甲)1855部队的北平本部及各地支部,人体实验和活杀解剖,一般是按人体解剖计划进行的。如前所述,在日本华北派遣军防疫给水部济南防疫给水支部,据韩国人崔亨振的证言,每3个月进行一次活人实验,一次要解剖100名抗日志士,每年解剖400~500名抗日志士,俘虏实验"材料"不足时,就抓捕平民百姓作为解剖对象。又如前述,在日本华北派遣军防疫给水部太原防疫给水支部,据日军战俘汤浅谦的供述,在1942年4月初,他奉命接受防疫给水细菌战训练,与接受训练的驻山西第1军军医共20人,在太原市小东门街第1军工程队即俘虏收容所,分为四组,将4名抗日军战俘用子弹打伤,缚在手术台上,进行了解剖。❶另据中村三郎1953年2月2日的笔供,石井四郎担

---

❶ 汤浅谦的笔供,1954年11月20日,原件存中央档案馆,档案号119-2-81-1-7。

细菌战

任第1军军医部长后,宣布人体实验"是军事机密,不可说予别人"。1944年1月,石井四郎和太原防疫给水支部的支部长亲自督导,召集第1军所属军医,在太原防疫给水支部进行人体手术实习教育。在三天内,分为四组,用8名中国战俘进行了活人解剖实习。❶

在日军北平陆军总院和各地陆军医院,用活人做各种医学手术实验,也是按计划进行的。前面已有记述,如日军第12军兵站医院及其管下各兵团病院,根据该军军医部长川岛清的命令,不断地按计划使用中国人进行人体解剖的"教育"训练。1944年10月下旬,在河南省郑州第12军直辖兵站病院内,实施第12军管下各兵团、各陆军病院外科医官集合教育,在最后一天,将一名抗日军俘虏作为实验材料,实施了生体解剖。1945年4月上旬,根据日本第117师团师团长铃木启久的命令,在河南省焦作第117师团野战病院,以进行军医教育为目的,对一名年约二十五六岁的中国农民实施了人体解剖。❷

据战俘汤浅谦的供述,潞安日陆军病院为本院和驻山西省潞安第36师团的军医举办了一个叫作潞安军医教育班的研究会,研究所谓战争医学。为了提高青年军医的手术水平,每年都进行四五次以俘虏为材料的活体解剖。在位于该医院内的运动场一角有血淋淋的解剖室,在这里还排列着露

---

❶ 中村三郎的笔供,1953年2月2日,原件存中央档案馆,档案号119-2-1105-2-15。

❷ 野田实的罪行供述书,1954年7月10日,原件存中央档案馆,档案号119-2-901-1-5。

天火葬场和灵堂,附近一带埋满了通过解剖而杀害的尸体,几乎再也没有挖新坑的余地了。不时地可以看到野犬将泥土挠开,在咬食尸体。汤浅谦于1942年3月至1945年3月,在该病院亲自参加人体解剖有8次之多,活活解剖虐杀了18名中国人。汤浅谦供认,他曾遵照潞安日陆军病院院长酒井满的命令,亲自制定了1944年度和1945年度的军医教育计划,规定每年度用活人演习手术6次,每次解剖活人2名。❶

潞安日陆军病院的人体实验解剖,不仅有计划地使用抗日战俘,而且随意抓捕和平居民,甚至老人、儿童进行活体解剖。据郭金富的母亲朱大姐、裴胖狗的哥哥裴喜狗等人向人民政府提起的控诉:1942年阴历十月初二,郭金富、裴胖狗、黄有成三人,被潞安日陆军病院活活解剖杀死。在中国政府调查取证和中国民众的检举揭发控诉证据面前,潞安日陆军病院军医汤浅谦于1955年6月9日写出了认罪书。❷ 在认罪书中,汤浅谦供认:

以上第九号2页至10页之朱大姐(女)、裴喜狗二人控诉与对证之马海水的讯问笔录,经翻译用日语读给我听过。据控诉及讯问笔录,于1942年11月(阴历十月初二)清晨,我在山西省长治市前日军第1军潞安陆军病院坐汽车,

---

❶ 汤浅谦的笔供,1955年,原件存中央档案馆,档案号119-1-174,第70-75页。

❷ 汤浅谦的认罪书,1955年6月9日,原件存中央档案馆,档案号119-2-81-1-8。

去前日军潞安宪兵队,将朱大姐之子郭金富、裴喜狗之弟裴胖狗和黄有成三人带回病院解剖室,全部活体解剖了的罪行,确实是我以日军第1军潞安陆军病院传染病室中尉军医身份,参加了当时(11月9日)由本病院主持的对日军第1军第36师团及本病院军医进行活体解剖的演习。我将这三名和平居民中的两名,亲自进行了气管切开、上肢切断术等的活体解剖。其余一名,我协助院长酒井满斩杀了。我对此事件应负亲自和参与的责任。

被告:汤浅谦
1955年6月9日

图2-5 潞安日陆军病院的解剖室(中央档案馆馆藏照片)

此照片,我已阅过。此照片确实是日军第1军潞安陆军病院自1942年至1945年间所使用过的解剖室。在此期间,我以本病院中尉军医身份,在这解剖室内,亲自经过8次将

10名抗日军俘虏和4名和平居民进行了活体解剖的罪行。故此照片确实能证明我亲自进行活体解剖的罪行的地点。

被告：汤浅谦

1955年6月9日

汤浅谦看了记录他在潞安日陆军病院活体解剖10名俘虏和5名和平居民的照片后，又写下了如下一段话：

图2-6　潞安日陆军病院活体解剖抗日俘虏与和平居民的两具尸骨（中央档案馆馆藏照片）

此照片，我已阅过。此照片确实是日军第1军潞安陆军病院自1942年至1945年，将10名抗日军俘虏与5名和平居民进行了活体解剖和斩杀之遗骸中的2名。我亲自进行了此种活体解剖又参加了斩杀。故此照片能证明我亲自进行活体

> 细菌战

解剖和参与斩杀的罪行。

被告：汤浅谦
1955 年 6 月 9 日

二、上级批准的人体实验解剖

在华北地区，侵华日军除按计划用活人进行各种人体实验与解剖外，还不定期地经上级批准，从事这种罪恶行径。

据杉下兼藏的笔供❶，1938 年 8 月 14 日下午，他与第 109 师团卫生队队部的少尉军医佐伯及卫生准尉浅井共谋，在太原市西羊市街工业学校运动场南侧的两间房内，将 1 名抗日俘虏进行了活体解剖。这名抗日俘虏，是同年 6 月 26 日在山西省长治县荫城镇时，委托第 109 师团司令部大久保精一中佐带回太原的，由卫生准尉浅井于同年 8 月 13 日从师团领来。开始解剖时，先将俘虏全身麻醉，由卫生准尉浅井解剖，他取得解剖时的照片。最后在宿舍熄灯后，他令卫生军曹中村将尸体投入运动场后面的井内。

1939 年 7 月，日军战俘中岛京子作为陆军医院西村部队的特殊志愿护士，参加了潞安作战。据中岛京子的笔供，一天，有 4 名抗日军俘虏被押送到潞安病院。其中 1 名，二十二三岁，容貌端正善良，已被日军用糜烂性毒气弄得全身溃烂，右脚尤为严重，根本不能行走。在潞安病院的三天时间内，这名俘虏又受尽折磨，溃烂的腿上和粪便上落满了苍

---

❶ 杉下兼藏的笔供，1954 年 11 月 29 日，原件存中央档案馆，档案号 119－2－74－1－6。

蝇，蛆虫到处乱爬。这时，潞安病院决定用这名抗日俘虏做人体手术演习。按照小岛军医的命令，中岛京子等5人将这名青年绑到手术台上。远藤军医只是简单地做了局部麻醉，便用手术刀割开皮肤，切开肌肉，做截肢手术。

又如，河北省保定日军第63师团第66旅团陆军病院，代号甲1831部队，也曾多次使用中国人进行人体医学实验。据野田实的供词，1942年10月下旬，保定日陆军病院外科病室收容了一名伪军中国战伤者，男，约35岁，患有右胸部穿透性贯通枪伤兼脓胸。野田实与该病院院附兼外科室主任军医中尉长田文男用这个患者做了脓胸手术实验。在实施手术时，患者容态急变，呼吸陷入停止状态，"反正是中国人，杀了也不要紧"，他们又继续施行手术。该患者于第二天早晨死亡。1944年5月上旬，野田实与长田文男提议，用两名八路军俘虏做安装止血带的医学实验，得到保定陆军病院院长军医中佐柴田长七和第66旅团长少将佐久间盛一的批准。实验地点在第66旅团司令部的空营房。❶

三、自由人体解剖

再看一看日军大队、中队、小队的军医们是如何自由解剖中国同胞的吧！再看一看这种自由解剖又是多么"独出心裁"、五花八门吧！

---

❶ 野田实的罪行供述书，1954年7月10日，原件存中央档案馆，档案号119－2－901－1－5。

细菌战

据相乐圭二的笔供❶，1940年7月底，他是独立混成第3旅团独立步兵第10大队中尉通信班长。在大队对宁武县西境"扫荡"时，他在接官亭（或石板桥村）一农家发现了八路军重病员一名（25岁左右，估计是肺病），通过翻译审问后就将其遗弃于原地。他说："当我在大队本部说此事之后，本部和泉军医中尉和筱田卫生军曹将其进行活体解剖而杀害了。"

1940年3月至1944年2月，吉泽行雄任日军独立混成第3旅团第9大队少尉军医、旅团司令部电信联队及原平镇陆军病院中尉军医，他先后6次做人体实验和活杀解剖，活活杀害了8名中国同胞。据吉泽行雄的口供❷，1940年3月中旬，他任第9大队第2中队少尉军医时，在山西省崞县轩岗镇西北河滩，以偷粮为借口，与多多纳队桥本少尉将轩岗镇焦家寨的一名年约35岁的村民（姓名不详）共谋斩杀，他又为提高技术和教育新兵，将这名村民做了虫样突起切除解剖的手术，然后将尸体弃置原地。

1940年11月上旬，在河北省阜平县东下关作战时，抓捕中国民夫20余名，强迫他们抬担架，并命部下如有不能行走者用刺刀逼迫。吉泽行雄说：

在旅团司令部军医部长原见权一大尉主使下，将一患肺

---

❶ 相乐圭二的笔供，1954年11月22日，原件存中央档案馆，档案号119－2－11－1－5。

❷ 吉泽行雄的口供，1954年9月1日，原件存中央档案馆，档案号119－2－732－1－5。

炎死亡的民夫尸体（死者姓名不详，法华村或附近村人）进行了头部、胸部、腹部的解剖，事后，为隐蔽事实，埋入东下关东北方约200公尺的田地内，并用木板标明"中国无名战士之墓"。

同月中旬，仍到东下关，将俘虏的八路军一名（25岁）缚在门板上，蒙目塞耳，并以棉花塞口，也未注射麻药，进行气管切开解剖，然后用手术刀刺入其心脏将他杀死。为了隐蔽罪行，将尸体埋放在以前解剖的中国民夫墓之左侧，并伪标墓志为"中国人无名战士之墓"。

另据吉泽行雄1955年的笔供❶，1943年秋天，日本华北派遣军第1军司令部设在山西省崞县的独立混成第3旅团，以全部主力从五台县边境侵入河北省，以阜平为中心，进行杀人、放火、掠夺、强奸等，犯下了累累罪行。当时，他作为旅团司令部军医中尉患者收容班长，参加了这次作战。11月中旬，吉泽行雄在阜平县东下关负责收容并向后方运送患者。他写道：

一天，军医部长原见军医大尉要去前方视察石川部队的卫生情况。出发时，他向我说："弄个八路军俘虏来，搞一次活体解剖吧！"我想，这可是练习手术的好机会。这是山里，没有居民，便于行事。万一被发现，因为这里是敌人的根据地，不会有问题。于是，我立即表示同意。

---

❶ 吉泽行雄的笔供，1955年，原件存中央档案馆，档案号119-2-179，第96-99页。

细菌战

第三天的傍晚,原见带着一个25岁左右的八路军俘虏回来了。已经是11月的冷天,这名俘虏还穿着薄薄的单衣。恐怕是自夏季以来,连续参加激烈的战斗,还无暇得到棉衣吧!

……根据原见权一的提议,这次活体解剖决定做气管切开手术。

在日本军队中都备有一种叫作齐藤式气管切开器的急救手术器械,这次也带来了,但是我们从未使用过。它是当口腔、咽喉负伤或由于其他原因不能呼吸时,切开气管进行急救的器械。准备利用这一机会练习其使用方法。

一切准备就绪后,我们在治疗室里等候,蒙着双眼的八路军俘虏被带进来了。卫生兵企图把他放在代替手术台的厚厚的门板上,俘虏口里喊着什么,从卫生兵手中挣脱出来。我见到这种情况,同山部见习士官急忙帮助卫生兵,七手八脚地把俘虏放在门板上,把他牢牢地捆住,一动也不能动了。

原见大尉走上来,在蒙着眼睛的俘虏耳朵里塞上棉花。接着他又撬开俘虏的嘴,用镊子柄向嘴里塞满棉花。直到这时,我才明白了原见权一的意图,他是要在不进行麻醉的情况下进行这次手术。

周围一片死寂,手术开始了。原见权一右手持切开器,将刀尖放在喉结的下方,猛地一用力,"哧"的一声,一下穿透了气管。

在这一瞬之间,似乎听到一声呻吟,但是,实际上他已经发不出声音了。俘虏的脸色突然变红,用尽全身力气拼命挣扎。原见只将插进去的管子留下,把带有手术刀的部分抽出来。这时,所有力量似乎全部集中到管口似的,血沫高高地喷出来,原见的脸、胸、手全被鲜血染红。如果将蒙在俘虏眼上的布取下,无疑会看到从他双眼中喷射出来的仇恨怒火。

下一个轮到我了。我拔出插在气管中的管子,以便把它装在气管切开器的柄上,俘虏的呼吸立即发生困难,更加痛苦了,而我却完全不顾一切地慢慢地选定部位,我学着原见的样子用尽全力刺穿气管,"哧"的一声,一条粗血管被刺破了,鲜血液出来,染红了我的手,俘虏的脖子也变得鲜红。然后,山部见习士官也刺穿气管,做了同样的练习。

八路军俘虏用尽了最后一丝力气,身体微微地抽搐着。我看到这一情景后,便说:"部长,太麻烦了,干脆杀掉算了!"说着,便拿起手术刀,对准心脏刺进去,还剜了一下。鲜血从刀口"噗"地喷涌出来,俘虏的身体就此一动也不动了。

据日军战俘菊地修一的口供❶,1941年9月中旬,驻偏关县楼沟堡的分遣队长荒谷定藏少尉,以通敌的名义,将楼沟堡村长和一个约16岁的少年共2人逮捕,送到偏关县,拘留在偏关城南门外卫兵所。当天夜间村长逃跑了。第二天早晨,配属在中队的军医河原信二中尉向他提出为了研究肠子的切断缝合手术要解剖该少年的意见。对此,菊地修一说:"如不是在偏关这样的地方,是不能自由解剖的,今后

---

❶ 菊地修一的口供,1955年3月12日,原件存中央档案馆,档案号119-2-12-1-14。

再捉到俘虏，还可以多做些研究和解剖。"

下午 1~5 时，该军医在中队的碉堡内进行活人解剖，将肠子切断又缝合上，至次日下午期间看其变化经过，5 时又将该人运到城东南城墙附近，由河原军医以手枪射击其头部将其杀害，尸体埋在当地。

另据菊地修一的口供❶，1945 年 6 月下旬，他得知崞县西南贾村有八路军的工作人员活动。他指挥部下 250 余人、原平宪兵队 10 余人、特务工作队 30 余人，于早上 5 时许，突袭了西南贾村，在村南边打死居民 1 名，接着又"扫荡"该村，又打死居民 3 名，逮捕居民 40 名，宪兵队拷讯中打死居民 3 名。又下令掠夺草 800 斤、猪 2 口、鸡 30 只。返回驻地时，宪兵队以嫌疑为名带走居民 4 名，特务队也带走居民 4 名，同时带走 1 名年约 18 岁的妇女。当天下午 3 时，在谈儿庄命特务工作队枪杀了逮捕来的居民 2 名，其余 2 名带回原平镇，而后将其中 1 名送到原平镇陆军病院解剖，另 1 名释放。同年 7 月上旬，他又派部下一个中队到崞县大漠村东南方一带"扫荡"，逮捕居民 4 名带至谈儿庄。为了鼓舞第 3 中队的士气，在谈儿庄东南角刺杀了 2 名。另外 2 名带回原平镇，让部下军医吉泽行雄大尉在营盘医务室做皮肤缝合手术研究，之后释放了。

据森野博明的笔供❷，在山西省稷山县仁义村日军第 37

---

❶ 菊地修一的口供，1955 年 3 月 12 日，原件存中央档案馆，档案号 119-2-12-1-14。

❷ 森野博明的笔供，1954 年 11 月，原件存中央档案馆，档案号 119-2-747-1-6。

第二章 人体细菌实验和活杀解剖

师团第 225 联队第 9 中队第 1 小队中野卫生上等兵解剖了一名山西军抗日俘虏。他在笔供中说:1943 年 6 月下旬到 9 月上旬,在山西省稷山县仁义村,他以第 37 师团第 225 联队第 9 中队第 1 小队第 2 分队伍长(7 月 1 日升充军曹)的身份,参加了第二次汾北封锁作战。6 月下旬,在仁义村北门外,当中野卫生上等兵刚解剖完一个由中队带来的山西军伤兵时,他正好路过那里,看到解剖,为在士兵们面前显示自己有胆量,命令中野卫生上等兵用石头砸开头部看,中野掷下重约 30 斤的石头,打碎头盖骨。见此,他便对士兵们说,脑袋是最易碎裂的东西。

据长田政雄的笔供❶,1944 年 9 月,在河南省新乡,第 204 大队军医中尉大道文男以集训教育大队卫生兵为目的,将第 204 大队本部卫生所内绑着的一名 25 岁左右的中国男子用军刀砍掉头,并由大道文男、川上军医见习士官将其胸部解剖,又由监山军医见习官将阴部解剖。解剖后,尸体由卫生兵掩埋于坑内。

据小岛隆男的口供❷,1944 年 6 月,他是第 59 师团第 53 旅团第 44 大队机枪中队长,参加掠夺小麦作战,在山东朝城县附近盘踞的时候,他下令捕来一位农民,并和军医柿添中尉指挥卫生兵 7 名,进行活人解剖教育。他将一名捕来的男性农民领到卫生室,注射麻药将其麻醉后,剖开胸膛、

---

❶ 长田政雄的笔供,1954 年 8 月 18 日,原件存中央档案馆,档案号 119 - 2 - 269 - 1 - 5。

❷ 小岛隆男的口供,1954 年 11 月 3 日,原件存中央档案馆,档案号 119 - 2 - 780 - 1 - 4。

肚腹，取出五脏，进行活体解剖，实地教育卫生兵。

据永滨健勇的口供❶，1943年八九月间，在山东省章邱县某村，他在参加第59师团第54旅团第110大队的侵略活动时，在该村宿营之际，奉矢崎太郎中尉命令将逮捕来的一名和平农民绑在民房院内，用刺刀扎其心脏，再由大队部军医土屋将其胸部解剖，割下心脏，让医务人员和直辖小队观看，并加以说明。接着把胸膜、肺等也取了出来，做了实验后又把一切内脏塞回去，最后将其掩埋。

四、"特殊输送"

日本华北派遣军为实施细菌战，除了它的防疫给水细菌部队、陆军医院及野战部队的军医和卫生兵，在华北地区进行有计划的人体实验解剖、上级批准的人体实验解剖和五花八门的自由人体解剖外，还担负着向东北地区的第731部队进行"特殊输送"的任务。据笔者掌握的档案资料，仅举三例。

第一例

据平野部队《阵中日记》（1939年7月17日至9月19日）❷记载，第二批"特殊输送"人员约90名，由承德宪兵队长于1939年8月9日押抵山海关站，山海关至孙吴站间之护卫，由锦州宪兵队长担任，被输送人员中除留下60名送达目的地外，其余诸人在到达哈尔滨站时即交付石井部队长。

---

❶ 永滨健勇的口供，1954年10月8日，原件存中央档案馆，档案号119-2-826-1-6。

❷ 拂洋：《伯力审判——12名前日本细菌战犯自供词》，吉林人民出版社1997年版，第150-153页。

兹将有关命令原文抄录如下:

关于"特殊输送"时护卫事宜命令
关东宪兵队作战命令第 224 号

(关东宪兵队命令。8月8日16时。关东宪兵队司令部)

(一)依据关东宪兵队作战命令第222号所派第二批"特殊输送"人员约90名,于8月9日抵山海关站。到达山海关站后即派客车箱一辆输送,客车于8月10日11时15分由山海关站出发(客车箱挂在山海关沈阳线列车上)。13日零时13分抵达孙吴站。

(二)由山海关至孙吴站间沿途护卫前项人员之责,由锦州宪兵队长担任。

被输送人员中除留下60名送达目的地外,其余诸人在到达哈尔滨站时即交付石井部队长。为此,须事先将应交付石井部队长的人员区分出来,以免在交付时发生延误。

前项被输送人员应由承德宪兵队派出军官一名,平野部队派出下士官兵25名,关东宪兵队教导队派出卫生下士官一名负责护送。另由锦州宪兵队派翻译一名随往。

(三)承德宪兵队长派承德宪兵分队柴尾大尉,平野部队长派下士官兵25名(内有曹长一名),关东宪兵队教导队长派卫生下士官一名,所派诸人均须于8月9日内到达山海关,听候锦州宪兵队长指挥。

(四)哈尔滨宪兵队长须与石井部队长取得密切联系,保证在哈尔滨站及以后途中竭力防范外国侦探,并采取必要监督办法。

（五）平野部队及关东宪兵队教导队所派人员之路费，概由关东宪兵队司令部支给。

（六）其他事项即依据关东宪兵队作战命令第222号办理。

关东宪兵队司令官城仓少将

平野宪兵队作战命令第1号

（平野队命令。8月8日17时。关东宪兵队教导队）

（一）据关东宪兵队作战命令第222号实施第二批"特殊输送"事宜应按关东宪兵队作战命令第224号第一项办理。

（二）平野部队应派出一部分人员保证第二批"特殊输送"。

（三）稻邑曹长率宪兵24名（名单见附件）及卫生下士官一名火速由新京出发，到达山海关后，听受锦州宪兵队长指挥。出发前在关东宪兵队司令部领取刑具（脚镣81具，手铐52具，捕绳40根，护送绳25根），并在沈阳宪兵队内领取手铐30具，护送绳40根，携带前往。

（四）路上给养按满洲暂行供给条例第五表另增一半，由关东宪兵队司令部支给。

（五）其他事项遵照关东宪兵队作战命令第222号办理。

平野部队长平野大尉

第二例

据日军俘虏芳信雅之的笔供❶，1943年6月，日军怀疑中共在伪军齐子修部内做工作，于是解除齐部约900人的武装，押送伪满洲国当"特殊劳工"，有的送石井部队做细菌实验。芳信雅之在笔供中说：

1943年6月，在山东省堂邑、冠县地区得到情报称"中共军在齐子修部队（兵力号称约5000人）内做工作"，加以该部队同中共军作战情绪低落，恐其背叛日本军，所以师团计划将该部队消灭。在师团（兵力大约6个大队）解除齐子修部队武装的阴谋事件中，我在师团情报系做了如下的工作：

（1）从第44大队情报系以及东昌宪兵队、红枪会等处搜集了齐部队的兵力配备、装备等情报，为师团制定阴谋计划提供了资料。

（2）为了掩护师团集结兵力，利用第44大队情报系以及红枪会组织，加强搜集情报，同时让留驻东昌的齐子修部队办事处鼓动齐部队协助我对冀鲁豫边区的作战，借以打消其对师团集结兵力的注意。

（3）在解除武装的前一天下午，为了把齐部队的干部和部队下层官兵予以隔离，我以传达命令的名义，把齐子修及其干部五六名叫来。

（4）我亲自指挥师团卫兵队一个分队，袭击了在博平县城内的齐部队办事处，解除了约8个人的武装。

---

❶ 芳信雅之的笔供，1954年6月18日，原件存中央档案馆，档案号119-2-869-1-5。

实行这一阴谋的结果,是用战斗和欺骗的手段,解除了约900人的武装,通过伪满洲劳工协会送往伪满洲国,当作"特殊劳工"加以奴役。这些人的大多数,在构筑"国境"地带阵地的过程中死亡,据说有的被送往石井部队做细菌实验而杀害了。

第三例

据日军俘虏难波博的笔供❶,1942年11月末到1943年1月末的时间内,他担任济南俘虏收容所所长,根据日本华北派遣军第12军的命令,往伪满洲劳工协会拨送约300名俘虏(分两次,一次150名),作为伪满洲国境线的日本军秘密阵地的劳工和石井部队的细菌实验品。被害者以中共军俘虏为主体,还有抗日军俘虏及一部分农民(详情没有记录)。

仅仅以上三例中,华北日军就向伪满洲第731部队"特殊输送"约1300人,其中一部分做"特殊劳工",另一部分做了石井部队的细菌实验品。

五、冻伤实验

1942年,在抗日战争进入相持阶段的重要关节点上,日本军部将第731部队部队长石井四郎调任日本华北派遣军第1军军医部长,公开的原因是他贪污了军费。现有的资料表明,石井四郎调赴华北战场后,迅速加紧了华北战场的细菌战研究,特别是人体实验与解剖观察的罪恶活动。仅就直接

---

❶ 难波博的笔供,1954年6月17日,原件存中央档案馆,档案号119-2-1058-1-5。

第二章 人体细菌实验和活杀解剖

为日军在高寒地带作战服务的人体冻伤实验与解剖观察,据日军战俘的供词,有以下事实罪证。

据汤浅谦的笔供:

1942年8月,石井四郎来太原担任第1军军医部长,命令防疫给水部实验各种生体手术。1943年3月(?)石井来潞安陆军病院,招集军医讲解冻伤的人体实验。其方法即将人体渐次降低温度,使其成假死的状态,再将其浸入37度的浴池内就可苏醒。又说:四肢的冻伤,用温水洗浴是最好方法,用表来察看血压、呼吸、脉搏及其他的症候。讲话中曾吐露使用中国人,虽未表明地点,但很明显的是在太原给水部实验。石井来太原已半年以上,很明显的,他在太原研究过,一般军医也认为是事实。并且日本帝国主义投降后,太原防疫给水部恐怕中国方面检举,立即将笠、野口等二人调往阳泉。根据此种事实,即可判断该部曾做过特殊实验。❶

据汤浅谦的口供:

1942年12月,石井四郎到潞安陆军病院进行初度巡视,当日上午,召集军医等讲关于冻伤实验疗法的结果。他说过去冻伤用麻疗法不好,根据实验,凡冻伤在几近心脏停动时,可用摄氏37度的温水将全身浸入水中即可复原。这点是我第一次听说,过去根本不知道。当晚又召集下士官以上

---

❶ 汤浅谦的笔供,1953年10月20日,原件存中央档案馆,档案号119-2-81-1-5。

细菌战

400多人在司令部看了诺门坎事件的电影,并由石井亲自说明电影场面的要意。❶

据吉泽行雄的笔供:

1943年3月中旬,石井以山西派遣军军医部长,初次巡视来到山西省崞县。当晚在独混第3旅团司令部第二讲堂他做了讲演。凡在崞县部队中准尉以上者出席。讲演之时间为2个钟头左右或更多一些。关于讲演之内容(禁止笔记),他记忆:

关于细菌战的问题,石井说毒瓦斯被禁用,剩下的就是细菌武器了,日本现研究细菌,准备将来对苏作战。炭疽菌抵抗力很强,连续煮4个钟头才可死灭。为了对抗细菌战,须用石井式滤水机,只要使用此机可防止任何的经口的传染病。关于冻伤之预防法,石井把在东北用中国人实验的结果说明:即把裸体之中国人放在冷空气中使体温到达32度时则死亡。将此放入37度之热水中则可救活(未完全死亡,系为假死状态)。手指及其他部分冻伤时,即使放入37度之热水中,则组织不坏而恢复之。此法尚存机密,在对苏战时与细菌战之同时使用。至冻伤之预防法应对一兵一卒地加强教育。❷

---

❶ 汤浅谦的口供,1955年8月31日,原件存中央档案馆,档案号119-2-81-1-5。

❷ 吉泽行雄的笔供,1953年10月20日,原件存中央档案馆,档案号119-2-732-2-22。

第二章 人体细菌实验和活杀解剖

实际上，石井四郎等调赴华北战场之前，日军"北支"（甲）1855细菌战部队已经在内蒙古严寒地带使用中国人进行了冻伤人体实验与解剖观察。这一重大犯罪事实，是由日本学者鳟泽彰夫和中国学者金成民发现并公开揭露的。

据日本学者渡边登2002年12月在常德所作的细菌战国际研究会报告，1995年，鳟泽彰夫发现了日军的极密资料《驻蒙军队冬季卫生研究成绩》。1941年，华北方面军在内蒙古抓获8名中国人，对其进行了主要包括冻伤实验在内的一系列人体实验，并将其杀害。时间：1941年1月31日至2月11日。地点：中国内蒙古自治区锡林郭勒盟苏尼特右旗的西方盆地。参加部队：华北方面军、"驻蒙军"、大同陆军医院、1855部队张家口支队、张家口陆军医院、第26师团、独立混成第2旅团、华北野战货物场。协同机关：德化特务机关。被作为人体实验的人：刘春、潘春、高副、下关、张百、郝贵、张义、陈运。[1]

日军战俘的供词，特别是新发现的人体冻伤实验资料，是当年日军非人道犯罪的有力铁证，对日本政府至今否认人体实验及日本右翼对历史事实的百般狡赖，是有力的批驳。

---

[1] 渡边登："给细菌战罪行国际研讨会的一封信"，载湖南文理学院细菌战罪行研究所：《揭开黑幕——2002·中国·常德·细菌战罪行国际学术讨论会论文集》，中国文史出版社2003年版；金成民：《侵华日军一八五五部队名册首次公开，人体实验资料首次公布》，黑龙江新闻直播间，2018年5月5日。

六、活体实验与日本医学的发展

人体实验和活杀解剖,是日本侵华战争的反人类罪行之一,是日本帝国主义及其天皇制度的产物。日军俘虏远山哲夫的笔供,道出了日本帝国主义造就的那些侵华战争的军医们的魔鬼欲望,也道出了这种人体实验与活杀解剖犯罪同日本近代医学发展的内在秘密。

据远山哲夫1954年11月18日的笔供,1944年1月15日,他在山西临汾县华北派遣临汾陆军医院充任放射线理疗科陆军卫生一等兵时,奉同院第一外科主任陆军军医中尉神纳光治郎的命令,冲印人的肝、脾、胃、胆囊、脑等照片,共计40张,作为军医和卫生下士官的教育资料。一等兵大良兵长告诉他,是山西省太原市华北派遣军太原防疫给水部活体解剖了10个中国人照的。❶

远山哲夫在1955年的笔供❷中说,1944年10月末,山西省临汾县城内日军临汾陆军医院(乙第1838部队,院长冈本军医大佐,庶务科长广田军医大尉)庭院中的洋槐树叶已开始枯黄了。当时,远山哲夫是在放射线科和理疗科工作的上等兵。一天,午夜零时刚过。他从理疗科下班回到兵营,刚刚上床即将入睡,忽然听到兵营入口处病房值班人员在喊:"喂!远山!有任务!"他从兵营又回到理疗科,毕业

---

❶ 远山哲夫的笔供,1954年11月18日,原件存中央档案馆,档案号119-2-405-1-6。

❷ 远山哲夫的笔供,1955年,原件存中央档案馆,档案号119-174,第81-83页。

第二章 人体细菌实验和活杀解剖

于大阪帝国大学的神纳军医中尉命令他:"从现在开始,你给做一份癫痫病症状的脑室材料……这份材料将送到大阪帝国大学医学部去,所以……"说着交给他一份处方,便回去了。远山哲夫这样写道:

我一看处方,是要求从六个方向作头部摄影。……我直感地意识到"这是个人头啊!"铺着亚麻油地毡的放射线室、大型的配电盘、变压器和放射器,在红色作业灯和蓝色采光电灯的照射下,像一个青脸红发的巨人一样站在那里。我穿上白色的工作服,戴上口罩,走进神纳指定的暗室中去拍照。在一个大型脓盘里有一个用纱布蒙着的人头。

当我取下纱布后,只见一个刚刚砍下的人头似乎闪烁着青幽幽的光。头发有半寸长,嘴角紧闭,是一个年约二十五六岁的中国人的头颅。头的左、右和上方一共插入七支大号注射针头。切口处有明显的用手术刀切断的痕迹。显然是当人还活着的时候,以人为的手段引起癫痫症状的。我想:"这种事情在一般的地方是不能做的,这可是自己学习的好机会!"我带着几分讽刺的微笑,连同脓盘一起把人头拿到治疗台上。首先将人头的脸朝下放好,然后拍照……最后让人头的切口处朝上,头顶朝下拍照。

每当用两手捧起人头,把插着七支注射针头的人头滴溜溜地转动时,同电木板制的暗盒相碰撞,便发出"咯哒,咯哒"的低沉的声响,响彻了空旷的放射线室。尸臭味刺鼻,但我还是摆弄着这个刚刚割下的人头,拍完了20张照片。这时已是下半夜2点钟了。

不知是什么时候夜间的卫兵司令松本卫生军曹进来站在

门口，只见他脸色铁青，全身似乎在微微战栗着，手上拿着枪。

事后不久，这些照片由神纳和他申报博士的论文一起作为资料寄到大阪帝国大学医学部去了。

远山哲夫说：

这些人为了获得博士学位，不惜杀害中国人民。他们的医学基础是奠定在中国人民的鲜血之上的，博士的学位是以中国人民的鲜血为代价换取来的。我在医务技术方面的知识，也同样来自这一片血腥气味之中。

第三章 散播恶性细菌，杀害华北军民

在日本华北派遣军司令部的统一指挥下，"北支"（甲）1855部队，与陆军病院及同仁会配合行动，与第731部队、第100部队、"荣"字第1644部队、"波"字第8604部队等密切联系，成为侵华日军进行细菌战的一个重要基地和战略支点。由于华北的广大乡村是抗日根据地，与日军占据的城市、交通线及据点形成犬牙交错的战略态势。因此，侵华日军在华北的细菌战，与东北和南方地区有所不同，日军使用细菌武器，主要是针对中国抗日军队及抗日根据地人民的，与"扫荡"作战相结合，更为隐蔽、更为分散、更为频繁。他们打着"防疫"的旗号，穿着白衣衫，使用十分原始而又极其隐蔽的方式散播恶性传染细菌，既杀害抗日部队，也杀害城乡居民，同时准备对苏对美实施细菌攻击；既在一些村庄散播细菌，又在数县同时使用细菌武器，往往霍乱、鼠疫、伤寒等瘟疫突然猖獗传播，而广大群众还以为是"天灾"。侵华日军的细菌战所造成的疫情损失是今天的人们难以想象的。

日军在华北地区使用细菌武器，为华北战场的特点所决定，大体可划分为三个时期。

第一个时期，战争初期，1937年7月全民族抗日战争开始至1938年10月末武汉会战结束。这一时期，日本华北方面军使用细菌武器，主要是图谋在山西与陕北数十县集中投

细菌战

掷细菌炸弹,以阻止八路军开赴华北抗日前线。这一图谋在中国共产党的及时揭露下未能得逞。之后,日军即在华北交通沿线附近之重要村镇投放细菌,妄图阻止八路军从山地向冀鲁豫平原发展,开辟华北敌后抗日战场,妄图保障日军后方及交通运输线的安全。

第二个时期,武汉会战结束至 1940 年百团大战结束。随着华北敌后抗日根据地与日军占领区的犬牙交错态势的形成,日本侵略者为了自身的安全,在对各抗日根据地进行围攻、"扫荡"的过程中,以各种方式进行细菌攻击的实验。如利用特务向村庄的街口、水井、水池内投放细菌,或在沿河的村庄中投放细菌,以大量屠杀抗日军队与民众。这一时期,日军散播细菌的规模较小,间隔时间也较长。

第三个时期,1941 年至抗日战争结束。在战略相持阶段最艰苦的 1941 年和 1942 年,日军在华北地区使用细菌武器作战,"使用对象,已由军队为主,改为群众为主;使用时机,已由间隙施放为主,改为经常施放为主;使用分量,由小规模为主,改为大规模为主"❶。石井四郎于 1943 年 4 月在日军总参谋部秘密"保号碰头会"上提出了"准备使用大量细菌武器,先发制人"的主张以后,日本华北方面军为毁灭各抗日根据地,并准备对苏对美实施细菌攻击,在华北使用霍乱、鼠疫、伤寒等细菌武器达到顶峰。1944 年和 1945 年,日本侵略者已经四面楚歌。这时,日军更加依赖细

---

❶ 晋察冀军区司令部通报,1942 年 5 月 9 日于军区司令部,队军字第 5 号,载谢忠厚、张瑞智、田苏苏:《日本侵略华北罪行档案 5·细菌战》,河北人民出版社 2005 年版,第 185–186 页。

菌武器,虽然在1945年1月8日停止了"保号"计划的战略性实施,但细菌战的谋略性实施毫无放松,日军一面在华北城乡大量使用细菌武器屠杀抗日军民,一面在沿海地区准备以细菌战应付美军的登陆作战,日军的细菌战直至日本投降才真正被制止。

全国抗战的八年间,日军"北支"(甲)1855部队散播霍乱、鼠疫、伤寒等细菌约70次,华北军民被传染致病百万人以上,造成约30万人染病而死。

第一节 在晋陕边界及华北交通线的细菌攻击

一、在晋陕边界的细菌攻击

七七事变后,日本侵略者以速战速决的战略方针,迅速占领了华北广大地区,企图以此为基地,继续迅速南进。但是,在中国抗日民族统一战线正式形式、国共合作抗战的高潮中,中国共产党及其领导的八路军从陕北开赴华北抗日前线,以山西为支点,分兵深入华北敌后,放手发动群众,开展敌后抗日游击战争,到1938年3月前后,创建了晋察冀、晋冀豫、晋西北、冀中、冀南及山东等根据地,而后迅速实施战略展开,向冀热边和冀鲁豫平原伸展。当日本侵略者集中兵力向正面战场推进之时,华北后院却燃起了抗日的熊熊大火。在这种情势下,侵华日军为了阻断延安与华北抗日前线的联系,扑灭华北敌后的抗日战火,开始使用他们的秘密武器,趁正值春季病菌易于繁衍传播之机,图谋在山西和陕北数十县大规模投掷细菌炸弹,以大量屠杀抗日军民,维持其华北占领区的安全。

从保存下来的档案资料来看，事实上，早在1931年九一八事变后，日本侵略者即在我国的东北地区建立了第731部队和第100部队细菌战基地。到七七事变前，日本已做好对华细菌战的准备。在华北地区，日本侵略者首先图谋将细菌炸弹投放在晋陕边界地区。这一图谋，由于中国共产党的及时揭露而未能得逞。

当时，国民革命军第八路军总司令朱德、副总司令彭德怀在1938年3月29日《新华日报》上发表了《关于敌投放细菌炸弹的通电》。该通电向国民政府军事委员会、全国各军将士、各报馆、各团体、国内外同胞及国际联盟、各国政府、各国民主政党、工会、各国红十字会、各国宗教团体及世界一切维护人道爱好和平人士，公开及时地揭露了侵华日军派飞机将在山西省和陕西省延安市投掷细菌炸弹的罪恶图谋。该通电说：

据中央社徐州22日电：津讯，据获悉敌在晋省频加失利，颇受重创，并因冀晋鲁各处游击队甚为活跃，故决定加以报复，拟以飞机数十架，飞晋省及陕北肤施（即延安）等地投掷微菌弹轰炸，期整个消灭我各该地军队及参加作战之人民。复据3月27日天津确讯，日寇决以百架飞机向陕北数十县军民施放剧性伤寒病菌，以期杀尽此区域的数百万男女老幼生命。

该通电指出：

须知日寇如竟以此种非人手段屠杀敝军及陕北和晋冀鲁

第三章 散播恶性细菌，杀害华北军民

区域千百万民众，则此种灾祸任何时候均可在全国任何地方出现。日寇如竟能在中国施行此等违反国际公法和起码人道精神的举动，则日寇及其他法西斯蒂又何尝不可以同样残杀手段加之于其他任何国家的军民。因此，立刻用一切有效方法抗议和制止日寇此种施放毒气、毒菌的罪行，不仅是敝军和晋省、陕北及晋冀鲁数千万男女老幼的迫切呼号和希望，而且是全中国同胞应该立即奋起进行的公共事情；不仅是有关四万万五千万全中国同胞生死的问题，而且是有关全世界人类命运的问题。

在该通电中，朱德、彭德怀代表八路军全体将士及晋省、陕北和晋冀鲁区域的数千万民众，向我政府及全国同胞、海外侨胞，以及全世界无产阶级和民主组织，国际联盟和各国政府及一切民众团体呼吁：

请求你们立即一方面发动全中国和全世界舆论，抗议和制止日本法西斯军阀拟定的施放毒气、毒菌杀害千百万生命的残酷兽行；另一方面，速即给敝军及晋省、陕北和晋冀鲁区域民众以防毒防疫的物质帮助。

这份通电，是抗日战争期间中国官方最早公开揭露侵华日军使用细菌武器的重要文献，证明日本自侵华战争一开始就妄图以生化武器来大量屠杀中国军民。

二、在华北交通沿线的细菌攻击

侵华日军对晋陕边界地区进行大规模细菌攻击的图谋失

败后，又于徐州会战和武汉会战期间，在华北各铁路、公路沿线附近的重要村镇大量散放了霍乱、伤寒、疟疾等病菌，企图造成疫病流行，迫使八路军与游击队远离其交通线。日本侵略者明知中国根本没有细菌武器，却大肆宣扬"系我方所为"。当时，中国共产党领导的八路军和抗日游击队为配合国民党军队正面战场的徐州会战及武汉会战，多次出击平汉、同蒲、津浦、正太等铁路、公路交通线，破坏侵华日军的后方交通运输补给线。同时，实施向冀热边和冀鲁豫平原地区展开的战略方针，八路军总部以宋时轮、邓华第四纵队挺进冀热边区，配合冀东人民抗日大暴动；以第115师主力挺进冀鲁边，巩固与扩大山东等抗日根据地；以第129师及第115师各一部开赴冀鲁豫平原，巩固与扩大冀南、冀鲁豫抗日根据地。因而，迅速巩固与扩大了敌后华北各抗日根据地，形成广大的敌后华北抗日战场。

由于自春季以来，侵华日军不断在华北交通沿线的重要村镇散播细菌，至夏季，已致使华北抗日军民数万人被感染致病。据1938年9月22日《新华日报》记载：由于华北各铁路、公路沿线的日军，不时遭到游击部队袭击，损失甚重，行动不自由，沿线民众助攻日军，于是日军"在各重要村镇饮水井内大量散放霍乱、伤寒等病菌，故华北月来，疫病流行，势颇猖獗，我民众染疫而亡者在8月份之一个月中已达四五万人"。

请再看以下证据。

之一：据第18集团军武汉办事处奉朱德、彭德怀总司令、副总司令电，于1938年10月11日转报国民政府行政院："豫北敌以迭遭我袭击，伤亡惨重，乃在道清路两侧地

第三章 散播恶性细菌，杀害华北军民

区，滥施霍乱及疟疫病菌，民众罹毒者甚众，内黄、博爱等县尤剧，每村均有百数十人，惨绝寰宇，无复人性。"❶

之二：据孙俍工《沦陷区惨状记》1939年8月16日的记载，我军收复濮阳后，发现敌在城内向井中投各种病菌，并由井内淘得小瓷瓶甚多，中有红黄笺为赤毛染三节，经查明为伤寒菌。❷

之三：据日军俘虏萱内芳次郎的笔供，1937年10月上旬，在河北省顺德县（邢台——笔者注）盘踞时，他是橘部队行李班第3班二等兵，根据荻原曹长的命令，在柳泽上等兵指挥下，他和另外10名补充兵向房屋放火，烧毁两处共5间房。放火时，曾看见屋内有10个麻袋，当时不知装的什么东西，之后在磁县听青山军曹说，那些袋子里装的是实验虎疫（霍乱——笔者注），被害的10名中国和平居民的尸体与房屋一起被烧掉了。❸

之四：据日军战俘种村文三1954年8月31日的口供，1938年八九月间，他任野战预备病院卫生准尉时，在河南商丘县的瓜地里，将霍乱菌用注射器打入瓜内，结果当时该地区发生了严重的霍乱。❹

---

❶ 第18集团军转报国民政府行政院电，1938年10月11日，原件存中国第二历史档案馆，档案号25，3089。

❷ 孙俍工：《沦陷区惨状记》，1939年8月16日，原件存中国第二历史档案馆，档案号767，428。

❸ 萱内芳次郎的笔供，1954年9月1日，原件存中央档案馆，档案号19-2-941-1-6。

❹ 种村文三的口供，1954年8月31日，原件存中央档案馆，档案号119-2-1106-1-4。

·177·

细菌战

之五：种村文三用注射器将霍乱菌打入瓜内的严重后果，经由中国司法机关 1953 年调查取证，仅河南省商丘市受害者曹正林、陈登贤等 17 人的控诉书的统计，即有王中山、陈登修、李登德、薛玉华、张李氏、徐乾、徐张氏、郭保堂、鲁殿元之妻、杨文华之妹、陈修、陈忠、杨爱柱等 19 人被传染致死。传染霍乱病症为：得病时泻肚，越来越重，几次后像水那样的稀，继而呕吐，口干发烧，不停地急吐，声音嘶哑，说话失音，两眼塌坑，四肢抽筋，心脏衰弱而死。❶

曹正林的控诉书：

日寇 1938 年侵占我商丘地区，散布细菌。在七八月间，流行我城内，中山东三街门 33 号王中山，得病有点泻肚，越来越重，几次像水那样的稀，继而呕吐，口干发烧，喝水，不停地急吐，得病声音嘶哑，说话失音，两眼塌坑，四肢抽筋，得病不超几时，不幸而死。

中山东三街　曹正林代表代控诉（盖章）
1953 年 8 月 17 日

陈登贤的控诉书：

陈登修，住商丘北关二街 1 号，于民国二十七年（1938 年）7 月间，因日寇占据商丘，散布细菌，被传染病疾，初得泻肚，呕吐不止，继而抽筋，声音嘶哑，口渴，眼窝陷

---

❶ 河南省商丘市曹正林等民众的控诉书，1953 年，原件存中央档案馆，档案号 119-2-1106-1-6。

凹,喝了水随即就吐出,早晨得病,夜晚即死。

北关二街1号　陈登贤（指印）
1953年3月18日

张炳新的控诉书:

张李氏,住商丘城内市场街35号,于1938年得了霍乱病,吐泻不止,口发渴,喝了水就吐出,继而失音,全身抽筋,两眼窝凹陷,不解小便,心脏衰弱,结果死亡。

张炳新代诉（盖章）
1953年3月15日

徐张氏的控诉书:

徐张氏的丈夫,住商丘市第一区大同街17号,于日寇侵占商丘的那一年（1938年）得了霍乱病,泻肚呕吐不止,口渴,继而抽筋,两眼窝都塌坑啦,心里非常地衰弱,结果死亡。

徐张氏诉　张炳新代诉（盖章）
1953年3月4日

袁王氏的控诉书:

袁王氏,住商丘城内大同12街10号,女,现年63岁。我于民国二十七年（1938年）日本鬼子侵占商丘时,6月间得了霍乱病,先泻肚,又呕吐,嘴里觉着渴得很,而喝了水都得吐出来,说话音也哑啦,身上泄得都发干啦,小便不

细菌战

通,还抽筋,身上一点劲都没有啦,脉几乎都摸不到啦,我认为不能好啦,经过 4 天的样子,没死,觉着好转啦,这样我在床上躺了半个多月,才能起来。现在我知道这是受日本帝国主义所散布的细菌而传染的,他这惨无人道的兽行令人恨之入骨,现在我要控诉他。

袁王氏（指印）
1953 年 3 月 14 日

荣运兰、杨王氏控诉书:

鲁殿元之妻,住大同 2 街,于 1938 年 7 月得了霍乱病,呕吐、泻肚很厉害,抽筋,两眼窝凹陷,失音,说不出话来,结果死亡。

荣运兰、杨王氏代控诉　刘景代（盖章）
1953 年 3 月 16 日

陈登的控诉书:

陈忠,20 岁,住(商丘城内)北关 3 街,于 1938 年 7 月得了急病,泻肚、呕吐、失音、口渴,小便不通,抽筋,很厉害,一天就死啦。

陈登诉（指印）
1953 年 3 月 14 日

杨浩泉的控诉书:

杨爱柱,住商丘城内和平 3 街,于 1938 年 7 月间得了

急病,先有点泻肚,越来越厉害,继而呕吐不止,得病失音,说不出话,口发渴,喝了水就要吐出,两眼窝都塌坑,身上都发干啦,后又抽筋很厉害,就这样到第二天白天就死亡了。现在我们才知道是日本鬼子撒的细菌来暗害中国人民,这种杀人不见血的惨无人道的罪行,应予以严办。

商丘附小　杨浩泉诉（指印）
1953年8月16日

上述资料表明,日本侵华战争初期在华北地区实施的细菌战,造成民众严重病亡。

第二节　在晋察冀边区的细菌攻击

一、卫生兵要地志调查

晋察冀边区是敌后华北第一个抗日民主根据地,像一把尖刀插进侵华日军的心脏,直接威胁着敌人占领的北平、天津、张家口、太原、保定、石家庄等大中城市和平汉、平绥、津浦、北宁、正太、同蒲等主要交通线的安全。因此,被侵华日军视为心腹大患,成为日本华北派遣军进行围攻、"扫荡"和实施细菌攻击的重点地区。

实际上,日本全面侵华战争开始不久,日本华北派遣军为了准备实施细菌攻击作战,就开始了在晋察冀地区进行卫生兵要地志调查与散布细菌的各种实验活动。档案资料表明,日军每占领华北一地,都由其师团、旅团派出卫生队人员,进行当地的风、水、病等情况的调查,编写成日军作战

细菌战

所必备的卫生地志材料。据日军战俘杉下兼藏的口供：1937年10月开始直到1938年5月为止，他任日军第109师团卫生队步兵曹长时，曾做卫生调查工作，于山西省太原、忻县、五台、太谷、平遥、汾阳、交城、文水、昔阳等地，都进行了详密的调查，如风速、水速、流行病等，共写成43页的调查材料。后经卫生队浅井卫生准尉及第109师团军医部军医古贺大尉，交给第109师团山冈师团长。杉下兼藏说："调查的目的，准备撒布细菌活动之用。"❶

日军战俘吉泽行雄在1954年9月1日受审时，有如下一段口供：

1940年8月，我在轩岗镇，为了调查兵要卫生地志的资料，亲自于当地诊疗了40名老百姓所患的赤痢和斑疹伤寒的病症情况，写成材料送交独立步兵第9大队医务室，作了兵要卫生地志。这地志的内容即各地之气候、居住状况、河与井的情况、地形及每年发生最多的传染病情况。其目的是便于进行作战，作用是能掌握作战地区之卫生情况，对日军作战是有利的。❷

日军为对晋察冀边区抗日军民进行细菌攻击，不仅有计划地进行卫生兵要地志调查，同时也着手进行散布细菌的各

---

❶ 杉下兼藏的口供，1954年8月13日，原件存中央档案馆，档案号119-2-74-1-5。

❷ 吉泽行雄的口供，1954年9月1日，原件存中央档案馆，档案号119-2-732-1-5。

第三章 散播恶性细菌，杀害华北军民

种手段、方法的实验。如在冀中平原抗日民主根据地，每次日军围攻、"扫荡"之后，抗日军民必有一次流行病发生，其中最多的是回归热、霍乱。1940年，日军驻新城县一个村庄，该村坐落在大清河畔。日军为了利用大清河水的流势，使冀中抗日根据地的第十军分区发生霍乱疫情，遂在该村散布霍乱细菌，而后自行撤离该村据点。不久，这个村庄及附近大清河沿岸村庄开始流行霍乱，还传染到第十军分区根据地内。但冀中军区及早发现了敌人的图谋，抗日部队并没有很快进入该村庄。日军还经常派出特务人员，走街串巷，在村庄、井水、食物里散布各种细菌。为防特务放毒菌，冀中各村庄民众都在水井之上加了盖子，派民兵把守。冀中卫生部部长顾正钧曾为此发表了以《粉碎日寇细菌攻势》为题的文章，刊载在《前线报》及《冀中导报》上，号召冀中军民紧急动员起来，粉碎敌人惨无人道的细菌战术。1942年春，冀中公安局捕获了日本在华特务机关长大本清，他的供词证实了日军进行各种细菌攻击实验的罪恶事实。大本清供认：

  日本在华北的北平、天津、大同等地，都有制造细菌的场所。日军中经常配属有携带大量鼠疫、伤寒、霍乱等菌种的专门人员，只要有命令就可以施放。当时冀中形势是敌我犬牙交错，所以只是一些试验，不能大量使用，只等把八路军压缩到山地或日本军队撤退时，才大规模地采用细菌战术。

  在日本军队内，也装备着大量的毒气及破坏农作物的毒菌，以及破坏视力、听力、致哑、障碍运动等不同性质的毒

药。但是利用中国人去施放毒药,收效不大,日本军队正在训练日籍的放毒人员,准备利用一切方法,进入根据地大量施放。

大本清的供词中还写道:

日军为避免这种罪行暴露于世,关于施放菌毒的文件,只有大佐以上的军官才有资格阅读,有的连大佐也不让知道。并在每个文件的末尾,都写有"阅后焚烧"的字样。❶

上述日军战俘的供词表明,日军进行卫生兵要地志调查与散布细菌的各种实验,其目的是为日军实施细菌攻击作战而服务,既有利于日军散布细菌,掩盖其罪恶事实,大量杀害抗日根据地军民,又有利于日军的自身防护,以防范细菌返回传染的危险。

二、在冀中区的细菌攻击

在进行卫生兵要地志的调查与细菌攻击的各种实验的基础之上,从1941年起,日军在晋察冀边区的细菌战有了新的发展,而冀中地区首当其冲。

在第一次"治安强化运动"期间,日军细菌战部队加强了对晋察冀边区的细菌攻击。当时,日本侵略者为确保平、津、保三角地区的安全,尤其加紧了对冀中第十军分区的军

---

❶ 石桥揭露日军部在定县施放细菌,1950年,原件存中央档案馆,档案号119-2,第163-164页。

第三章 散播恶性细菌，杀害华北军民

事进攻与细菌攻击作战。据佟愚恒1950年2月9日的控诉书：

1941年，在冀中十分区（平、津、保三角地区），敌人为确保这一地区，不仅用军事的手段想赶走我们的武装力量，而且也用细菌战来对付我们。是年夏季，分区司令部警卫连百分之九十以上的人发生回归热病，连派去治疗的两个医生中也有一个受了传染。该连疾病为暴发性的，同时在各班排发现，甚为可疑。后来才知道，该连在疾病发生前，在入伍的新兵中有一个奸特分子，他鬼鬼祟祟，装疯卖傻到各班乱串，不到一周就逃亡了。该人逃亡后，该连即发现回归热。❶

据河北省军区卫生部1950年2月23日整理的《关于日军细菌战罪行材料》❷，王洁斋科长讲："1941年在定县活动的22团，有回归热和诊断不明的热性病发生，一个营一天就有20位至30位同志病倒。"这两份控诉、揭发材料均认为：根据疾病暴发程度，以及后来公安机关曾抓获的到根据地放虱子的特务分子交代，日寇用细菌战毒害我们是无疑的。

此后，日军细菌战部队对冀中地区的攻击，不仅继续使用疟疾、回归热病菌，而且越来越多地使用鼠疫、霍乱、伤

---

❶ 佟愚恒控诉日军施放细菌的罪行，1950年2月9日，原件存中央档案馆，档案号149-2，第164页。

❷ 河北省军区卫生部整理《关于日军细菌战罪行材料》，1950年2月23日，原件存中央档案馆，档案号149-2，第165-167页。

细菌战

寒等恶性传染病菌。据1942年3月下旬《战时防疫联合办事处疫情旬报》第3号的记载：

×××（彭德怀）副司令3月8日电，据×××（晋察冀）军区司令×××（聂荣臻）称：敌寇近日于冀中"扫荡"战中，散布身带病菌之鼠于各地，该鼠均不畏猫，行走至为迟缓，病态甚重，死后身有红色斑点，据实验结果，该项病鼠确系带有出血性败血症鼠疫病菌。敌寇散发此种恶性病菌于我抗日根据地之阴谋，至为毒辣，幸我发现较早，未致蔓延。❶

再回顾一下当时报刊有关报道吧。

《解放日报》1942年2月28日报道："月前，敌'扫荡'定县撤退之后，八路军在油味村之厕所及地沟内发现老鼠甚多。死老鼠尸体多现红点，四肢弯曲；活老鼠则缓缓爬行，奄奄待毙。经用显微镜检查及化验结果，断定此为敌人惨无人道、欲图消灭抗日根据地全体军民所施放之疫鼠。八路军当即一面向军民解释，一面严密封锁该地，扑灭该种疫鼠，以防传染。同时向冀中全体民众宣传敌寇之惨毒阴谋，发动群众不为敌人捕鼠，粉碎敌人近日在各地向群众按户要鼠或购买老鼠，以注射疫菌到处施放之计划。"3月15日，该报又载文："此次敌在冀中各地均散放疫菌，企图毒害我军民。前次除在油坊村发现敌人留置之疫鼠外，今又在韩口

---

❶ 战时防疫联合办事处疫情旬报，1942年3月下旬，第3号，原件存中国第二历史档案馆，档案号476，198。

地区发现敌人所投之鼠疫菌。猪传染鼠疫后,浑身发烧战栗,两耳下垂,眼睛上吊,号叫不止,三日后即死去。有猫8只吃疫鼠后,全身染红斑点后死亡。我已将此地区封锁,急派医疗人员前往消灭鼠疫,并唤起冀中全体军民,注意敌寇此种惨无人道之暴行。"3月28日,该报继续载文:"敌2月'扫荡'我冀中正定、无极地区,曾放带有鼠疫杆菌的疫鼠甚多。'扫荡'太行区时,亦曾在晋中武乡地区散发该种疫鼠。本月以来,敌'扫荡'我冀南地区及冀鲁豫边区,亦曾施放。"并指出"日寇阴谋,本已险恶,现更用毒攻。我们应加警惕"。

《新华日报》1942年7月20日报道:"敌寇迭在我游击区内,投放糜烂性毒气、鼠疫菌。3月间冀中无极、深泽,4月间在清漳河下游武乡一带,均曾发现敌在'扫荡'败溃后投放此类毒物。"

《晋察冀日报》1942年11月10日报道:"易县城之敌,近来在县城四关及附近村庄,将所有的牛、驴、骡、马、猪、羊、鸡,借口'防瘟'实行注射。但注射后立即肿起,不吃、不喝,现大部分都死掉了。"

《抗战日报》1944年11月18日报道:"近来晋察冀各地疟疾、痢疾流行,其中有严重者以平山某村病人达三分之一,甚至到二分之一,井陉8个村的病人占总人口百分之二十二,满城5个村共有病人440人,徐水某村病人达总数百分之七十,有的村庄一天死三四个人,完县西朝阳仅儿童即病了200多人,平北涞水紫石口村也病了三分之一的人。"

前述河北省军区卫生部整理的《关于日军细菌战罪行材料》,较为详细地记录了日军在定县地区实施鼠疫菌攻击作

细菌战

战所造成的惨状：

军区卫生部警卫员贾万福，系定县南部油味村人。他在1943年三四月间，曾看到日寇数次到村里"扫荡"、搜查，曾亲眼看到日军离去后丢在街上、胡同里的死鼠，还有不少活鼠在街上跑。当时，老乡们响应上级号召，家家都想尽办法捕鼠，并互相询问捕鼠数量。医院医训队学员马书耀的姨母住在油味村，当时得病两天就死了。据当时统计，得病不几天而死有70人之多。马书耀也证实以前敌人几乎天天到村里去，但以后就不去了。以上，与冀中第七军分区卫生机关发现定县南部有带病源的老鼠正是同时。军区医训队学员王士勋，是西内堡人，他证明，在油味村附近的西城村，深泽县的西内堡、杨村，亦有相似之事情发生，那时政府及驻军也号召大力捕鼠，并派有防疫队。

三、在灵寿、阜平等地的鼠疫攻击

在中国抗日战争的相持阶段，日军对晋察冀边区抗日民主根据地变本加厉地实施"杀光、烧光、抢光"的"三光"政策，散播细菌更广泛，更频繁，更针对抗日人民大众，特别在晋察冀边区的中心区域，加紧了鼠疫菌的散播和攻击。

据河北省军区卫生部1950年2月23日整理《关于日军细菌战罪行材料》的记载，1943年4月，日军在冀西的灵寿县上、下石门村等地散播了带鼠疫菌的疫鼠，给当地军民造成严重灾难。军区医训队学员赵清和，1943年在晋察冀军区第八区队当卫生员，他谈了敌人在灵寿县上石门村、下石

第三章 散播恶性细菌，杀害华北军民

门村、吕生庄、西岔头、万司言一带放鼠疫菌的情形：

1943年春季，日寇向我灵寿部队侵袭，4月份战斗结束，上、下石门村先发现有病鼠死在街道上，到处都有老鼠跳蚤。开始有几个儿童病死，以后老少发病很多。上、下石门共200多户，最厉害时每天就有40到60个人病死。主要病情是高热、鼻出血、头痛、股淋巴结肿大。随后吕生庄也发生了。万司言村流行也较严重，该村只有70多户，每天竟有10人至20人病死。流行最猖獗的时候是4至5月。当时，万司言村驻有我第八区队团部及卫生队共70多人，得病而死者即14人之多（警卫排11人，卫生队3人）。赵清和当时也得了病，因发现早，经抢救幸免于死。

此外，万司言村北边的寺院，驻有我第八区队两个连，磁河以南的上、下梯子村驻有两个连，亦有发生，但流行不像上、下石门及万司言村严重。

以上第八区队一个团部、四个连共发生鼠疫病80名左右，死亡者36人。❶

20世纪50年代初，中华人民共和国在审判日本战犯期间，日军战俘菊地修一于1954年写了《以武装掩护散布细菌罪恶的反省》❷，供认在1942年日军制造晋东北"无人

---

❶ 河北省军区卫生部整理《关于日军细菌战罪行材料》，1950年2月23日，原件存中央档案馆，档案号149－2，第165－167页。

❷ 菊地修一：《以武装掩护散布细菌罪恶的反省》，1954年，原件存中央档案馆，档案号119－2－12－2－13。

细菌战

区"期间，他曾奉命以武装掩护细菌组，先后三次在五台、阜平地区散布带鼠疫菌的疫鼠。

菊地修一在反省材料中，写出了散播鼠疫菌的内情：

我于1942年7月，以华北派遣独立混成第3旅团独立步兵第7大队（大队长：斋藤严郎中佐）中尉第1中队长的身份驻屯在山西省神池县城。当时，有独立混成第3旅团独立步兵第8大队长藏重某指挥大队主力，为了扩大独立混成第3旅团于1941年秋在五台地区对以阜平地区为根据地的八路军实行经济封锁、断绝交通及防阻攻击而制造"无人区"的目的，又实施了对五台地区的"扫荡"作战。我根据独立混成第3旅团长毛利秉宏少将的"在独立步兵第8大队长的指挥下参加该次作战"的命令和"首先向崞县（独立混成第3旅团司令部的驻地）前进"的指示，指挥部下约80名向崞县城前进。翌日10时许，在独立混成第3旅团司令部由高级参谋若山某中佐直接以口头下达了如下的命令："为了撒布细菌进行准备。"若山对我说："由第1军司令部（驻于太原）派来了细菌组，保护他们去五台县城，以后入独立步兵第8大队长藏重某的指挥下。详细的指示已电示藏重大队长了。又要捕获撒布细菌用的老鼠送交旅团的医务室。"我马上令部下捕鼠，同时，又到在崞县城里驻屯的独立混成第3旅团通信队，托付队长龙泽菊太郎中尉捕鼠。以后，就到旅团的医务室，在医务室里有两个笼子，其中各装有两只细菌鼠。综合听旅团军医及部下大野辰弥曹长、细菌组的人的谈论，在太原的第1军司令部进行各种细菌的研究，并实验效果。这次带来的细菌鼠也是在太原培养的，把

第三章 散播恶性细菌，杀害华北军民

普通的老鼠和细菌放在一块儿的话，过了1天至3天，通过鼠共同在一起吃东西就能传染；把这个（被传染的细菌鼠）放出去，以细菌鼠吃的食物等为媒介可以传染人。我的中队和通信队共约捉到了5只鼠，送交医务室。次日，保护着细菌组人员2名（日军军曹1名，军属1名），由崞县乘火车向五台县河边村前进，在东冶镇住了一宿后，把部下两个分队分别配置在东冶县和东冶县至五台县城中间。其后，我亲自把细菌组的2人引到城内独立步兵第8大队本部军医铃木某中尉那里。以后听说细菌组在五台城培养细菌鼠。

接着，菊地修一写出了连续三次散布带鼠疫菌的疫鼠的实情：

1942年7月中旬，我奉正在"扫荡"五台县台怀镇附近的山岳地区的独立步兵第8大队长的命令，将一部分兵力留在五台县城，指挥着主力约50名由五台县城出发向五台县豆村镇前进，和在田家庄担任警备的独立步兵第8大队的某中队作了接替，对附近实施"清剿"。以后，根据在五台城内驻扎的独立混成第3旅团的联络军官传来的命令，保护细菌组的一名军曹，把他送到第一线部队独立步兵第8大队长那里了。在该地区的撒布细菌鼠的情况不明。

以后，又根据五台城的旅团联络军官的电报命令，指挥部下约50名保护细菌组的另一名，于7月中旬的一天早晨，由田家庄出发，到了五台县长畛、麻子岗，在10时至11时之间，在村中民房内，由细菌组放了至少4只细菌鼠。其间，我还亲眼看到于麻子岗放的一只细菌鼠在村民家内的土

· 191 ·

细菌战

窨中很慢地游跑。随后,中队即返回田家庄。当时长畛、麻子岗附近是所谓交错地区,有部分居民住着。

以后于 7 月中旬,指挥部下 50 名到长畛附近实施"清剿",11 时许到了长畛。这时几乎已没有居民居住。就是这时候,根据旅团联络军官的命令由留守在田家庄的独立步兵第 8 大队某中队的军官,指挥兵约 10 名保护着细菌组的 1 人来到长畛,传达了把剩下的细菌鼠(数目不明,但至少有 2 只)放掉的指示。我于 12 时由长畛出发,向长畛东北方约 4 公里的某村前进,主力在村外停止,以一部兵力保护细菌组侵入村中,细菌组放了至少 2 只细菌鼠,马上按原路返回了田家庄。

日军在"扫荡"、制造"无人区"的战斗中,连续三次散布带鼠疫菌的疫鼠,使鼠疫恶性传染病在晋察冀边区的五台、阜平地区传播流行起来。菊地修一在《以武装掩护散布细菌罪恶的反省》中是这样写的:

其结果,使 3 岁到 70 余岁的麻子岗的男女居民 68 名患病,其中 48 名病死。在苏子坡,有因制造了"无人区"而从豆村镇东南方地区强制移来的居民约 300 名居住着,居民对苏子坡撒布细菌的情况不明。铃木军医中尉指挥卫生兵 3 名视察居民患病情况,又使我的部下指挥班长视察情况,综合军医和指挥班长的谈话:患病的居民最初呈示如同伤风样的症候,头很痛,两三天后即不能动,7 天前后就死亡了。我到达苏子坡的次日午前,有一名居民在苦闷中死去。铃木军医命令烧掉尸体时,我派遣指挥班长以一个分队在苏子坡西北侧高台上,浇上汽油烧掉了。当时尚有患病的居民 10

第三章 散播恶性细菌，杀害华北军民

余名。次日又有一名居民死亡，仍以上述方法在村西北侧高台把尸体烧化了。在苏子坡驻了4天后，我保护的军医等人返回五台城，此后经东冶、河边村、定襄返回了神池县城。根据1942年9月在神池县城听到的情况，该传染病又蔓延到五台县城附近，五台的独立步兵第8大队还采取了防疫措施，但情况不明。又关于患病的居民数也不明。又听说在参加该防疫措施卫生人员中有2名卫生兵患病，入了崞县旅团司令部的医务室，并有一名死亡。

中华人民共和国成立初期，对日本侵华战犯进行了审判，人民政府按照司法规程对上述菊地修一散布鼠疫病菌的犯罪事实进行了深入的调查取证。山西省五台县西坡乡麻子岗村张英南等于1954年12月21日提起控诉书。[1] 该控诉书说：

1942年6月间（阴历），驻田家村之日军约50多名，来我村活动。日军走后十来天，我村便发生了严重的病疫。当时全村118人中，就有48人患传染病。凡病者，皆头痛，全身发冷发热，约六七天之后便死亡，结果死了35人。安四元等家都死绝了，孙金元家11口人有8人得病，5人死亡。

关于麻子岗村居民的死亡发生的原因，山西医学院内科传染病学副教授何其英、山西医学院内科学讲师曹鸿山进行

---

[1] 山西省西坡乡麻子岗村张英南等控诉书，1954年12月21日，原件存中央档案馆，档案号119-2-12-11-149。

细菌战

医学鉴定，并于 1956 年 5 月 13 日写出了《医学鉴定书》。[1] 此鉴定书说："我们于 1956 年 4 月 2 日接到山西省人民检察院聘请书，被聘请对前日本陆军独立混成第 3 旅团第 7 大队第 1 中队中尉中队长菊地修一，于 1942 年 7 月掩护第 1 军细菌组人员，在山西省五台县麻子岗村施放带有病菌的老鼠，致使和平居民发生严重疾病一案，进行医学鉴定，以确定疾病的种类及其发生的原因。"

此鉴定书，详细说明了鉴定经过：

根据当时患病的张周保、目睹发病情况者孙详金及抗日政府派去进行抢救和防疫的中医韩喜清（西亭）等人的证词，和被告人菊地修一的供词，以及有关材料，说明了日本陆军第 1 军细菌组人员，曾于 1942 年 7 月在山西省五台县麻子岗村施放了带有病菌的老鼠。以后 10 日左右，在该村发现第一个患者安四元，翌日，又有第二个人发病，以后就迅速蔓延。在短短一个月多些的时间内，被感染患病者即有 48 人，其中死了 35 人。在发现疾病后，抗日政府立即派去医师进行抢救、隔离、消毒以及火烧等积极的措施，才杜绝了疾病的继续发生。

患者病状的开始，都是非常急剧，恶寒、高热、头晕，呈急性重症病容，颜面暗红色或发青，部分病人有极显著的鼠蹊淋巴结红肿，意识迅速陷于不清，瞻妄、吐黄水、死亡

---

[1] 山西医学院内科传染病学副教授何其英、山西医学院内科学讲师曹鸿山：《医学鉴定书》，1956 年 5 月 13 日，原件存中央档案馆，档案号 119－2－12－14－12。

第三章 散播恶性细菌，杀害华北军民

前有吐血或咯血，部分病人并有黑色稀便。绝大多数病人均于2至4日内死亡，并有暗红色血液从口内流出。张周保还亲自向我们口述他母亲郑海些病死时，他表姐孙牡丹曾帮助装殓埋葬，第三日亦即发病，又隔三日孙牡丹之子安三小、安贵和亦相继发病，均迅速死亡。根据以上材料，可以看出1942年7月，在山西省五台县麻子岗村所发生的疾病，是一种烈性传染病，其临床症状与鼠疫完全符合。

此鉴定书作出如下结论：

据所查的历史材料记载及当地居民和医师们的回忆，在该地并未有过鼠疫流行。同时，根据供词和证词材料，带菌物是老鼠，从放带菌鼠到发现第一个病人是10天左右。因此，可以得出以下结论：1942年7月，在山西省五台县麻子岗村所发生的这种疾病，是人工散布带有鼠疫病菌的老鼠所造成的鼠疫病流行。

当山西省五台县麻子岗村突发急性疫病之际，中医韩西亭（喜清）曾受抗日政府委派，在麻子岗村救治被传染发病的民众。韩西亭在关于菊地修一在麻子岗散布细菌的证明书❶中说：1942年7月间，据守五台县田家村据点的日本侵略军中队长菊地修一，指挥所部配合日军第1军司令部细菌人员，于麻子岗滋扰并散布细菌，10余天后该村即突然发现

---

❶ 韩西亭中医的证明书及以下麻子岗村民众发病死亡调查表，原件均存中央档案馆，档案号119-2-12-10-116。

急性疫病。在一个月内发病的48人，死去35人，且死得很快。这种病状当地历史上是从来没有过的。韩西亭作为一名中医，具体地写出了当时诊视的结果：

症状：初病，头疼、高烧、浑身骨节酸痛、面色青紫、呕吐黄水，继而腹泻，即晕迷不醒，有说胡话，过五六天即吐黑汁，肚子一疼即腹泻黑腥汁，不久即死。这系中毒肠胃出血现象。

脉象：初病，六脉洪大，过三四天即脉眩短促，随后逐渐转入沉细，脉眩短促时即吐黑汁，随后六脉转入沉细时即肠痛泻黑腥汁而死。这也是中毒的脉象。

当时本人鉴别：根据症状，头疼、高烧、骨节酸痛、面色青紫、晕迷不醒、说胡话，类似瘟症伤寒，但无吐黄水和腹泻现象，更没有吐泻黑汁的症状，而且死得很快，吐泻黑汁即是中毒肠胃出血，属于败血性的出血现象。

按脉象来说，初病人脉洪大，很快就变成促脉，即是中毒后剧烈性的败血脉象，又由短促而转向沉细，系血球被毒菌吸收减耗，肠胃发生溃疡，因而肠胃出败血，这种病况很少见、稀有。

韩西亭在证明书中肯定："本人用最大的努力急救，但由于病情严重，被传染的48人中，仅救好了13人，35人死亡，其中安四元等两户死绝人烟，造成了家败人亡的恶果。这种杀人不见血的罪恶，菊地修一应当负责。"

附：麻子岗村民众1942年7～8月发病及死亡调查表

（1954年5月20日）

表3-1 麻子岗村民众1942年7~8月发病及死亡调查表
（1954年5月20日）

单位：人

姓名	安金常	孙本杨	张玉三	安二敷	孙四明	孙康四	白二全	安计黑	张元青	张上景	郑怀边	张红成	安七德	钱年元	郑肉民	白开元	合计
人口	4	11	4	6	2	7	2	5	6	5	4	4	4	1	1	3	2	118
病人	3	8	3	4	1	3	1	5	5	4	3	4	1	1	1	2	1	48*
死亡	3	5	3	2	1	1	1	1	4	2	3	1	1	1		1		30
发病日期																		

姓名	张庆开	张计成	郑同年	张丙万	张丕英	张存杨	孙生金	郑二	合郑	五郑	二郑	清元	白南	看孙	毛元	白五	
人口	6	2	5	5	2	5	4	4	4	4	3	3	2	3			
备考	东会村羊工金丕年	西会村雇工温会海	蒋坊外甥王三小	婆婆沟亲戚一个	少军梁小兄郑白戈	此5人均系苏子岗扛工和探病而死的											外村死 5
调查登记人	张星（盖章）																

注：*经查档案原件，原文如此，疑应为49——笔者注。

山西省五台县人民政府根据以上群众的控诉、司法机关的查证和医学部门的医学鉴定，于1954年12月23日，正式作出了如下对菊地修一罪行的鉴定书：

细菌战

五台县人民政府于 1954 年 12 月 21 日收到麻子岗村村民张英南等人的控诉材料,控诉日军在该村散布细菌的罪行,致使该村有 48 人得急性传染病,35 人死亡。经本政府特派王凤槐同志前往调查证实,事实完全属实,确系日军散布细菌所造成。❶

四、在山西盂县的细菌攻击

山西省盂县,地处太行山西侧,高山层叠,地势险峻,在晋察冀边区抗日斗争中发挥了重要作用,是日军实施"三光"政策与细菌攻击作战的重灾区之一。据郑爱芝在她的家乡山西盂县所作的《细菌战、毒气战伤害的特别调查》,❷侵华日军驻扎盂县期间,共制造了重大惨案 237 起。其中,活川口村在 1940 年 8 月 8 日有 106 人被日军杀害。1941 年 1 月 11 日,张家瑙村 36 人被日军熏死在土窖里,9 人被杀死。1941 年 8 月,东庄头 60 个村民被日兵屠杀。1945 年 6 月 14 日,大西庄村 56 个村民被熏死在洞内。当年日军"北支"(甲)1855 部队下属的太原防疫给水部用细菌战、毒气弹,致盂县 1942~1945 年,16 万人中 95% 的人染病,4 万余人死亡(其中 1.1 万人被日军杀害)。在以后的岁月里,因日军细菌战、毒气战所致各类癌症、心脏病、肺心病、高

---

❶ 五台县人民政府对菊地修一罪行的鉴定书,1954 年 12 月 23 日,原件存中央档案馆,档案号 119 - 2 - 12 - 11 - 149。

❷ 谢忠厚、张瑞智、田苏苏:《日本侵略华北罪行档案 5·细菌战》,河北人民出版社 2005 年版,第 349 - 358 页。

第三章 散播恶性细菌，杀害华北军民

血压、半身麻木及肠道疾病的人陆续死亡，现在活着的人不足当年人口的10%，活着的人中，当年患的怪病在60余年的迁延中病情仍在加剧。

郑爱芝1969年从内蒙古集宁市返回故乡插队，到1977年3月调到陕西省宝鸡市渭滨区政府工作。她的妹妹郑梅，于2001年在浙江省参加了义乌市组织的声讨日本侵华期间对我国军民实施细菌战的万人签名活动。当郑梅将她们的父亲郑年壁受日军毒气弹伤害60多年不愈的双腿照片交给组委会，并由新华社发表之后，立即与王选女士建立起密切联系。当年秋季，郑爱芝返回故乡，在母亲和父亲的出生地山西省盂县上社镇上社村和上社镇池盆村展开调查。经过三年的访问、取证，郑爱芝作为86名受害者的代表，于2003年10月10日写成了上面的特别调查一文，负责任地向世人宣布了上述侵华日军在盂县的罪行。

郑爱芝在特别调查中，首先写出了她回故里家中的所见所闻。那是2001年9月，正值秋收大忙时节，她带着74岁高龄的母亲由陕西省宝鸡市返回故里。母亲与三舅、舅母的相聚是令人感动和心碎的，母亲60年不愈嘶哑着嗓子，三舅被日军砸折的腰弯曲着，舅母只能歪斜着身体，他们都是当年劫后余生的历史见证人，他们追忆着当年的苦难，回忆着一个个亲人在死亡线上挣扎，最后一个个惨死的情景。当年8口之家，只剩下了三舅及母亲2人。

郑爱芝在故乡调查发生于1942~1945年的情况，在村委会的办公室里，来了40多名70岁以上的老人。一位位长者讲述了让人永远无法忘记的可怕记忆。

1940年八路军进行"百团大战"期间，盂县是主要战场之一，敌我双方曾多次激战。1941年秋季，日军对晋察冀抗日根据地进行疯狂的报复大"扫荡"，当时盂县全县531个村庄有275个村庄被划为"无人区"，实行惨无人道的烧光、杀光、抢光的"三光"政策。郑爱芝的父亲所在的村庄被划入"无人区"范围。日军混成第9旅团片山兵团返回上社镇，在阳泉通往石家庄、五台山的公路边的风坡山上修筑碉堡。从这个时候起，这里就成了日本兵的杀人场，成了中国老百姓的人间地狱。

　　风坡山在四条沟四面山的中间，居高临下，可以监视各方。为了在山上修筑碉堡，日军逼迫被抓来的劳工从山下扛着石头，沿着崎岖难行的近70度坡度的坡道运送到山顶。日军小队长毛利人称"毛驴太君"，是个毒辣凶险的家伙。日本兵用枪托朝每个干活的人身上乱击，多少人被推下山去活活摔死，多少人身上留下了永恒的疤痕。日本兵把郑爱芝的姥爷及另外11个人用一根绳子拴住，往县城扛运不堪重负的物资。这些衣衫破烂、遍体鳞伤的庄稼人，送到物资的当天连一口水都没给喝，立刻拉到城北河滩上用机枪扫射，10人被当场打死，她的姥爷在死人堆里一直熬到天黑，带着枪伤爬了60里地回到家里。半个月后，姥爷伤口溃脓，肩膀伤口处的骨头都露了出来，在极度痛苦中死去了。姥爷去世后，气愤不已的大舅投奔了八路军，1944年在对日作战中牺牲了。1941年秋冬季，在拉劳工修碉堡的几个月里，她的二舅被日军用枪托将脚踝砸断，成了残疾人。她的三舅给日本兵洗澡的澡堂挑水，在坑洼不平的石头铺的街面，三舅因发烧浑身颤抖，满满的两桶水被重重地摔在地上，人被磕得鲜血淋漓，持枪紧跟在后面的日本兵不由分说，用枪托在三舅的腰部猛击，三舅昏死了过去，被乡亲们抬回家，三天昏迷不醒，后又被抬到山沟的土窑里等死，在人们以为他不行了的时候，他慢慢地活了过来，在山里待了两年，保住了性命，但腰永远直不起来了。

郑爱芝在这份特别调查中，详细地查明了日军在盂县地区实施细菌和毒气攻击的犯罪事实。关于当时的斗争环境，她写道：

驻扎在风坡山上的日军，沿上社村挖了一条深沟，只有一个出口，用铁丝网隔开，太阳一下山，人就回不了村，就这样，日本兵仍不放心，晚上只要谁家的窗口露出一点灯光，炮弹就打过来了，有时漫无目标地乱打炮，有12个人被炮打死了。于是，人们开始外逃，躲到四条沟的各个小村庄，在山上的山洞里，在土洞里，有的在空墓中藏身。正是从这个时候起，在距离上社村有28华里的山区池盆村成了人们逃难最好的选择。池盆村，是郑爱芝的爷爷居住的地方，也是她父亲及四个兄弟及一个妹妹生长的地方，崎岖难行的小山路一直往东延伸，路越走越窄，在两山交合处，形成了一个小山沟，一个人可以过去，马队及部队要想通过就十分困难。日本兵怕山路的顶部有埋伏，不敢轻易前来，正是这样，这个小山村一下子人口剧增，在这个原来只有180人的小山村里，最多时有近千人居住，山沟里、树丛中也挤满了逃难的人。当时，八路军的老4团、24团都曾在这里休整过，山头上有消息树，只要风坡山上的日军成队形一下山，在几分钟内消息树就会倒下，短短一会儿时间，村子就空了，人们躲在树丛中，日本兵每次来这里，都是扑个空。

细菌战

郑爱芝在特别调查中，详细地记录了日军在 1942 年夏天向池盆村一带散播伤寒细菌的情景：

1942 年初夏时分，天刚刚热起来，一天上午，消息树倒了，人们开始向山中树林深处逃避去了，近中午时分，人们透过树丛，可以看见二十几个骑马的日本兵和伪军出现在村子里，可以看见他们一家一户地进去，不久又将能抢的东西拿上，没有像以往那样烧房子，他们就让人出乎意料地撤了。人们提着的心慢慢地放下了，当消息树重新立起来后，人们开始从山上拖儿带女、大包小包地背着东西回村了。仅仅几天工夫时间，早晨起来已没有了往日的炊烟，一个个村里的人，包括在这里逃难的人，除了两个人外，全部病倒了。每个人都是在发烧，把能盖在身上的东西都压在身上，仍然颤抖不已，头疼、头昏、呕吐不止，到了第二天，人已四肢病痛，呼吸急促。两个当时没病的人中，就有一个是我的母亲，她将水烧好，四处给人送去，并且给一个个人喂点水，但水一下肚，立刻又吐了出来。第三天，郑爱芝父亲的奶奶就死了。紧接着，一个个年老体弱的和小孩开始死亡，20 多个人在短短的几天内就这样死去了。刹那间，这个村成了瘟疫横行的死亡村，逃难的人家开始走了。在这段悲惨的日子里，人的心里充满了恐惧，充满了绝望。一家人都躺在了炕上，死去的亲人，人们都没有办法进行处理，和已断气的亲人躺在一起，当高烧过去，人清醒点的时候，能爬得动的人将亲人从炕上拖下来。天气热了，死了的人，第二天已发出难闻的臭味，大伙用最原始最无奈的办法，在院子的什

第三章 散播恶性细菌，杀害华北军民

么角落处或崖边放下，连用土将亲人掩埋住都成了当时人们的一种奢望。小小的一个村庄，20多天过去了，身体强壮点的人可以扶着墙走路了，死去的人才能被草草掩埋了。人们一个个拖着病体，在阳光下晒着太阳，他们已没有了劳动的能力，种下的庄稼没人照料，草长得比庄稼还高。40天左右后，大部分青壮年身体开始有了生机。在1942年的夏天，池盆村23人死去了，其中也有逃难在这里的人。这种病，后来被人称为"伤寒"。

接着，郑爱芝在特别调查中记录了1942年8月日军在这里制造疟疾的惨景：

人们从伤寒的恐惧中还没有缓过神来，8月上旬，当时八路军的一个团还在村里驻扎着，日本的飞机在空中沿着山间飞来飞去。没过几天，大规模的另一种病又铺天盖地而来，全村的人连同部队的战士都病了。每天中午时分，人开始发冷，太阳当空照着，部队的战士挤成一堆，颤抖着，牙齿相互磕着，发出"咯咯"的响声；而村里的百姓每天的这个时间就钻进了被子里，等着一天一次的发作。冷得彻骨难耐，就像数九天掉到了冰窖里。等冷的感觉刚一消失，热的感觉立刻就到了，所有的人都用冷水浇头，喝从山里流出的冰凉的山泉水。等热的感觉也消失了的时候，人很疲乏。部队上的战士有的打奎宁针，但仍不能消除病症。大家称这种病叫"打摆子"。当时有人说尿锈可以治病，结果，家家户户的尿盆被刮得干干净净，用开水冲尿锈，白色的泡沫腾出水面，一股酸臭味让人恶心，但为了治病，人们都要喝这种

细菌战

水。日本兵来村"扫荡"的次数明显少了。这一年，庄稼荒在了地里，只有核桃树还像往年一样硕果累累。往年这个时候，小伙子一纵身就可以攀登上去，站在树干上，用细长的木棍将核桃敲打下来，全村的人在不同的地方相互吆喝着，忙碌着，到处充满了丰收的喜悦。1942年却是另一番景象，没人能上得了树，只有在树下举竿打，只几下，一个个已是大汗淋漓，对挂在高处的只能是望核桃兴叹，人们只能零散地收核桃。

1942年秋天，日军飞机向池盆村一带散播芥子毒气，给抗日民众造成了长久的"脓胞疥"严重病患。郑爱芝的特别调查是这样写的：

秋末的一天，天空中出现了日军的飞机，沿沟飞行，日本国的药膏图案刺眼地印在机身上，飞机的尾部有黑黄色浓浓的烟冒着，在天上飞来飞去。没有两天，全村的人都害了红眼，眼角刺痛；再过了一两天，人们的双手指缝开始奇痒，用手一抓，形成了沿指缝间的白色的串串泡，白泡钻心地痒，再抓白泡越变越大，里面的水变成黄色；不久水泡破了，黄色的水流到哪儿哪儿奇痒，三四天后，人的腰间开始奇痒，很快蔓延到全身。尤其是双腿间，烂得一塌糊涂，人连穿衣服都成了撕心裂肺的事。怕日本人偷袭，又不敢住在家里，在潮湿的山洞里，在空坟中，人们过着生不如死的日子，没有收的庄稼和核桃烂在了地里。当时，年仅16岁的父亲，三种病一次都没逃得过，当时被人们称为"脓胞疥"的病整整害了两年，最严重的一年中，连路都走不成，双腿

第三章 散播恶性细菌，杀害华北军民

间的疮每迈一步路都像被刀割般的痛苦。人们当时认为是躲日本兵在山里东躲西藏的日子太长了，潮湿过度患的病，有人讲用已腐烂了的棺材板在火上烤热了往伤口上热敷能治病，一时间，烂棺材板成了大家四处寻找的目标，一天到晚，到处冒着怪臭味的烟。据人们回忆，郑九升当时年仅40多岁，论辈数是我父亲的本家叔父，伤口烂得骨头外露，在非人的折磨中哀嚎声让人心碎，他在1943年死了，死时的痛苦表情，是每个见过他最后一面的人永远都不会忘记的。我这次到了他生前住过的地方，看到房子已全部倒塌，草长得有房子一样高，荒凉中透着凄惨。

郑爱芝聆听着乡亲们永远不会忘记的回忆，当时，她在想些什么呢？她在特别调查中写有这样一段话：

人们的回忆，让我浑身起了一层鸡皮疙瘩，毛发都竖了起来。我无法体会到当时人们的痛苦，但却感到了现在活着的人对这段历史刻骨铭心的记忆。这段悲惨日子里，人们表皮的伤害是一个方面，而哪一个方面呢？村子里的人头痛头晕神志不清的、胸闷气短的、心慌无力的、拉肚子的、声音嘶哑说不出话来的，各种各样的疾病缠上了这些人，病得五花八门。尤其后来诊断出的肺气肿、心脏病、癌症、高血压及半身麻木、拉肚子等。当时在民间一首悲哀的民歌传开了："伤寒团，摆子队，抓疥立起委员会。""疥是一条龙，先从手上行，腰里缠三遭，腿根扎个营。"直到今天，人们才清楚了日军用了比刀更残忍的办法屠杀无辜的百姓，制造了旷世罕见的屠杀场面。当时是村村都有死人沟，家家有死

细菌战

人,户户传哭声。死人已成了普遍的现象。人们已经对死麻木了,感觉到死了才解脱了,而活着的人却遭着无尽的罪。

郑爱芝在特别调查中,还特别记录了以下两段文字:

盂县已退休的人大副主任韩承清回忆说:1941年的秋天的一个清晨,他看过一个穿黄衣服的人到他们全村人喝水的泉水边,一晃便走了,他跑过去看到一堆沉在泉水底的褐黄色的东西,他那时还小,不知道怎么回事,但从第二天开始,他们村开始死人,死的痛苦万状,口鼻出血,脸色黑紫,114人在几天之内死去了。已退休的县人大副主任韩双位回忆说:他们村子是日本军驻扎的,就从日本驻军撤到了山上之后,他们村子里的人开始死亡,90人死于1942年的怪病中。而这两位当年的娃娃,从那个时候起,一个患上了气喘,一个患上高血压、高血脂,至今长年服药。

1939年5月13日,日军参谋总长闲院宫载仁曾指示华北方面军司令官杉山元可在当地作战使用黄剂等特种资材,并强调:"决不要伤及第三国人,在山西实施时尽量选择偏僻地区,以利保密。"

郑爱芝通过在故乡反复调查取证,对故乡一个个病人当时害病的症状与书本上的记载进行对照,进一步证实,当时人们害的"一伐子"病是伤寒和疟疾,是日军细菌战所为;当时的疥疮,是糜烂性芥子气毒气所致。她写道:

正是大规模的疫病暴发开始后,日本兵一个个捂着鼻子到各家乱转,用刀杀人的数量少了。可是,人们并不知道这其中的原因。直到今天,人们才清楚了日军用了比刀更残忍的办法屠杀无辜的百姓,创造了旷世罕见的屠杀场面。

第三节　在晋绥、绥西、晋南的细菌攻击

一、在晋绥边区的细菌攻击

晋绥边区是中共中央所在地陕甘宁边区的屏障,又是中共中央联系各敌后抗日根据地的重要通道。日军在侵华战争期间,曾多次"扫荡"晋绥边区,强令民众交纳老鼠、虱子,多次使用鼠疫、伤寒等细菌武器。据《解放日报》和《抗战日报》公开揭露的材料,日军于 1942~1945 年,在晋绥边区细菌战活动相当频繁。

《解放日报》1942 年 4 月 19 日记载,日军在"扫荡"晋绥边区结束后,在河曲县巡镇一带发现鼠疫,"很多得病的人吐血便血,短期内即死亡"。

《抗战日报》1942 年 5 月 7 日记载,晋绥军区部队在苛岚县第五区,查获一名敌探,他化装成挑担小贩,"深入各村活动,行担内藏有好几个散播毒菌的老鼠"。

《抗战日报》1943 年 11 月 2 日记载,1943 年春日军"扫荡"晋绥边区时,曾在屯兰川散布了大批伤寒病菌,入秋后病菌滋发,"伤寒病蔓延全区,仅营上不满百户的村子,不到一个月便死了 50 余人"。

《抗敌日报》1945 年 4 月 5 日记载,1944 年秋天,日军"扫荡"晋绥边区时,在界河口东投放了不少带鼠疫菌的

老鼠。

《解放日报》1945年4月2日记载，1月3日，日伪大同省公署勒令下属各村限期交纳定量蚤虱、老鼠，朔、代等县要每间交老鼠5~10只，平鲁南丈子每村要交老鼠2000只、虱子2两。

《抗敌日报》1945年4月23日记载：（1）敌伪绥远巴盟公署训令向绥远各地要活老鼠，分张家口、大同、集宁、包头等五处，1~3月为第一期，4~9月为第二期，朔县开鲁敌现向每间各派老鼠2000只。（2）1月13日，伪大同省治卫处二号命令，强迫每村捕捉2000只老鼠，限期交到。南丈子敌伪已强迫群众捕捉。（3）1月份内，平鲁敌下令各村每间交老鼠2000只；最近又下令每间交虱子一斤半，要活的，限几天内交齐。

日军在晋绥边区使用细菌武器，受害最惨重的地方是五寨县城。据中国解放区救济总会晋绥边区救济分会1946年10月20日的调查报告，日军防疫给水细菌战部队于1942年春天公开提出所谓的"毒疫攻势"，先收集了大批老鼠，随即在五寨县城内做所谓"鼠疫实验"。结果，将五寨城内居民"实验死了1500多人"。❶

晋绥边区党政军领导机关面对日军频频使用鼠疫、伤寒等细菌武器，一面领导军民有力地采取各种防范措施，一面公开向全国和全世界控诉日本法西斯使用细菌战的滔天罪行。晋绥边区文化界抗日救国联合会于1945年4月20日发

---

❶ 《敌寇八年来在晋绥边区的暴行》，1946年10月20日，原件存中央档案馆，档案号185。

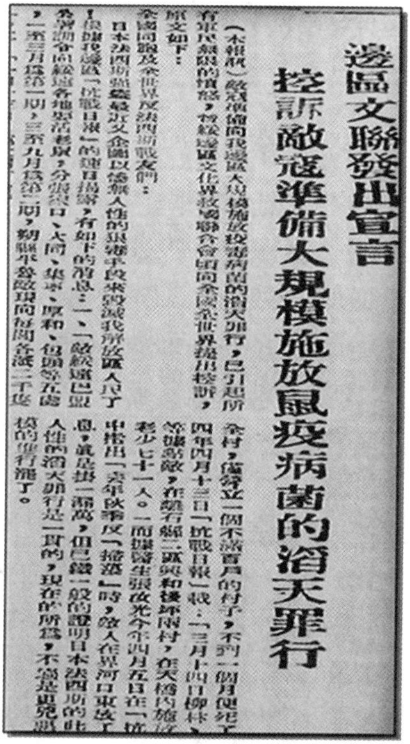

第三章 散播恶性细菌，杀害华北军民

表宣言，控诉日寇准备大规模施放鼠疫菌的罪行，晋绥边区《抗战日报》（即《晋绥日报》）于同年4月23日全文刊载。宣言揭露了日本法西斯1942~1945年在晋绥地区施放鼠疫、伤寒等病菌的事实，特别是1945年1月以来在张家口、集宁、大同、包头等地强迫民众交纳老鼠，准备大规模施放鼠疫病菌，大量屠杀抗日军民的滔天罪行。宣言指出，事实"已铁一般地证明日本法西斯的此种违背国际公法而灭绝

图3-1 《抗战日报》刊载边区文联发出的宣言

人性的滔天罪行是一贯的，现在的所为，不过是更凶恶、更有计划、更大规模的实行罢了"。并代表晋绥边区人民郑重宣布："目前日本法西斯此种大规模准备施放鼠疫病菌的阴谋，固然是其灭亡前的挣扎；但这种为国际公法所不容的灭绝人性的滔天罪行，我们决不能稍事容忍，我们以满腔愤怒向全国全世界提出控诉，我们大声疾呼要求全国同胞和全世界反法西斯人士注视日本法西斯的这种罪行，

· 209 ·

我们更要求行将召开的旧金山国际会议对此罪行付诸讨论,并予以有效的制裁。"

二、绥西鼠疫战

绥远省西部,地处黄河上游河套地带。1941~1942年,正值抗战的艰苦时期,日军"北支"(甲)1855部队包头分部细菌战部队在黄河沿岸的柴磴口投放大量鼠疫菌,企图在绥远省西部及整个西北地区制造鼠疫大流行,以大量屠杀坚持抗日的军民。

早在1941年春天,日军就在包头收买老鼠,每只出价1元,预定收买10万只。❶ 同年8月,又在包、萨等县限令民间每户捕交家鼠1只或野鼠3只,同时又大量收买。❷ 准备大量繁殖带鼠疫菌的老鼠,向抗日区域散布。

1941年12月底,日军大举进攻黄河西岸柴磴口等地,由细菌战部队40人散布鼠疫杆菌,并指派汉奸特务在民众中传播鼠疫菌。日军撤退后,经过不到10天的潜伏期,首先在黄河西岸的西沙圪堵、十三河头、惠德成南岸等处发生鼠疫,并以此为发源地,迅速在绥远西部地区蔓延,后向宁夏、陕西、山西等省传染蔓延。

1942年3月28日,绥远省政府以第521号文报告:

---

❶ 军事委员会快邮代电,1941年2月7日,办四渝字164号,载中央档案馆、中国第二历史档案馆、吉林省社会科学院:《细菌战与毒气战》,中华书局1989年版,第340页。

❷ 卫生署快邮代电,1942年6月13日,三一防字第9846号,载中央档案馆、中国第二历史档案馆、吉林省社会科学院:《细菌战与毒气战》,中华书局1989年版,第348页。

第三章 散播恶性细菌，杀害华北军民

"查此次鼠疫侵绥，确系敌施细菌攻势毒我兵民。""自鼠疫发生以来，传染迅速，流行区广，整个西北前哨顿呈严重局面。"该文具体报告了当时鼠疫流行的区域、死亡情况及病症：

> 自1月26日至3月12日，鼠疫蔓延区域已有：五原县属中元乡、中盛乡、正风乡、正心乡、正义乡；临河县属平化乡、平理乡、太平乡、太武乡、永丰乡、永昌乡、永和乡、永康乡、永盛乡、永福乡；包头县属黄盖地；安北县属东槐木、西大淖、黑泥池；东胜县属苏巴尔盖、沙圪堵、乔大圪旦，共22处。发现地点已有：五原县属汪柜、义昌圪旦、土城子、崔三圪旦、和合源、郑柜、锦绣堂、黄和源、蔡二圪旦、后圪卜、东村地、沙圪堵；……准格尔旗温家河、阿兔罕、五里店、脑高滩、西达脑，共61处。河套内鼠疫死亡人数287人，鄂尔多斯市地区死亡人数已达百人以上。根据防疫队的调查，鼠疫菌的潜伏期平均为4日至7日，被传染者症状，因患不同型鼠疫而各异：头痛、畏寒、发热、咳嗽至痰中带血而亡者占死亡率60%；头痛、畏寒、发热、胸部发闷而死亡者占死亡率15%；吐黄水而亡者占死亡率5%；罹疫后不会说话而亡者占死亡率10%；泻肚后全身酸软而亡者占死亡率10%。每个患者自发病至死亡，快则24小时，慢则三四天。死亡者多为肺鼠疫。❶

---

❶ 卫生署快邮代电，1942年6月13日，三一防字第9846号，载中央档案馆、中国第二历史档案馆、吉林省社会科学院：《细菌战与毒气战》，中华书局1989年版，第348－349页。

细菌战

据战时防疫联合办事处疫情旬报的记载：截至1942年3月下旬，绥远省临河县东24公里永昌乡及正西15公里苏台庙，陕坝20公里梅令湾，仍有鼠疫继续发生；至3月15日，苏台庙和梅令湾死亡56人；东胜县及准噶尔旗一带的鼠疫也尚未肃清。[1]

据战时防疫联合办事处疫情旬报记载，驻绥境苏台庙乌拉特前旗的马占山部，至1942年3月6日，死亡士兵14人。[2]

据战时防疫联合办事处疫情旬报记载，绥远鼠疫"流行颇呈剧烈"，绥远、宁夏、陕西、山西、河北五省相继发现疫情。在宁夏区域，磴口县第五乡至3月中旬死亡21人[3]，磴口县补隆淖自2月24日至3月24日死亡24人[4]。陕西省

---

[1] 战时防疫联合办事处疫情旬报，1942年4月上旬，第4号，载中央档案馆、中国第二历史档案馆、吉林省社会科学院：《细菌战与毒气战》，中华书局1989年版，第343－344页。

[2] 战时防疫联合办事处疫情旬报，1942年3月中旬，第2号，载中央档案馆、中国第二历史档案馆、吉林省社会科学院：《细菌战与毒气战》，中华书局1989年版，第341页。

[3] 战时防疫联合办事处疫情旬报，1942年3月中旬，第2号，载中央档案馆、中国第二历史档案馆、吉林省社会科学院：《细菌战与毒气战》，中华书局1989年版，第341页。

[4] 战时防疫联合办事处疫情旬报，1942年3月下旬，第3号，载中央档案馆、中国第二历史档案馆、吉林省社会科学院：《细菌战与毒气战》，中华书局1989年版，第341页、第343页。

府谷县君子镇自 2 月 26 日至 3 月 6 日，死亡 69 人❶，府谷县以北、长滩以南地区鼠疫流行极盛，在隘头村及柏儿坪等地常有全家死亡者。❷ 2 月间，距陕西省府谷县古城镇东南 15 里的山西省属河曲县榆木加乃村民俞二安赴黄河后套运粮，途中传染鼠疫死亡，尸体运回家后，全家 14 口人，三天内死亡 13 口人；其邻村八兔坪嘴、刘家圪卜传染鼠疫死亡 12 人。❸

面对流行剧烈的鼠疫，由当地驻军及政府部门组成的绥宁临时防疫委员会，自 1942 年 3 月下旬开始，施行紧急措施，展开大规模防疫工作，"以最紧密之封锁、防堵，击破疫菌特强发挥力，杜绝蔓延；且不惜民间损失，彻底执行隔离、烧埋等工作，期速扑灭"，至 4 月中旬，鼠疫被平息。

日军"北支"（甲）1855 细菌战部队此次绥西鼠疫战，仅据上述四省资料不完全统计，造成约 500 人死亡，其中绝大多数为平民。

---

❶ 战时防疫联合办事处疫情旬报，1942 年 4 月上旬，第 4 号，载中央档案馆、中国第二历史档案馆、吉林省社会科学院：《细菌战与毒气战》，中华书局 1989 年版，第 344 页。

❷ 战时防疫联合办事处疫情旬报，1942 年 4 月中旬，第 5 号，载中央档案馆、中国第二历史档案馆、吉林省社会科学院：《细菌战与毒气战》，中华书局 1989 年版，第 344 页。

❸ 战时防疫联合办事处疫情旬报，1942 年 3 月中旬，第 2 号，中央档案馆、中国第二历史档案馆、吉林省社会科学院：《细菌战与毒气战》，中华书局 1989 年版，第 341 页。

三、晋南的伤寒攻击

日军在晋南阎锡山部队活动地区,曾先后两次派飞机投放了伤寒细菌,一次在1939年七八月间,一次在1943年5月。娄烦县娄家庄村的李时雨,是这两次伤寒攻击的幸存者,他于1990年在家中写了《关于日军飞机在晋南投放伤寒细菌的回忆》。❶

1939年7~12月,李时雨在阎锡山成立的行政人员训练所,为首批受调学员。当时,受调学员大约1000人,分5个大队,李时雨在第2大队。7月15日开训,大约过了半个月,一天中午,一架日本飞机在南村坡上空飞过。他写道:

(飞机)声音很低,速度特快,飞得又高,只有少数人发觉,我是其中之一。飞机过后不过半月,行政训练所的受训学员先后得了重病。病情是:染病学员烧起来烧个死,冷起来冷个死,渴起来渴个死,饿起来饿个死。有时出汗,周身的汗水无法阻止;有时候浑身发抖,能抖一天一夜;有时流鼻血,流起来怎么也止不住;有时舌干,干得舌头往肚里抽;有时耳鸣,耳朵里面如雷响;有时眼花,天地都在转车轮;有时头痛,痛得往开炸;有时牙关紧闭,有时成天酣睡,种种痛苦,真叫人至死也忘不了。仅我们一个50多人的中队,不到20天就病倒40余人。

---

❶ 李时雨:《关于日军飞机在晋南投放伤寒细菌的回忆》,标题为编者所加,原载《文史月刊》2002年第8期。

第三章 散播恶性细菌，杀害华北军民

李时雨所在的班共17人，没有一人幸免。娄烦县的冯锦铭、冯定元、冯兆平、吕俊秀、郝树春，岚县的张秀彦、张靖庭，兴县的张万选、刘建中、贺振华，安邑县的姚续堂、姚继堂，稷山县的王惠生，大宁的许光烈，五台的李芝成等，都害此病。不到一个月，病祸蔓延全所。小队、中队、大队队长至行政人员训练所各处领导干部，也染了同样的疾病。仅他所在的一个大队在半个月内就病死30余人。李时雨重病5个月，到12月中旬始愈。

据李时雨回忆，日军第二次用飞机投放伤寒菌，是在1943年5月。当时，李时雨在阎锡山部第34军（军长张翼）第44师（师长马壮）第2团第4连任连指导员，部队驻扎在新绛县马匹峪口以西至稷山县之小峪口，第2团团部驻乡宁县之井峪村。自4月中旬起，晋南日军向汾城县以南至黄河以东河津县禹门边山谷峪口的大小高地发动攻击，不到7天，除1897高地外其余大小高地均落入日军之手。日军占据山头后，在山下从襄陵经汾城、新绛、稷山、河津，靠西山、北山5里的沿线村庄，挖一丈多深、一丈多宽的封锁沟，用经济封锁的手段恐吓阎锡山。阎锡山则令各山口部队拉着老百姓填沟。日军经常用大炮威胁，飞机骚扰。李时雨回忆说：

大约1个月左右，驻地老百姓和部队部分生病，起初头晕、恶心、呕吐，忽寒忽热，身上疼；七八天内，病情加重，成了打摆子的伤寒病。又过七八天，全师95%的官兵皆病。连师长马壮、副师长祁国朝、参谋长王尊及师部八大处的人员都病了。五六个连全体官兵皆病，病到无伙夫做饭，

细菌战

无士兵站岗放哨,不能出操,不能开饭,三分之二的官兵不能上厕所。不到40天,全团290多名官兵,病死80多人。我连被病魔夺去生命的小伙子有26人,其中有从河南刚领回来的新兵万金样、李发群、董发贵,老兵张振山、曹忠儿、李小山,排长张振发、李德馨等。第45师、第68师一样,有不少官兵害了伤寒而病死;第45师师长马如奎、第68师师长李修礼,几乎死去。

部队驻地各村庄的老百姓害过伤寒的更多,害了伤寒的老百姓,整天摇摇晃晃,但还须往山沟抬死人,埋死兵。当时,在由汾城至河津县的各个山口驻扎着12个师,不到50天时间,因伤寒死去的官兵就有2000多人,死去的老百姓比死去的兵更多。

那么,为什么驻地部队和群众中会如此迅猛地传染伤寒病呢?李时雨在这份回忆录中说:"事后多日,从稷山县传出话来,才知是日军为了顺利挖好封锁沟,用飞机向沿山一带撒了伤寒病源虫,不让城里人去山口村,如有人告发,严惩不贷。"

李时雨还回忆说:对于如此惨烈的伤寒流行事实,"阎锡山却封闭消息不外传,不揭露,说是怕日军知道我军军情乘机进攻"。当时,李时雨曾向阎锡山民族革命同志会执行部越级反映,但得到的回复是:"你的报告虽为村东野语,但事关重大,非同小可,所言之事,事关国际公法,如依尔言宣传,对方不服,诉诸国际法庭,何人去打官司,戒之戒之,毋庸多言,此复。"

阎锡山等这种"封锁消息",不敢公开揭露侵华日军细菌战罪恶事实的怯懦做法，反映了当时国民政府一些人的心态，实在令人愤可悲！

第四节 北平城内的霍乱实验

一、日军大本营"保号碰头会"

世界反法西斯战争到 1943 年春天，发生了历史性的转折。继苏联红军取得莫斯科保卫战的胜利与对德国法西斯展开反攻之后，美、英联军在北非—地中海战场对德、意侵略军发起猛烈进攻，德国和意大利法西斯被迫转入战略防御。在太平洋战场，美军发动攻势作战，日军开始处于被动、挨打的局面。与此同时，中国抗日战争度过了相持阶段的最困难时期，正面战场在第三次长沙会战等战役中取得了后期反攻的胜利，敌后战场迅速得到恢复与发展并将转入反攻作战，日本陆军主力和海军一部被牢牢地牵制在中国大陆。

日本法西斯处在日趋不利的世界战局下，着眼于巩固中国占领区和行将对苏、对美作战的战略，于 1943 年 4 月，在大本营参谋本部召开了秘密的"保号碰头会"。这次会议，确定实施以鼠疫战为主的大规模细菌战备，并制订了大量增产带有鼠疫菌的跳蚤和老鼠的计划。据金原节三医事科长的军务日记记载，关东军与华北、华中、华南各军及南方军各防疫给水部，都同时准备大量增加生产带有鼠疫的跳蚤和老鼠，尤其军医学校对增产老鼠最为热心。这份军务日记还记载了当时各军生产带鼠疫的跳蚤的能力，

细菌战

分别为：关东军防疫给水部月产10公斤（截至1943年9月底可累计生产100公斤），华南防疫给水部月产10公斤，华北军月产5公斤，南方军月产50公斤。❶

  日本华北方面军1855部队根据大本营参谋本部"保号碰头会"的计划，开始大量培训细菌战人员和增产带鼠疫菌的老鼠、跳蚤及霍乱、伤寒等细菌武器。据1943年4月17日《医事会报》刊载的保号会议内容，在参谋本部商议此项计划时，华北方面即有人报告说："'北支那'防疫给水部生产跳蚤100克，老鼠1000只，12月末可能生产100公斤跳蚤，但所需老鼠急待补充供应。"并报告了每月增产老鼠2万只的事实。❷ 1943年7月，1855部队本部从各分部、防疫给水班及部队医院调集卫生兵200余人，组成华北卫生部候补下士官教育队，由1855部队本部与陆军第二医院分院的数名军医，进行为期两周的细菌战训练。其间，进行了霍乱、伤寒、赤痢菌的检索教育，做了活体解剖演练。据参加细菌战训练的长田友吉的笔供，当时他曾参观天坛本部的霍乱细菌培养室，他看到：西村防疫给水部设有细菌试验室，约有10个房间，其中有细菌培养室、灭菌室、显微镜检查室和材料室等。霍乱菌培养室内有一个高2米、长1.5米、宽0.8米的大灭菌器，其中装着5个高30厘米、长50厘米、宽30厘米铝制霍乱菌培养器。正在细菌室值班的某军

---

  ❶ 郭成周、廖应昌：《侵华日军细菌战纪实》，北京燕山出版社1997年版，第83－84页。

  ❷ 郭成周、廖应昌：《侵华日军细菌战纪实》，北京燕山出版社1997年版，第236页。

医中尉指着培养器向他们解释说:"这里面培养着难以计数的霍乱菌,有了这些霍乱菌,就可以一次把全世界的人类杀光。"❶

1943年8月,日本华北方面军1855细菌战部队在北平城内秘密地进行了大规模的霍乱细菌实验;继而又于8月底至10月中旬由第12军在冀鲁豫三省交界地区进行了鲁西霍乱作战。此霍乱实验与霍乱作战,被隐瞒了半个多世纪,直至20世纪90年代后期才逐步被揭露出来,并得以证实,它是根据日本大本营参谋本部实施大规模细菌战备的计划,由日本华北派遣军司令部、日本细菌战头子石井四郎、1855部队部队长西村英二谋划的两次重要的霍乱细菌战演练。

二、北平市民死亡惨烈

日本华北方面军为准备实施大规模的细菌战备,在极力增产鼠疫、霍乱、伤寒等细菌武器的同时,秘密策划实施了在北平城内的霍乱实验。为掩人耳目,日本侵略者于1943年春天指使伪北平区防疫委员会炮制了《霍乱预防实施计划》,制定了霍乱预防的宣传、人员培训,以及霍乱发生后的检疫、隔离、消毒、交通限制等各种措施。但是,实际的情况是,自1939年以来,北平地区并没有发生过霍乱流行疫情。细心的人会发问,日本侵略者及北平汉奸当局难道是先知先觉或能掐会算吗?

1943年8月,1855细菌战部队本部在部队长西村英二

---

❶ 长田友吉的笔供,1954年11月1日,原件存中央档案馆,档案号119-1-131。

的亲自指挥下，在北平城内秘密地进行了霍乱细菌实验。日军战俘长田友吉当时奉命参加了这次霍乱实验，他说："1943年8月北京发生的霍乱，可以肯定为日军的谋略所致。其根据是，1943年7月，北京的西村防疫给水部及第二陆军医院分院的数名军医对约200名的卫生下士官候补者进行了约两个星期的霍乱、伤寒、赤痢菌的检索教育。某军医曾说过，防疫部经常培养的霍乱菌能消灭全世界的人口。"❶

长田友吉在证言中描述了当时北平城内发生霍乱的实情。他说：

1943年8月，由于日本侵略军华北方面军西村防疫给水部撒布霍乱菌，霍乱在北京市内外发生蔓延。当时我以卫生兵长的身份参加华北卫生部候补下士官教育队，和同事200名，以及北京第二陆军医院、西村防疫给水部的军医卫生下士官、卫生兵等50人，总共250人，侵入北京市内外，试验霍乱菌的繁殖力。

一天，他同西村防疫给水部的某军医中尉和一名翻译，闯入北平市内地安门附近的一个中国人洋车夫的家里，这家的男主人年约40岁，因患霍乱，倒在地上的吐泻物中，用微弱的声音求救。军医立即将可检物装入试管，并命令他们："如果爬出去就会散布细菌，快把门关上！"他把那个痛

---

❶ 长田友吉的笔供，1954年8月4日，原件存中央档案馆，档案号119-2-270-1-5。

第三章 散播恶性细菌,杀害华北军民

苦万分、企图挣扎着站起来的中国人踢到一旁,用粗草绳把门从外面牢牢地绑上,将他关在家里,让他死去。

另据长田友吉1954年11月1日的笔供:"另一天,我为了搜索霍乱患者,闯入北京城东的一户民宅。这家也有一名40岁左右的中国男人因患霍乱倒在地上,用微弱的声音呼叫着,挣扎着。当我来到这个中国人的身边时,他一下拉住我的手,那只手冰冷冰冷的,我又是怕又是气,把他打倒在地,用放在门口的一条麻绳牢牢地把门绑上,让中国人死在房里。"❶

长田友吉供认,用上述方法,他自己杀害了两名中国平民,集体屠杀了300名中国平民。❷ 此外,集体强制检查了尸体750具。❸

日军这次在北平城内实施的霍乱细菌实验,给中国人民造成了严重灾难。从上面长田友吉的供词来看,仅日军军医屠杀的霍乱患者与检查的霍乱死者尸体就达1050具。另北平伪《新民报》也透露了北平人民因霍乱实验而死亡的惨景,自1943年9月5日披露北平发生霍乱的消息,截至10月底,市内发现霍乱患者2136人,死亡1872人,另有路倒

---

❶ 长田友吉的笔供,1954年11月1日,原件存中央档案馆,档案号119-1-131。

❷ 长田友吉的笔供,1954年11月1日,原件存中央档案馆,档案号119-1-131。

❸ 长田友吉的口供,1954年10月30日,原件存中央档案馆,档案号119-2-270-1-4。

> 细菌战

死亡者 92 人。❶

　　85 岁高龄的张志和老人回忆了当时北平霍乱流行的惨状。这是记者刘一达对老人的访谈录，刊登在 2003 年 4 月 27 日的《北京晚报》上。据张志和老人回忆："传染病在中国古代叫疫……我印象最深的是 1943 年的七八月，京城流行霍乱。当时是日伪统治时期，人们把这种病叫'霍痢拉'。因为那会儿卫生状况极差，流行很快，石景山地区疫情最重，日本人把石景山与市区的交通给中断了 5 天，许多市民死于这种传染病，仅 1 个月，石景山制铁所，也就是后来的首钢，就死了 2000 多工人。这次疫情可以说是上个世纪京城发生的最严重的流行性传染病了。全城老百姓十分恐慌，日本鬼子也毛了，只要发现有霍乱症状的人，二话不说，先拉到郊外隔离，说是隔离，其实有些人还喘着气，就被焚烧或活埋了。我亲眼所见日本人开着大卡车，往城外拉病人。闹到十月份天儿凉了才消停。当时城里的老百姓恐慌到什么份儿上，家里有人拉肚子不敢上茅房，怕人怀疑是'霍痢拉'，只要是'疑似'非拉城外给活埋不可。"❷

　　以上资料表明，日军这次在北平城内的霍乱实验，至少死亡 2000 人。究竟有多少中国人被传染霍乱、死亡，还有待进一步调查研究。

---

❶ 北京市崇文区地方志办公室："揭开侵华日军 1855 细菌战部队之谜"，载《北京晚报》2001 年 1 月 18 日。

❷ "沉住气别恐慌——跟一位老北京谈'非典'"，载《北京晚报》2003 年 4 月 27 日。

第三章　散播恶性细菌，杀害华北军民

第五节　鲁西霍乱作战致民众病亡惨重

一、从"保号"计划到华北防疫会议

如前述，日本法西斯在日趋不利的战局下，1943年4月，在大本营参谋本部召开秘密"保号碰头会"，决定了实施大规模细菌战备的方针和计划。1943年8月，日本华北方面军1855细菌战部队本部在北平城内进行了霍乱细菌实验，造成北平市民至少2000人死亡。而在此前，则策动伪北平地区防疫委员会抛出了一个《霍乱预防实施计划》，以掩人耳目。❶

继北平城内的霍乱实验之后，日本华北方面军发动了鲁西霍乱作战，同样又故技重演，在此前夕，连夜召开所谓"华北防疫会议"，由石井四郎提出《华北防疫强化对策》。当时，伪《满洲日报》1943年8月刊载"北京21日发国通"，报道说：北平地区发生霍乱状况，虽然日华当局不断实施防疫对策，但仍然是不断地零散地发生。19~20日出现11名新患者，死亡6名。由此计算，自发生霍乱以来的患者总计达到188名，其中死亡者126名。华北方面军以此推测，鉴于作战上影响很大，绝对要处置。21日午夜3点半起，华北方面军召集了在使馆、领事馆、伪华北交通、伪华北政务委员会、伪北平市卫生局与警察局的有关人员，由石

---

❶ 北京市崇文区地方志办公室："揭开侵华日军1855细菌战部队之谜"，载《北京晚报》2001年1月18日。

细菌战

井四郎报告如下：

《华北防疫强化对策》规定，自23日起实施：

（1）随着加强防疫华北虎列拉（霍乱——笔者注）的同时，并防止由虎列拉病原地带的传染。

（2）果物不得当地军的许可禁止向外地域输送。

（3）禁止在石门—新乡（不在内）、石门—德县、济南—德县（不在内）之间的各站及北京、张家口、大同、包头、怀来各站乘车。

（4）石门—新乡、大同（沿着铁道路线的道路）以南、卫河以西以内的汽车禁止通行。

（5）禁止在华北铁路各站贩卖果物野（蔬）菜。

（6）禁止白河、子牙河、滏阳河、南运河、卫河的航行。❶

这个《华北防疫强化对策》，以"防疫"霍乱的面目出现，却暴露了华北日军实施鲁西霍乱细菌作战的密谋。

第一，它把日军在北平城内的"霍乱实验"，说成是自然地"零散发生"的，宣称北平是霍乱"病原地带"，企图以此来隐蔽鲁西霍乱细菌作战的预谋。

第二，它预警霍乱即将流行的地域，即山东省济南以西、河南省新乡以北、绥远省包头和山西省大同及河北省邯郸以东、河北省张家口与怀来及平津以南的广大地区，而重

---

❶ 石井四郎报告：《华北防疫强化对策》，原件存中央档案馆，档案号119-2-5-12（2）-5。

点置于卫河两岸的鲁西、冀南地区,并在交通管制中将德县车站和新乡车站除外。日本华北方面军及石井四郎等真可谓先知先觉!

第三,这次"华北防疫会议",由日本华北方面军"召集",其"防疫强化对策"由石井四郎部队长"报告",表露了石井四郎是鲁西霍乱作战的主要策划者与指挥者。

当年,鲁西作战参与者的供词,提供了此次霍乱细菌作战谋略的有力佐证。

日军战俘难波博在1954年6月17日的笔供中说:当卫河水涨的时候,田坂八十八旅团长计划了掘毁河堤,"阻止冲毁津浦铁路及石德铁路",毁灭临河西方的解放区之"一举两得"的阴谋,"我作为旅团情报系参与了这一阴谋计划",选定了掘毁地点,并向独立步兵第44大队通电下达了实施掘堤的命令。难波博也许不了解细菌作战内情,或许另有原因,在这一笔供中只说"因决堤而流行霍乱",而未提及"霍乱"作战。❶

林茂美作为第12军第59师团防疫给水班卫生曹长、检查助手及书记,比难波博直接了解霍乱作战内情。他说:1943年1月,第12军军医部长川岛清对第59师团防疫给水班进行了巡视检查,事后,师团长细川忠康命令师团军医部长铃木敏夫和师团防疫给水班班长冈田春树于8月以前做好霍乱作战的准备工作。1943年9月14日,第59师团长细川忠康向林茂美下达命令,防疫给水班派出5人进

---

❶ 难波博的笔供,1954年6月17日,原件存中央档案馆,档案号119-2-1058-1-5.

行霍乱调查,"华北防疫给水部济南支部也将派出检查班,望与之合作"。林茂美认为:日本华北方面军司令官冈村宁次、时任华北方面军第1军军医部长石井四郎、华北防疫给水部部长西村英二及第12军司令官喜多诚一、第12军军医部长川岛清、华北防疫给水部济南支部部长冈田等,参与了这次霍乱作战的策划和部署;而第59师团长细川忠康、第59师团参谋长江田稔、第53旅团长田坂八十八、第54旅团长长岛勤、第59师团高级副官广濑三郎,及第59师团军医部长铃木敏夫、第59师团军医部员增田孝、第59师团防疫给水班班长冈田春树等,则具体地制订并实施了这次霍乱作战计划。其作战目的是在霍乱菌散布地区进行日军的抵抗试验,同时侦察中国人民被传染病杀戮的情况。[1]

时任第59师团高级副官的广濑三郎供认,按其高级副官的职权,是没有资格参与作战计划的,作战问题是由参谋部主管的。可是由于他在第59师团任职期较长,且该师团当时参谋人员又很少,所以他参与了一部分作战计划的制订。他说:

> 1943年8月发动"霍乱"作战,作战计划是由参谋起草的,我参加研究,并提出了有关派遣部队与作战日期的具体意见。这次作战是在山东鲁西地区,目的是试验细菌武器的效力,同时也是为了试验日军在霍乱传播地区进行作战时

---

[1] 林茂美检举长岛勤的材料,1954年7月17日,原件存中央档案馆,档案号119-2-5-9-13。

的防疫力与耐久力。❶

广濑三郎是发动"霍乱"作战计划的参与者之一,比林茂美了解更多细菌战的机密,他的供词应当是可信的。

这些证词表明,日军1943年秋鲁西作战,是一次"霍乱"作战,而非一般"扫荡"作战,这一点毋庸置疑。此次"霍乱"作战的图谋也是多方面的。从作战时机与地域来看,日军选定雨季卫河河水暴涨之时,将卫河决堤,这是因为:卫河发源于太行山麓,流经河南、河北、山东而入大海,干流长283千米,下游河床高出地面,左岸地势低洼,在左岸决堤,不仅可以避免冲毁津浦铁路以及石德铁路而毁坏临河西的解放区,而且可以掩盖其霍乱作战的意图,而以"防疫与调查"霍乱的名义出现在战场上。从战略全局上来看,日军这次"霍乱"作战,不仅是为了大量屠杀中国军民,同时也是大规模细菌战备的一个重大步骤:检验霍乱细菌武器的杀伤力,检验日军在霍乱传播地区作战的防疫力与耐久力,即所谓"抵抗试验",以做好对苏、对美作战的准备。

为隐蔽霍乱细菌作战之意图,当时华北日军采取了两种作战方式。

第一,制造水灾隐蔽投放霍乱细菌的行为。据第59师团第54旅团长长岛勤的笔供,他将第111大队配属第12军,将第109、第110、第45大队配属第53旅团,参加调查

---

❶ 广濑三郎的口供,1954年8月16日,原件存中央档案馆,档案号119-2-988-1-5。

霍乱作战与"扫荡"作战。他依据综合情况,"断定日本军在聊城县南方某地散布霍乱菌,而坂本'讨伐'队受命调查其发病情况",并认为:"坂本'讨伐'队调查第12军散布霍乱细菌发病情况,是关系细菌战作业方面的。"❶《朝日新闻》编辑委员本多胜一、《时事通讯社》记者长沼节夫对原第59师团官兵的讯问材料验证了长岛勤的"断定"。他们在1996年出版的《天皇的军队——"衣"师团侵华罪行录》一书第十章"1943年秋鲁西作战"中记载:"1943年的一天,山东省以范县、朝城县、阳谷县为中心的鲁西平原一带的解放区范围内,突然降下了一些由飞机扔下的罐头炸弹。罐头里装的就是霍乱菌。"又记载:"9月下旬开始了真正的'讨伐'。兵士中间不知不觉开始把讨伐叫作'霍乱作战',或者再具体一点儿,叫'霍乱菌探索作战'。"❷ 林茂美以亲身经历证实了长岛勤的"断定"。他说:8月末,第44大队卫生部员在南馆陶卫河河岸的缓流处散布了霍乱细菌,其霍乱原菌连同蛋白质溶液水100支,是"根据第59师团防疫给水班长冈田春树中尉的命令",由他经手交给第44大队军医柿添忍中尉的。❸

在华北日军细菌战部队趁1943年8月末大雨成灾之机,

---

❶ 长岛勤的笔供,1954年8月29日,原件存中央档案馆,档案号119-2-5-2-4。

❷ [日]本多胜一、长沼节夫:《天皇的军队——"衣"师团侵华罪行录》,刘明华译,警官教育出版社1996年版,第173页、第184页。

❸ 林茂美的笔供,1954年8月24日,原件存中央档案馆,档案号119-2-619-1-5。

第三章 散播恶性细菌，杀害华北军民

在聊城、馆陶、范县、朝城、阳谷为中心的卫河沿岸鲁西地区投放霍乱细菌之时，遵照第 59 师团命令，难波博选择了"掘毁卫河地点为馆陶至临清中间的弯曲点"❶，芳信雅之提出了"在临清高村以西掘堤放水地点"❷。8 月 27 日，第 53 旅团第 44 大队大队长广濑利善指挥盘踞在临清的第 5 中队和机枪中队将临清大桥附近卫河堤防破坏，❸ 随后，盘踞在南馆陶的第 3 中队将南馆陶东北方约 4 公里卫河拐弯处堤防掘溃❹，盘踞在馆陶的第 2 中队掘溃临清县尖冢镇附近卫河堤防。❺ 由于卫河西岸堤防三处被掘溃，洪水向冀南解放区倾泻而下。无数村庄、良田和民众被淹没在携带霍乱细菌的洪水之中。这样，日军以水患掩盖了扩展散布霍乱细菌的罪行。

第二，用"扫荡"隐蔽霍乱作战。投放霍乱细菌和掘堤放水后，日本华北方面军于 1943 年 9 月上旬至 10 月中旬，以山东省境内的第 12 军第 59 师团为主力，调配装甲兵、航

---

❶ 难波博的笔供，1954 年 6 月 17 日，原件存中央档案馆，档案号 119 - 1058 - 1 - 5。

❷ 芳信雅之的口供，1954 年 9 月 13 日，原件存中央档案馆，档案号 119 - 2 - 869 - 1 - 4。

❸ 小岛隆男的口供，1954 年 11 月，原件存中央档案馆，档案号 119 - 2 - 780 - 1 - 4；金子安次的笔供，1954 年 10 月 21 日，原件存中央档案馆，档案号 119 - 2 - 255 - 1 - 4。

❹ 大石熊二郎的笔供，1954 年 10 月 18 日，原件存中央档案馆，档案号 119 - 2 - 134 - 1 - 5。

❺ 矢崎贤三的笔供，1954 年，原件存中央档案馆，档案号 119 - 2 - 516 - 1 - 6；菊地近次的笔供，1954 年 8 月 15 日，原件存中央档案馆，档案号 119 - 918 - 1 - 5。

细菌战

空兵及防疫给水细菌战部队实施鲁西霍乱作战。为隐蔽和掩护鲁西霍乱作战意图，第12军同时调集第32师团、第35师团及伪军2万余兵力，由南而北对冀鲁豫边区根据地进行分区大"扫荡"，9月21～28日首先"扫荡"第六军分区，10月6～14日"扫荡"第五军分区，10月12～24日"扫荡"第二、第三军分区，10月8日至11月13日"扫荡"第一军分区，10月26日至11月24日"扫荡"第四军分区。❶ 但是，对于如此重大作战，日本防卫厅战史室编著的《中国事变陆军作战史》与《华北治安战》两书，均讳莫如深，内中玄机，耐人寻味。

日本侵略者丧失人性，如此疯狂地掘溃河防，散播霍乱细菌，理所当然地遭到中国人民的无限仇恨与坚决反抗。看一看受害民众的血泪控诉吧！

我们仅从众多控诉书中列出两份。

其一，山东省临清县隋五里庄农民李兰于1954年9月10日向人民政府提交了如下控诉书：

这是我一辈子不会被忘掉的仇恨啊！我们心里都还深深地记忆着，在1943年8月27日的早晨，我们在地里做活，亲眼看到的日本鬼子的滔天罪行。七八十个日本鬼子兵，用铁铲、洋镐将临清镇小焦家庄村东的卫河堤岸掘开了五六公尺，致使卫河汹涌的洪水顷刻之间淹没了临清镇、临清县、

---

❶ 冀鲁豫军区1943年军事工作总结报告，载中共冀鲁豫边区党史工作组办公室：《中共冀鲁豫边区党史资料选编（第二辑）》，河南人民出版社1988年版。

第三章 散播恶性细菌，杀害华北军民

清河县北至天津的大片土地、田苗，给我们造成的深重灾难，罄竹难书。仅我们临清县西部130个村庄就被淹没良田10万多亩，冲塌了新庄、齐店、隋五里庄、胜庄等600多户的房子，淹死了大人小孩15人，庄稼全部淹没，千百万受灾受害的农民陷于窘困破产、饥寒交迫、流离失所的境地。为了给被淹受害的同胞复仇，我们要求政府严惩日本凶犯。

其二，山东省临清镇农民焦凤梧于1954年9月14日提交了对日军破坏卫河堤的控诉书。他说：

1943年8月27日，有七八十个日本鬼子，在一个日本军官的指挥下，将卫河西岸小焦家庄村东的卫河堤岸掘开了，造成临清镇、临清县、清河县一带空前的大水灾，数百万亩良田变成了一望无边的水库，给人民造成了严重的灾难，仅临清镇河西4个街就淹没了5000多亩良田，冲倒了700多家的房子。当时我的12亩地被淹、5间房子被冲塌，致使一家老小流离失所，饥寒交迫。日寇这种丧尽天良的罪恶行为，必须给予应得的惩罚。

二、大规模的鲁西霍乱战

如前述，日军1943年秋鲁西作战，是一次在水患、"扫荡"隐蔽下的大规模霍乱细菌作战。日军战俘的供词，反复佐证了这一点。

从作战兵力与作战地域看，林茂美在一份检举材料中写道："这是一次大规模的作战行动。"参加作战的有第59师团第 53 旅团司令部及独立步兵第 41、第 42、第 43、第 44 大队,第 54 旅团之第 109、第 110、第 111 大队,师团工兵和防疫给水班,计约 3500 人,另有华北防疫给水部济南支部及第 12 军防疫给水部、第 12 军直辖汽车联队、野战重炮联队一部,伪蒙疆坦克部队、航空部队的一部,保定陆军医院一部。直接指导霍乱作战的机构是第 59 师团司令部"防疫本部",由师团参谋长江田稔任防疫本部部长,其任务是"了解在撒布霍乱菌后中国人民被杀害的情况""指导在霍乱作战中利用霍乱菌进行的侵略活动""指挥在霍乱菌撒布地区所进行的抵抗试验"。作战地域,"包括阳谷县、莘县、堂邑县、范县、朝城县、濮县、观城县、东昌县、临清县、夏津县和馆陶县附近一带"。❶ 而这一霍乱作战地区,正是日军细菌战部队投放了霍乱细菌的以聊城、馆陶、朝城、阳谷、范县为中心的卫河沿岸鲁西平原地带!

从日军作战的进程来看,据日军战俘供词,1943 年 8 月末,散布霍乱细菌,掘溃卫河河堤,为鲁西霍乱作战的开始。之后,利用霍乱疫病突然暴发之前的一段时间,紧锣密鼓地进行了各种备战。自 9 月上旬起发动了霍乱"抵抗试验""蔓延霍乱"和调查霍乱细菌效力"三位一体"的霍乱作战。作战分为三期:第一期作战,以试验日军在散布霍乱地区作战的耐久力、抵抗力,即所谓以"抵抗试验"为主;第二期作战,以驱赶霍乱患者外逃而致霍乱蔓延为主;第三期作战,以掠夺粮食等战略物资为主。此役至 10 月下旬结

---

❶ 林茂美检举长岛勤的材料,1954 年 7 月 17 日,原件存中央档案馆,档案号 119-2-5-9-13。

第三章 散播恶性细菌，杀害华北军民

束，历时40多天。

日军第44大队以及坂本支队的作战，凸显了此次霍乱作战的内情。

第53旅团第44大队500余人，于1943年9月上旬，未经注射霍乱疫苗，即奉命在霍乱疫病突发期，由广濑利善大队长指挥，发起以"抵抗试验"为主的讨伐作战，侵入山东省临清、馆陶、堂邑县一带。历时约一星期，寻找八路军及国民党军予以攻击，驱赶携带霍乱菌者掺杂在农民之中去各地避难。9月中旬，第44大队返回临清、馆陶驻地，用两星期时间，开展霍乱"防疫"工作和在霍乱疫区作战的训练，以便为下一阶段以"蔓延霍乱"为主的讨伐做好准备。❶据林茂美的证言，9月14日，根据第59师团长和军医部长的命令，他带领师团防疫给水班卫生下士官等5人赴临清、馆陶，与济南防疫给水支部派出的黑川军医检查班15人会合，合作进行"防疫"调查。当时，携带采便管500支、霍乱用蛋白质水溶液500支、霍乱培养器100个、消毒药若干、消毒器1个，以及其他霍乱检查所需材料。在南馆陶，他与黑川检查班发现该地霍乱初发患者，是日军某一等兵密码员，随即电报给师团长细川忠康。此后10天内，对第44大队全体人员进行验便。结果，自9月17日确定发生真性霍乱后，"第44大队内陆续发现霍乱患者达200名"。❷

---

❶ 矢崎贤三的笔供，1954年，原件存中央档案馆，档案号119－2－516－1－6。

❷ 林茂美检举长岛勤的材料，1954年7月17日，原件存中央档案馆，档案号119－2－5－9－13。

· 233 ·

细菌战

经过两个星期防疫和训练,第44大队9月下旬至10月上旬,实施以"蔓延霍乱"为主的讨伐作战。在山东省聊城、堂邑、馆陶、临清、冠县等地,一面进行讨伐,迫使霍乱病人四处避难,以达到大量传染杀害中国人的目的,一面继续在霍乱地区进行日军"抵抗试验",同时调查散布霍乱细菌的效力。此次行动中,第44大队携带九八式卫生滤水机丙、丁、戊,用以供水,严禁吃生的食物和饮用生水,每人携带净水液和杂酚油各一瓶。大队军医柿添忍总是走在部队的前面,了解各村霍乱的传染情况。他说:"所有的村子都有霍乱病人和死者,找不到可以宿营的地方。"❶

第44大队"蔓延霍乱"讨伐作战一周后,返回临清驻地,由师团防疫给水班和华北防疫给水部给全体人员验便,以进行霍乱"抵抗试验"。还由师团军医部长铃木敏夫、师团防疫给水班班长冈田春树,利用两天时间,对第44大队官兵进行了防疫训练。❷10月上旬至10月20日,第44大队参加了以"掠夺物资"为主的第三期作战。继续在上述地区,压迫因日军散布霍乱细菌而患病的中国民众逃走,进一步使霍乱蔓延于中国居民中。同时,日军大量掠夺粮食等战略物资。第44大队掠夺了小麦约1万袋(每袋60公斤)、棉花42500袋以上、牛800头。❸

---

❶ 林茂美检举长岛勤的材料,1954年7月17日,原件存中央档案馆,档案号119-2-5-9-13。

❷ 林茂美检举长岛勤的材料,1954年7月17日,原件存中央档案馆,档案号119-2-5-9-13。

❸ 矢崎贤三的笔供,1954年,原件存中央档案馆,档案号119-2-516-1-6。

第三章 散播恶性细菌，杀害华北军民

与第 44 大队不同，第 54 旅团第 111 大队配属第 12 军，由大队长坂本嘉四郎率部编成坂本甲支队，在特别编制——战车防疫给水班配合下，由军参谋长直接指挥，深入散布霍乱细菌地区作战。战前，该支队在济南日陆军病院实施了霍乱预防接种，进行了预防药品使用法、餐具消毒法等霍乱防疫的训练，并下达命令：禁止掠夺一切吃食，禁止使用防疫给水以外的水，宿舍要有军医许可才能使用，如若发生违者以连带责任处罚。作战地域包括聊城、堂邑、冠县、范县、朝城、阳谷及莘县、濮县、观城、大名地区，其目的，表面上为防疫霍乱，探寻霍乱发源地，实质上是为试验日军在霍乱发生地带的作战力、防疫力、抵抗力，调查中国人民中霍乱传播的状况，并试验石井式防疫器材的效力。该支部队的作战行动也分为三期：第一期，1943 年 9 月 15～18 日，后隔离一星期；第二期，1943 年 9 月 25 日至 10 月 2 日，后在阳谷解除防疫；第三期，1943 年 10 月 5～15 日。❶

据林茂美的证言，第 111 大队 350 人编成坂本甲支队后，从 9 月 15～18 日，以济南日陆军病院为根据地，夜间乘汽车行动，渡过黄河，到达阳谷。白天乘汽车，夜间徒步行军，侵入中国人村庄。第 12 军防疫给水部向该支队供水，通过该支队调查因散布霍乱中国人被传染的情况。三天后，甲支队返回济南，进行验便，实施在霍乱流行地区行动后的"抵抗试验"，就地隔离一周。9 月 25 日夜，坂本甲支队再

---

❶ 第 111 大队检举长岛勤的材料，1954 年 4 月 6 日，原件存中央档案馆，档案号 119－2－5－3－1。

细菌战

次开始夜间作战行动。支队长下达命令:"不经许可禁止掠夺食品和饮水。发现霍乱者时立即报告军医和军官,按其指示采取措施。在村庄宿营时,每户房屋都须经军医和军官批准方可住进。严禁在发生霍乱患者的房屋内宿营。"坂本甲支队从济南出发,经阳谷,在莘县、堂邑、朝城、濮县等地,夜间沿距公路20公里处的村庄行动,白天乘汽车行动。9月30日左右,到达范县黄河第二堤防以北的村庄时,坂本甲支队长下达命令:"范县的这一带附近是霍乱的发源地,要严格消毒,一切饮用水必须按防疫给水部的指示饮用。"作战期间,第12军防疫给水部隶属坂本甲支队,由军医调查中国人感染霍乱的情况,并对村民实行强制验便。9月30日,坂本甲支队在聊城县东昌集结,接受第12军防疫给水部的验便和检查,再次实施在霍乱地区行动后的"抵抗试验"。从10月上旬起,坂本甲支队实施以掠夺粮食等战略物资为主的第三期讨伐作战,对莘县、范县、濮县、观城、大名一带的八路军大举攻击,结果,掠夺粮草2000吨以上,集存在济南货场内,至10月中旬,此次霍乱细菌战结束。❶

鲁西霍乱作战期间,在以"抵抗试验"和"蔓延霍乱"为主的作战后,以约5天时间,对全体参战人员进行了彻底的霍乱"抵抗试验"。林茂美亲自参与了这次霍乱检查,他在证言中写道:1943年9月下旬,师团防疫给水班班长冈田春树等15人,携带全部霍乱菌检查材料,"在临清对作战通

---

❶ 林茂美检举长岛勤的材料,1954年7月17日,原件存中央档案馆,档案号119-2-5-9-13。

过部队进行彻底的霍乱检查"。共对3000名参战人员做了直接采便,检查霍乱菌,结果发现约有10人霍乱菌呈阳性。❶

从日军鲁西霍乱作战的意图、规模和进程可以看出,毫无疑问,这是一次大规模的霍乱细菌战:(1)以日军第44大队,在散布霍乱菌地区做了抵抗力对比试验,注射疫苗前,第44大队在散布霍乱菌地区为期一周的抵抗试验中,有200名士兵被传染,占大队全体人员约2/5,可见散布霍乱细菌的传染杀伤力之巨大。(2)以坂本甲支队与第44大队相比照,注射了霍乱疫苗,采取各种防疫措施,在散布霍乱菌疫区作战的抵抗力、耐久力试验中,被传染官兵很少。(3)对参加霍乱作战官兵全员3000余人注射霍乱疫苗,采取严格防疫措施,在散布霍乱菌疫区作战约两星期后,进行全员"抵抗试验",验便仅有0.3%人员霍乱菌呈阳性。(4)调查散布霍乱菌对中国百姓传染病亡情况,并驱赶霍乱患者各地逃亡,致使霍乱疫情急剧发展,呈现继续蔓延状态。(5)试验并提出未来霍乱作战对策,包括如何散布霍乱菌和隐蔽霍乱战的意图、日军自身免疫防护、强化霍乱菌对敌方的杀伤力等,以准备对美、对苏的细菌战。

但是,迄今学术界还不了解日军在鲁西数县究竟投放了多少霍乱细菌,也未掌握日军在冀南等地投放霍乱细菌的可靠证据,因此,那种"它是世界最大规模的细菌战"之说,是尚缺乏依据的。

---

❶ 林茂美检举长岛勤的材料,1954年7月17日,原件存中央档案馆,档案号119-2-5-9-13。

三、日军掩盖真相的报告

日本华北方面军自知实施细菌战的罪恶深重,因此,正如前述,他们在北平城内进行霍乱实验之前抛出了一个《霍乱预防实施计划》,在鲁西霍乱细菌作战之前发布了一个《霍乱防疫强化对策》,所不同的是,在鲁西霍乱细菌作战结束之后,又精心炮制一纸《关于霍乱停止发生的报告》(以下简称《报告》),用以隐瞒其霍乱细菌作战的罪恶事实,总结其准备将来霍乱作战的经验。

当时担任第59师团防疫给水班曹长的林茂美曾亲手誊清了这一《报告》。林茂美在主动写的检举长岛勤的材料中,供述了这一《报告》的炮制过程及其内容,认为它"完全是一派谎言",它把霍乱细菌作战结束说成是"霍乱停止发生",把在第59师团驻地鲁西地区日军内所做的霍乱"抵抗试验"说成是"自然发生的",把霍乱细菌作战的主力第59师团说成是"霍乱防疫"的模范,完全隐瞒了日军实施霍乱细菌作战的事实,纯粹是一个实质上总结霍乱作战经验的欺骗世人的报告。

林茂美说,《报告》是于1943年10月下旬至11月上旬,在山东省泰安县泰安第59师团司令部军医部,由军医部长中佐铃木敏夫、军医部部员大尉增田孝和第59师团防疫给水班班长中尉冈田春树共同起草的,后又经第59师团长细川忠康、第59师团参谋长大佐江田稔和第59师团高级副官中佐广濑三郎审查签署的,长约50页、2万字。他奉第59师团军医部长中佐铃木敏夫的命令,和师团军医部卫生曹长丸山正库负责誊清了这一《报告》。

第三章 散播恶性细菌，杀害华北军民

林茂美在这份检举材料中，详细地揭露了《报告》的内容，如日军内霍乱发生情况、患者情况、防疫情况、卫生材料使用情况及今后对策等。

《报告》称："在山东省南馆陶独立步兵第44大队一个小队驻地，于1943年9月13日前后，有通信一等兵某某到附近村内吃饭，后来发病。"林茂美认为，《报告》中把日军内"发病原因说成是从中国人那里感染的，隐瞒了由于日本军散布霍乱菌而发病这一事实"。

当时，为了隐瞒日军散播霍乱细菌，实施霍乱细菌作战的事实真相，日本华北方面军于1943年11月上旬在济南市第12军军医部召开了鲁西地区发生霍乱问题的讨论会，会期两天。与会者有第12军的军医部长大佐川岛清、部员渥美军医中佐，第59师团军医部长中佐铃木敏夫、部员大尉增田孝，第59师团防疫给水班班长中尉冈田春树。林茂美写道：会后，冈田春树曾向他简单地透露了会议内容，主要是就霍乱发生的原因进行探讨，提出：一是由于当时在厦门和香港流行霍乱，从南方传来此地；二是因为霍乱菌可以越冬，原来此地就有霍乱菌。林茂美认为："这些说法都毫无根据，矛盾百出，而且是反科学的，说明他们是处心积虑地企图掩盖事实真相。"

《报告》在颠倒黑白，将日军内霍乱发生的原因说成是"从中国人那里感染的"之后，编制了一系列号码表，罗列了日军内霍乱患者的情况。林茂美在材料中，列举了病类别号码表的样式（见图3-2）。

病类别号码	部队	等级	姓名	发病地点	发病时间	病情	入院时间	出院时间	归队	预防接种时间　数量　次数
真1疑1带菌1	×部队	现役××	××	山东省×县××	×月×日	重中轻	×月×日	×月×日	治愈死亡	×次　×毫升

注："真"表示真性霍乱，"疑"表示疑似霍乱，"带菌"表示带有霍乱菌者。

图3-2　病类别号码表样式

　　林茂美在检举材料中说：诸如前文已提到的第53旅团长少将田坂八十八、第59师团军医部长中佐铃木敏夫关于霍乱所进行的训练和指导；第59师团军医部长中佐铃木敏夫、第59师团防疫给水班班长中尉冈田春树关于九八式卫生滤水机和霍乱的训练及指导；霍乱抵抗试验的直接领导机构"防疫本部"的设置；以及独立步兵第44大队在霍乱细菌战中所采取的一系列措施，等等。在《报告》中都被称为"由于进行及时和正确的指导和采取措施，使霍乱及早被扑灭"。事实是日军散播了霍乱细菌，实施了霍乱细菌作战，但《报告》硬把这一切说成是一系列"防疫"霍乱的措施。这真是弥天大谎！

第三章 散播恶性细菌，杀害华北军民

《报告》还总结此次霍乱细菌作战的经验，提出了准备未来霍乱细菌战的对策：

（1）《报告》中统计了1943年9～10月霍乱作战中所消耗的卫生材料的品种和数量，并据此"推算出在未来的霍乱作战中每人平均所需卫生材料的标准量"。

（2）《报告》鉴于鲁西霍乱作战中日军抵抗试验的情况，宣称"由于此次发生霍乱，方面军第12军十八秋（1943年秋）鲁西作战被迫停止，全力以赴预防传染病"。也就是说根据方面军第12军鲁西霍乱作战的经验，在未来霍乱细菌作战中，在日军内部应"全力以赴预防传染病"。

（3）《报告》强调，"彻底进行霍乱的预防接种十分必要"，并说在鲁西作战中"虽曾下达指示，但做得不够充分"。这又是欺人之谈，实际的情况是，如前所述，日军高级指挥官在鲁西霍乱作战中，在将第111大队投入霍乱"抵抗试验"之前进行了全体参战人员的预防接种，而将第44大队投入霍乱"抵抗试验"之前并没有做这种预防接种，结果，前者中霍乱患者极少，后者中霍乱患者几乎占2/5。日军指挥官之所以不顾日军士兵及下级军官的死活而做这种对比试验，完全是为了试验证明在未来霍乱细菌作战中日军内部应"彻底进行霍乱的预防接种"。

（4）《报告》对此次霍乱细菌作战的主力第59师团在司令部内设专门机构"防疫本部"高度评价，"第59师团司令部为了正确地进行领导和及时采取对策，在司令部内设专门机构'防疫本部'，这对于扑灭霍乱贡献极大，对于领导和采取防疫对策发挥了巨大作用"。实质上，这种"防疫本部"是一个专门指导细菌作战的机构，所谓"防疫"只是

· 241 ·

对实施细菌作战中的日军内部而言。

林茂美在供述了《报告》中的上述内容后,他供认说:"在报告中,对于最为重要的问题即霍乱发生的原因毫未涉及,隐瞒了事实真相。""把军内发生的霍乱,说成是自然发生的,完全是一份欺骗性的报告。"

但是,就是这样一份隐瞒霍乱细菌作战的事实真相、纯属欺骗性的《报告》,第59师团长等签署后,印发了40份,主要送到日本华北方面军及第12军的各有关机关,包括:华北方面军司令部,华北防疫给水部,第12军司令部,华北防疫给水部济南支部,第32师团第5旅团,济南陆军病院,第59师团参谋部、副官部、兵器部、经理部、管理部、兽医部,第53旅团司令部,独立步兵第41、第42、第43、第44大队,第54旅团司令部,独立步兵第109、第110、第111大队,师团通信队、工兵队、辎重队、野战病院、特别训练队。

从日军这份《报告》的内容及其主送机关来看,当属日军军事极密文件。至今,人们还只能看到林茂美的这份证言。❶

从以上事实可以看出,日本华北方面军第12军1943年秋鲁西作战的本质,是一次以霍乱细菌武器大规模屠杀中国人民的罪恶行径,又是日本军队在霍乱细菌作战中行动的一次"抵抗试验"。

---

❶ 林茂美检举长岛勤的材料,1954年7月17日,原件存中央档案馆,档案号119-2-5-9-13。

四、中国民众受害惨重

日军鲁西霍乱细菌战涉及地域，分为：作战地区，包括山东省卫河沿岸（主要为东岸）十数县；以洪水扩散霍乱细菌的地区，包括山东省卫河以西、河北省邯郸以东及石家庄以南、河南省新乡以北的广大平原低洼地域，约50个县；以日军连续讨伐"扫荡"，驱赶霍乱病人四处避难，而传染蔓延的更大地域。由于历史原因和研究状况，日军鲁西霍乱战所造成中国民众病亡人数，今天还难以确切统计，只能做出一个初步的估算。

受审日军供述材料，是日军鲁西霍乱作战中国民众病亡人数的重要数据来源，但与实际病亡人数有相当的距离，应作具体分析和考证。

例如，难波博供认：

第44大队决溃卫河之馆陶至临清中间的弯曲点河堤，又将临清大桥附近的卫河堤决溃，结果，使馆陶、曲周、邱县、临清、威县、清河等地，受害面积约1800平方公里，受害居民约115万人，因霍乱、水淹、饿死约52 500人。他说："这个数字，是事后由第44大队去调查的，我也乘飞机去视察过。"❶

此数据，应是可信的。因为难波博属第53旅团情报系，

---

❶ 难波博的口供，1954年12月27日，原件存中央档案馆，档案号119-2-1058-1-4。

细菌战

较为了解内情,参与了制订鲁西作战及选择掘毁卫河堤的阴谋计划。这一供述,也是与小岛隆男、矢崎贤三等人所说掘溃卫河堤,"水灾、饥饿、霍乱死亡居民3万多人"❶ 有一定吻合之处的。但同时,亦应看到:(1)难波博的供述,没有包括在南馆陶掘溃卫河河堤。大石熊二郎供称,第44大队第3中队第1小队掘溃南馆陶河堤,使44 800多名和平农民罹病,其中霍乱致死4500多人。❷ (2)难波博的供述,仅涉及卫河西岸之馆陶、曲周、邱县、威县、临清、清河等6县的受害情况,没有包括卫河西岸其他20余县的受害情况,更不包括卫河东岸的受害情况。(3)难波博的供述,仅涉及散布霍乱菌、掘堤后的受害情况,没有涉及日军抵抗试验、调查霍乱和蔓延霍乱的讨伐作战所造成的劫难。因此,难波博的供述,只是冀南地区霍乱病亡人数中较小的部分,更只是日军鲁西霍乱作战所致病亡人数中较小的部分。

又如,林茂美详细地供述了日军鲁西霍乱作战致中国人民受害的罪行:

> 由于日军散布的霍乱菌,从9月初在南馆陶发生,向馆陶、临清、聊城、堂邑传布,同时又向德县、夏津、大名、冠县、莘县、阳谷一带流布。9月10日前后极猖獗。9月20日,我以曹长身份指挥防疫给水班人员去调查霍乱患者,21

---

❶ 小岛隆男的口供,1954年11月,原件存中央档案馆,档案号119-2-780-1-4。

❷ 大石熊二郎的笔供,1954年10月18日,原件存中央档案馆,档案号119-2-134-1-5。

第三章 散播恶性细菌，杀害华北军民

日至25日，亲眼看到霍乱病死者，在南馆陶有20名青壮年男女，在馆陶第44大队盘踞地附近有2名妇女，在临清有30名男女；在管理所在押的参加霍乱作战者所看见的有109名；前后两批强迫居民100名进行便检，济南防疫给水支部黑川检查班检验，确定为阳性霍乱菌。并将此情况电报报告第59师团长细川忠康。我在第59师团军医部直接看见电报上写着：在梁水镇3000名，在馆陶、邱县、南馆陶、临清是2030名，合计5291名（原文数据如此——笔者注），用霍乱菌杀害。同时，又用决溃卫河，临清、馆陶、南馆陶、武城一带淹死人民2万名以上。奉命9月上旬发起霍乱"抵抗试验"作战的第44大队500人，部队内有200名霍乱患者。

林茂美写道：

由于日本帝国主义对中国之侵略而陷入饥寒交迫、身体衰弱又受精神打击的中国人民，由于散布的霍乱菌急剧的继续的发展，其结果即呈现了典型的霍乱症状：下痢和呕吐，都呈现一种米汤的状态，水分极度减少，只在数小时乃至两三天之间由霍乱菌而被杀害。连每年定期实施霍乱预防接种的日本军队也猛烈地呈现着霍乱症状，何况没有实施预防接种的中国人民，一旦侵入霍乱菌，便立即表现症状，最后死亡。❶

---

❶ 林茂美的笔供，1954年8月24日，原件存中央档案馆，档案号119-2-619-1-5。

细菌战

林茂美所说中国民众病亡数字,是可信的。因为他是第59师团防疫给水班曹长、检查助手及书记,参与了日军鲁西霍乱作战全过程,直接进行了调查霍乱情况的便检,又直接看到师团军医部霍乱疫情电报的数字。但亦有应分析和考证之点:(1)林茂美所说中国民众因日军散布霍乱菌而死亡5291名,是9月初至9月25日馆陶、邱县、南馆陶、临清及聊城县梁水镇的病亡数字,未包括该地区以外的病亡数字。(2)负责调查霍乱作战效果的,除防疫给水细菌战部队外,还有师团防疫本部和师团情报系人员。芳信雅之属日军第59师团情报系,9月初日军在范县、阳谷地区散布霍乱细菌后,他奉命"到达阳谷、寿张,利用红枪会的组织进行调查,搜集发生霍乱的地区、病状等情报,将结果报告了军方"。[1] 片桐济三郎,是第59师团特别训练队医务室伍长,担任第59师团防疫本部联络下士官,他奉命"在山东省临清第44大队,9月25日起至10月7日止,将各地的霍乱作战效果状况(邱县方面杀害700名,馆陶方面杀害1000名,南馆陶方面杀害300名)用紧急电报报告给师团参谋长江田稔",师团又进行了"下一期计划",集体杀害了2万多人。[2] 所谓"下一期计划",即10月中旬的霍乱作战。(3)将林茂美与芳信雅之、片桐济三郎的供述相对照,9月

---

[1] 芳信雅之的笔供,1954年6月18日,原件存中央档案馆,档案号119-2-869-1-5。

[2] 片桐济三郎的笔供,1954年8月17日,原件存中央档案馆,档案号119-2-206-1-5。

第三章 散播恶性细菌，杀害华北军民

初至10月初，在梁水镇、南馆陶、馆陶、临清、邱县，中国民众因霍乱致死至少5291人；另外，10月中旬的一期霍乱作战又致中国民众死亡2万多人。但这还不是鲁西地区中国民众病亡总人数。

再如矢崎贤三称：

通过三期霍乱讨伐作战，使撒在中国人民中的霍乱菌蔓延到鲁西地区（临清、邱县、馆陶、冠县、堂邑、莘县、朝城、范县、观城、濮县、寿张、阳谷、聊城、茌平、博平、清平、夏津、高唐），"用霍乱菌杀害了227 500名中国和平农民"。随后，又将此杀害数字修订为20万以上。❶

矢崎贤三所说鲁西地区18县因霍乱病亡20万人以上，尽管做了修订，还是不难看出有较多的主观估计成分，因为当时他作为日军一个小队的负责人，是很难了解鲁西霍乱作战中国民众病亡总数的。但亦有以下几点值得关注：（1）矢崎贤三在此笔供中说掘溃卫河河堤，使河西解放区960平方公里地区受害，霍乱、水灾、饥饿致死32 300人以上，是与难波博、小岛隆男的供述大体一致的。（2）矢崎贤三所说鲁西18县（其中临清、馆陶、邱县等隶属冀南区），即日军实施抵抗试验、霍乱调查、蔓延霍乱三期霍乱讨伐作战的地区，亦与林茂美所称日军霍乱讨伐作战之地域是基本吻合的。（3）鲁西一带确实霍乱到处流行，据日军第44大队军

---

❶ 矢崎贤三的笔供，1954年，原件存中央档案馆，档案号119-2-516-1-5，119-2-516-1-6。

细菌战

医柿添忍向大队长广濑利善报告，冠县、堂邑、聊城"这一带地区无论走到哪个村子都在流行霍乱，连宿营的地方都找不到"。❶如前述，当时，仅聊城县梁水镇民众霍乱病亡者即达3000人；日军抵抗试验中第44大队500人中有霍乱患者200人。

以上，对日军战俘供述的分析与考证，可以认定以下事实。第一，日军鲁西霍乱作战，因卫河被掘溃，仅馆陶、曲周、邱县、临清、威县、清河6县，霍乱、水淹、饿死约57 000人；自9月初至10月7日，上报到第59师团司令部的中国民众霍乱病亡者，仅南馆陶、馆陶、邱县、临清4县及聊城县梁水镇，合计5291人；仅10月中旬的一期霍乱作战，杀害中国民众2万多人。这些数据是可信的。第二，鲁西地区是日军此次霍乱作战的重灾区，因日军散布霍乱细菌受害极为惨重，初步估算霍乱死亡者有数万人。

日军鲁西霍乱作战所致卫河两岸数十县民众的病亡情况，据中国细菌战受害者原告团团长王选等一行2002年12月20~22日在山东省临清市和河北省馆陶县进行的实地调查记载：

在临清市临清镇大桥村，提起日本鬼子掘开卫河河堤的事，77岁的刘长延老人记忆犹新，他说："那年连着大旱，8月里连着下了7天7夜大雨，（卫河里）水上来了，（鬼子）就把水扒开了，挖了个大口子，淹了老大一片，从清河一直到魏（威——笔者注）县，淹了四五个县……"82岁的王振东回忆说：当时"八路军在（河）西边，鬼子在大

---

❶ 林茂美检举长岛勤的材料，1954年7月17日，原件存中央档案馆，档案号119-2-5-9-13。

第三章 散播恶性细菌,杀害华北军民

西门(河对面)扒堤,群众集在一起(要阻止扒堤——笔者注),鬼子不让去。发大水,淹得不少。"一提起传染霍乱的情形,79岁的李善文说:"闹肚子的多得很,走着走着一吐一拉,就不行了。"又说:"那些闹肚子的病,都是从河对面莘县、冠县那里传过来的。日本人管它叫'虎里拉',见了有这种病的人就拉出去烧死。"在馆陶县,一位熟悉当地历史的退休干部,社里堡村70岁的井富贵老人,告诉王选等人说:"1943年秋天,馆陶全县霍乱流行,病死两万多人,许多村庄都成了无人区。"从馆陶县城往北走约5公里,到了现在的南馆陶镇社里堡村,该村就是当年日军扒开卫河堤口的地方。由于卫河河水改道,社里堡村现在已不在卫河边上了。这位退休干部指着大堤下的麦田和棉花地说:卫河水就是从这里决开的。大堤决口后,河水很快淹没了馆陶、邱县等大片地方。这些地方当时是八路军的根据地,由于河水泛滥和霍乱流行,给抗日军民造成了极大的困难。他回忆说:"晚上决的口,早上不知道谁最先喊的,我们去看,河那边都淹了。""那个时候一直大旱,后来一连下了几天几夜的雨,水都漫了。后来就决了口。决口的地方在村南,我们村没淹着。"他还清楚地记得当年闹霍乱的惨景:"8月里决的口,决口没几天,我们这里就闹霍乱,抽筋,上吐下泻,手脚往里抽搐。摊上那个病,抽搐成个小狗似的,没几天就死了。""9月里,我们家半个月死了5口人。老爷爷、老奶奶、爷爷、奶奶,还有我娘,都死了。剩下我姐,13岁,我和我叔,都11岁……"他的左邻右舍共死了二十七八口人。全村到处都是哭声。井富贵还肯定地说,当年巨鹿县也是重灾区,他曾看过巨鹿县志,据记载,1943年,全县到处尸横

遍野，野草丛生，一片凄凉，就连大街上都长满了齐人高的蒿草，村村无人烟。❶

据《冀南革命史》记载：在冀南抗日民主根据地，日军于临清大石桥等处将卫河掘口，又在鸡泽县将滏阳河掘口，并在漳河县南上村破坏漳河河堤，致使洪水泛滥。冀南地区受灾县30多个，灾民400余万人，其中以三专区的馆陶，六专区的武城、故城、清河等县受灾最重，二专区的任县、隆平也成了滏阳河的储水湖。"自9月发现霍乱流行""10月上旬开始自北向南、由东而西在全区蔓延。"巨鹿县霍乱病死者达3000人；曲周县东王堡村150户病死600人；馆陶县榆林、来村、法寺等村10天内病死370余人；威县南胡帐村170户病死210人；邱县梁儿庄300户死400人，有20余户死绝；清河县黄金庄村死200人。❷ 这1个县及7个村因霍乱死亡合计4780人，7个村平均每村霍乱死亡250余人。当时由于防疫体系不健全，防疫条件和医术落后，未能侦知日军鲁西霍乱细菌作战，加之群众对霍乱等恶疫的惧怕，能够登记在案的霍乱病亡人数只占实际病亡人数的极少部分。如1999年版《馆陶县志》记载：1943年，馆陶全县发生天灾，加之霍乱流行，"仅卫河以西几个区就饿死、病

---

❶ "中国人民的控诉——血泪印证日军罪行"，载《齐鲁晚报》2002年12月27日。

❷ 冀南革命斗争史编审委员会：《冀南革命斗争史》，中央编译出版社1996年版，第256-257页。

死2万多人,境内西北部一些村庄成为无人区"。❶ 2002年、2005年入户调查,馆陶全县传染霍乱村庄179个,死亡10 329人;其中,社里堡村,当时有800余口人,因霍乱死亡207人,外出逃难200余口人,在社里堡村的邻村各村有14人患霍乱死亡;在安静村,村民患霍乱死亡100多人。此调查组还特别声明:"由于年代久远,入户统计难免遗漏,因此,实际死亡人数比统计数字还要大。"❷ 又如,邱县2006年调查,那时流传一首民谣:"民国三十二年,灾荒真可怜,河里发大水,把俺村庄淹,人人得了潮湿病,家家闹霍乱,先死有人抬,后死无人埋,尸横遍野地,无人敢收敛。""邱县有160个村染及霍乱病,死亡15 201人。""1942年底邱县有8.8万人,到灾后,只剩下了4.2万人。"❸

以馆陶、邱县两县近年来的调查数字,参考前面日军战俘的供述数字加以估算:第一,冀南地区受灾30多个县,灾民400多万,馆陶、邱县两县传染霍乱339个村庄,死亡25 530人,总人口锐减七八万,冀南全区人口因霍乱、水灾、饥饿而减少约50万人,其中死亡约20万人。❹ 第二,冀南地区,因日军鲁西霍乱作战所造成民众实际死亡人数,约为战

---

❶ 《馆陶县志》,中华书局1999年版,第19页。

❷ 中共河北省委党史研究室资料室:"日军在馆陶县进行的细菌战专题调研报告及有关证据"(未刊稿)。

❸ 中共河北省委党史研究室资料室:"日军在鲁西实施细菌战过程中邱县损失情况综述"(未刊稿)。

❹ 中共冀鲁豫边区党史工作组办公室:《中共冀鲁豫边区党史资料选编》第二辑,文献部分(下),河南人民出版社1988年版,第160页、第446页。

时抗日民主政府所能调查统计死亡人数（4780 人）三四十倍之多。第三，鲁西地区民众霍乱死亡约数万人之多。因此，可以初步估算，日军鲁西霍乱作战致中国民众死亡约 20 万人。

图 3-3　日军掘卫河堤放洪水散播霍乱菌后临清北水门一带的惨景
（中央档案馆馆藏照片）

图 3-4　日军在临清小焦家庄掘卫河堤放洪水散播霍乱菌后的惨景
（中央档案馆馆藏照片）

第三章 散播恶性细菌,杀害华北军民

第六节 在晋冀鲁豫边区的细菌攻击

一、频繁散播各种病菌

晋冀鲁豫边区包括太行、太岳、冀南、冀鲁豫四个战略区,战略位置十分重要,又是中共中央北方局和八路军总部的驻地。抗日战争期间,中国官方报刊就对日军在这一地区进行细菌攻击的罪恶事实不断地进行了揭露与谴责。如《晋察冀日报》1941年4月6日载文称:平汉路敌寇进扰冀西赞皇县竹里村一带时,施放霍乱病菌于村郊,立春后村民"分害绞肠痧、肚疼、头晕,不二三日即死亡"。"自年至今,该村患这种病者已达60余人(小孩尤多)。目前春暖花开,病菌滋长更快,该村每日死亡均在二三人以上,附近村庄之传染亦极严重。"《解放日报》1942年3月28日载文揭露:"日军于2月间'扫荡'冀中正定、无极地区,施放带有鼠疫杆菌的疫鼠甚多;'扫荡'太行区时,亦在晋中武乡地区散发该种疫鼠。本月以来,敌'扫荡'冀南地区及冀鲁豫边区,亦曾施放。"并号召根据地党政军民"应加警惕"。《新华日报》1942年7月20日也载文揭露日军3月间"扫荡"冀中区无极、深泽,4月间"扫荡"清漳河下游武乡一带,均在"扫荡"败溃后投放糜烂性毒气和鼠疫菌。

实际上,华北日军在晋冀鲁豫边区的细菌战实验,如使用中国人进行的鼠疫实验,早在七七事变后不久就开始了。据萱内芳次郎1954年9月1日的笔供:

细菌战

1937年10月上旬,在河北省顺德县(邢台——笔者注)盘踞时,我是橘部队行李班第3班二等兵,根据荻原曹长的命令,在柳泽上等兵指挥下,我和另外10名补充兵,向房屋放火,烧毁两处,共5间。放火时,曾看见屋内有10个麻袋,当时不知装的什么东西,以后在磁县听青山军曹说,那些袋子里装的是实验虎疫(霍乱——笔者注)被害的10名中国和平居民的尸体,与房屋一起烧掉了。❶

此后,华北日军在加紧对晋冀鲁豫边区进行围攻、"扫荡"的同时,与之相结合,经常在抗日军民的房屋内、水井中、食物中、食具上,以及池塘、河流等饮用水中,散播各种传染病菌。据日军战俘住冈义一的笔供,1942年2月1日起约1个月的时间,日本华北方面军第1军独立混成第4旅团,以破坏太谷、榆社、和顺、昔阳4县城内的八路军(决死第三纵队、游击队、县政府、公安局)根据地为目的,进行"扫荡"作战。住冈义一的小队配属于独立步兵第12大队前川集成中队,为第3小队,他在前川中尉的指挥下,以少尉小队长的身份参加作战。他写道:

2月下旬,中队根据大队长的命令,掩护大队本部医务室曾根军医大尉以下约10人撒布伤寒菌和霍乱菌。此时,我的小队与中队一起,占领榆社及和顺县境的龙门村、官池堂、阳乐庄及其他二三个不知名的村庄,由医务室的人员在

---

❶ 萱内芳次郎的笔供,1954年9月1日,原件存中央档案馆,档案号119-2-941-1-5。

民房中，向碗、筷、菜刀、面杖、面板、桌子等食器上涂抹细菌，又向水缸中、村中的水井中及附近的河中投放细菌。❶

中岛京子在1954年11月23日的笔供中也写道：1943年10月至1945年8月，她在太原市西羊市日本华北派遣军直属部队防疫给水部工作，"于河南作战时，以对新乡一带救济为名，将伤寒菌掺入大米和白面里，杀害了很多的中国人。"❷

二、河南林县霍乱作战

1944年，世界反法西斯战争取得了决定性的胜利，德国法西斯节节败退，日本法西斯已经陷入四面楚歌。中国共产党领导的敌后战场乘机发起了连续不断的攻势作战。这时，日军更加依赖细菌战和毒气战，妄图以细菌武器来"拯救日本"。

当时，日军在进行打通中国大陆交通的作战中，战犯铃木启久参加了在河南的作战。他于1944年1月指挥第12军步兵第4旅团侵入新乡，同年7月改编到第117师团，任师团长，盘踞在郑州、开封、汲县、兰封、阳武、新郑、焦作、怀庆、修武等陇海路以北的豫北地区。铃木启久在1955年5月6日的口供中，供认了下令在河南林县散布霍乱菌的

---

❶ 住冈义一的笔供，1956年5月31日，原件存中央档案馆，档案号119-2-14-1-5。
❷ 中岛京子的笔供，1954年11月23日，原件存中央档案馆，档案号119-2-53-1-6。

细菌战

实情。他说：1944年11月，"命令第87旅团长吉武秀人指挥步兵3个大队和第12军配属的1个骑兵联队及1个防疫给水班，攻击林县及濬县东方地区的八路军，并命令步兵部队和骑兵联队分别进攻林县的南部和北部地区，要彻底消灭抗日游击队，步兵部队在撤出南部地区时，防疫给水班根据我的命令在三四个村庄里散布了霍乱菌"。后来，他亲自接到师团军医部部长长野武治的报告，说"在林县有100名以上居民患霍乱病，死亡人数很多"。❶

有关这次在河南林县散布霍乱菌的详情，日军第117师团步兵第87旅团高级副官、陆军大尉中田卯三郎于1956年5月5日写了如下检举铃木启久的证词：

1944年9月2日，铃木启久在新乡师团司令部，向汲县步兵第87旅团长吉武秀人下达了作战命令："步兵第87旅团长于彰德（安阳——笔者注）掌握独立步兵第205大队与独立步兵第391大队以及岩画大队，做攻击林县的准备，在该作战期间配给军防疫给水班。"

中田卯三郎在这份证词中说，当旅团长吉武秀人在新乡接受铃木启久的指示细节的时候，他率领旅团司令部即先到彰德掌握了军防疫给水班。在林县作战期间，吉武秀人把军防疫给水班分配于旅团司令部和各步兵大队，并要求调查关于散布细菌和各重要地方的准确情报。中田卯三郎说：

---

❶ 铃木启久的口供，1955年5月6日，原件存中央档案馆，档案号119－2－1－1－2。

第三章 散播恶性细菌，杀害华北军民

9月下旬，铃木启久由彰德前进到林县，亲自指挥前线部队，同时指导防疫给水班准备撒布霍乱菌。10月2日左右，铃木启久给在林县的吉武秀人下达电报命令："步兵第87旅团长，指挥作战部队应由林县撤退到彰德，撤退时让军防疫给水班撒布霍乱菌。"

接到这个命令后，中田卯三郎将旅团长吉武秀人根据这个命令再下的命令传达给了第12军防疫给水班班长。据此，分派于旅团司令部和各步兵大队的军防疫给水班分别在林县城、合涧镇、东窑、林县北部等地区的井内和泥坑等地散布了霍乱菌。

中田卯三郎证词中还说，10月上旬作战后，铃木启久又向师团情报班下达命令：侦探该作战的后果，并格外侦探散布霍乱菌后的效果。在这份检举材料中，他提出了与铃木启久的口供一样的中国和平居民受害数据。中田卯三郎说："根据诸情报判明，最少有100名以上的和平居民因撒布的霍乱菌而发病死亡。该情报是由师团情报班班长井中尉那里听来的。"❶

三、潞安附近散播伤寒

日本华北方面军直到日本投降前夕，仍企图以细菌武器

---

❶ 中田卯三郎检举铃木启久的材料，1956年5月5日，载谢忠厚、张瑞智、田苏苏：《日本侵略华北罪行档案5·细菌战》，河北人民出版社2005年版，第213—214页。

挽救日军灭亡的厄运。据种村文三❶1954年6月的笔供，为组织细菌战，他于1945年5月以潞安陆军病院中尉庶务科长的身份在山西省潞安与日军独立步兵第14旅团长元泉馨秘密会谈，"商妥元泉为组织细菌战的指导者之一员，当兵团出动时，积极予以协力施行"。此后，在潞安附近8个村庄散布了细菌，同时指示前方部队使用细菌武器。日军从潞安撤退后，又在沁县使用两次细菌武器。为了散播细菌，种村文三还亲自组织了卫生兵4名及士官1名。❷

据种村文三1954年8月31日的口供❸，1944～1945年，他先后在潞安附近村庄散布过伤寒细菌多次，使十数村庄传染伤寒病，村民染病死亡数百人。种村文三在这份口供中供认：

1944年4月，他在潞安陆军病院任卫生准尉时，在潞安西南约6公里的某村北边井内投放伤寒菌，经过15天后，老百姓被传染30人，其中3人死亡。

---

❶ 种村文三，化名钟村文，日本国东京都人，1931年12月侵入中国，在东北海城任日本关东军铁道中队卫生军曹。1938年7月再次侵入中国，先后任徐州日军野战预备病院小队长、兖州日军陆军病院卫生准尉、第二野战铁道司令部横山部队卫生准尉、新乡陆军病院卫生准尉，1942年7月升任潞安陆军病院卫生中尉，1944年9月升任卫生中尉庶务科长，1945年8月又升任卫生大尉。日本投降后，种村文三残留山西阎锡山部。

❷ 种村文三的笔供，1954年6月，原件存中央档案馆，档案号119－2－1106－2－14。

❸ 种村文三的口供，1954年8月31日，原件存中央档案馆，档案号119－2－1106－1－4。

第三章 散播恶性细菌，杀害华北军民

1945年5月，他在潞安东方1公里半的某村井内投入伤寒菌，经四次调查，在四个星期中老百姓被感染38人，其中死亡14人，并传染到了附近的村庄；又在常村站附近村里的井中投入伤寒菌，经三次调查，老百姓被感染35人，其中死亡15人。

1945年6月，他在常村南约1公里某村及潞安东方约2公里马坊庄撒布伤寒菌，经两次调查，马坊庄老百姓有22人被感染，其中死亡7人，常村附近某村被感染60多人，死亡十七八人。

1945年7月，他在潞安南约1公里某村投入伤寒菌，经两次调查，老百姓被感染30人，死亡十二三人；在潞安南约2公里某村的水池内投入伤寒菌，经两次调查，老百姓有20多人被感染，死亡5人；在潞安南约1公里某村前约100米密集蝇子的厕所内投入伤寒菌，老百姓23人被感染得病，其中死亡十二三人；同时，又在潞安至潞城间的村庄投入伤寒菌，受感染老百姓60多人，其中死亡十多人。

1945年8月，他在潞安陆军病院东约500米的井内投入赤痢菌，一星期后，染病约30多人，其中死亡小孩2人。同月，由潞安撤退时，他在病院的井内、火房前的水池里投入伤寒菌。在撤退路经沁县车站时，在车站的水缸内和脏土堆里也投入了伤寒菌。

四、长治村民的控诉

在中华人民共和国对日本侵华战犯进行审判的过程中，按照司法程序，司法机关调查取证，获得了大量日军使用细菌武器的罪证。如潞安日陆军病院中尉军医种村文三散布伤

细菌战

寒细菌一案,山西省长治市和长治县、潞城县、屯留县,有10个村庄的民众和村政府提出了因日军散布伤寒细菌而民众病亡的证明书。

首先来看长治市民众的控诉。

1953年7月10日,长治市城郊区北石槽村村长呼聚金、村党支部书记田起首、死亡者家属代表朱克仁写了如下证明书:

> 日寇盘踞长治时,1944年4月间,该村突然发生一种传染病症伤寒。十四五日,该村朱腊塔(即朱克仁)首先得病,将全家男女15口人(男7口、女8口)均传染此症,3个月内全家死亡男女11口(男6口、女5口)。全村在4月至6月间,共传染17户、人101口(男52口、女49口),死亡36人(男21口、女15口)。现任村长呼聚金,全家共7口人,均传染此症,死亡4人(男1口、女3口)。并证明该村中央确有水井一眼,得病者大部在此井吃水。请求政府查明细菌战犯,依法惩办,给我们死者申冤。❶

长治市城郊区宋家庄村村长陈元明、村党支部书记张毛孩、受害家属代表李生则,于1953年提出证明书,证明该村在长治市城郊南门外3华里,于1944年5月间突然暴发伤寒病。证明书中说:

---

❶ 长治市城郊区北石槽村的证明书,1953年7月10日,原件存中央档案馆,档案号119-2-1106-1-8。

第三章 散播恶性细菌，杀害华北军民

1944年5月间，我村梁金生首先得伤寒病，后传染全家4口（男2口、女2口），死亡者有男1口、女1口。本村李生则在5月底得病，传染全家5口（男3口、女2口），死亡男1口。由于此疾传染甚快，5月间全村共病14户、53人（男25人、女28人），死亡者有9户、13人（男4人、女9人）。全村群众意见，请求政府查明细菌战犯，依法惩办，给死者申冤。❶

长治市城郊区马坊头村村长申火成、副村长王长喜、村人民代表大会代表李明台等，于1953年8月8日出具证明书，证明该村传染伤寒的病症及来源。证明书说：

马坊头村是长治县第二区五马李家庄编村的副村，该村当时是日军的汽车队驻地，全村群众大部分在外逃，返村的有1/3。当时病症是伤寒，先头痛，全身发烧带泻肚。1944年5月间，张成寅得病，在6月5日死了。梁胖只6月间忽然得病，经医生诊断是伤寒，先头晕，身体发烧，继则泻肚，七八日死了。梁富只5月25日得病，6月2日死的。梁顺只7月14日得病，22日死了。全村得病者3户，男5口、女3口，死者4人，余下有病的人7月底才痊愈。❷

---

❶ 长治市城郊区宋家庄村的证明书，1953年，原件存中央档案馆，档案号119-2-1106-1-8。

❷ 长治市城郊区马坊头村的证明书，1953年8月8日，原件存中央档案馆，档案号119-2-1106-1-8。

细菌战

1953年7月15日，长治市城郊区寨子村村长何泉水、村党支部书记李立成、受害者家属代表王根生写了证明书，证明该村1944年4~6月突然发生传染性伤寒的情况：

本年4月间，该村史豆孩首先得病伤寒，后将其全家均传染此症，不到月底死亡男3人。由于此症传染甚快，全村在4、5、6月间，共传染15户65人（男35人、女30人），死亡17人（男10人、女7人）。其中，传染最甚者王万则，全家5口均传染，死亡者4人（男3口、女1口）。史豆孩住在村东北角，因门外距40余米有水池一个，该民房后有厕所一个，密集蝇子甚多。得病者大部是在水池洗澡、洗衣服，因史豆孩房户厕所在池边也经常有人便用。全村群众意见，请求政府查明细菌战犯，依法惩办，给我们人民除恨，给我们死者申冤报仇。❶

长治市下西街北营党支部书记李胖孩、街长马有富、治安主任陈小明、被害者家属程怀保代表北营村60户群众，于1953年提出证明书，控诉日陆军病院在北营村散布伤寒菌的罪行：

日寇盘踞长治市时，于1944年间，日寇病院临北营半华里之远。4月间开始，首先得病者程怀保的母亲和他妹子，全家人3口，死亡女2人。传染本街10户，死亡男3

---

❶ 长治市城郊区寨子村的证明书，1953年7月15日，原件存中央档案馆，档案号119-2-1106-1-8。

人,女 5 人。后传染全村,4 至 7 月间,生病 27 户、58 人,死亡者 29 人,系男 12 人、女 17 人。其中,最严重者陈文景家男 2 人、女 2 人全部死亡。❶

1953 年,长治市针漳村村长武土狗、村党支部书记尚满来、死亡者家属代表原富贵出具证明书:

日寇盘踞长治时,于 1944 年 5 月间,我村突然发生伤寒。当时,杨和尚首先得伤寒病,将其全家男女 3 口传染,杨和尚得病不到 7 日死了。杨和尚的姐杨风只侍候,此症传染隔壁婆家原富贵全家 12 口(男 6 人、女 6 人),杨风只之夫原才只 8 月 17 日病死。伤寒病流行到全村 13 户,得病男 42 人、女 35 人,共 77 人;死亡者 9 户,男 12 人、女 5 人,死绝者 1 户(男 2 人、女 1 人)。陈昌孩全家 23 口,传染得病 22 口(男 11 人、女 11 人),他父亲陈保只 6 月 25 日病死,他小女儿 7 月初病死。

证明书申明:

根据以上得此病症死亡十分严重,当时我们对此种事件莫明其妙,因日寇出发常往我村来,想是日寇放下病菌,但具体放的情况与细菌战犯,我们不注意也不了解。另,证明我村南边有河一条,村北有水池两个,系杨和尚房后。又,

---

❶ 长治市北营村 60 户群众的控诉书,1953 年,原件存中央档案馆,档案号 119 - 2 - 1106 - 1 - 8。

细菌战

证明杨和尚紧依房后确有水井一眼,得病者大部在此井吃水。全村群众意见,请求政府查明细菌战犯,依法惩办,给我们死者申冤。❶

再看一看长治、屯留、潞城等县民众的控诉吧。

长治县六区交城村人民政府及受害者代表崔来金,于1953年7月16日在证明书中写道:

日寇盘踞长治时,1944年4月间我村发生一种传染伤寒病症。王四海首先得病伤寒,后将其全家男女6口均传染,仅在月底,全家死亡男3人、女1人。由于此症传染甚快,又很严重,引起全村在4月至6月间传染19户、71人(男36人、女35人),其中死亡有16户、31人(男15人、女16人),全家死绝者有崔生贵、王乱则、解胖肉3户。我村东北有吃水井一眼,得病者大部分由此井吃水,此井就在王四海大门外边。请求政府查明细菌战犯,依法惩办,给我们死亡者申冤报仇。此是我村群众意见。❷

1953年7月,屯留县二区姬村村长开连魁、村党支部书记程全忠及受害者陈三孩、徐中汶、徐中沛、徐保福、徐中元、徐中毓、徐中馨、韩成珠等35名村民,出具联名控诉书:

---

❶ 长治市针漳村的证明书,1953年,原件存中央档案馆,档案号119-2-1106-1-8。

❷ 长治县六区交城村的证明书,1953年7月16日,原件存中央档案馆,档案号119-2-1106-1-8。

第三章 散播恶性细菌，杀害华北军民

山西省长治专署屯留县第二区姬村（距常村站 2 华里）村民陈三孩，于民国三十三年（1944 年）三月二日，因日寇侵占时散布在敝村伤寒细菌，母亲先病，传染敝父陈善，在 4 月 27 日因病死亡。传染敝村 36 户，男 52 个、女 46 个，共计男女 98 个，其中死亡者 13 户，男 10 个、女 3 个。这种滔天罪恶使人可恨，至今 10 年有余，无处控诉，日犯现已被扣，讫政府依法惩办。❶

潞城县五区南岳镇村村长崔不坚、公安主任王全定及被害家属代表崔林则、路翠利、张苗利、侯红等 11 名村民，于 1953 年 7 月联名提起控诉书：

南岳镇村属于长治专区潞城县第五区，距长治市 20 华里，距潞城县城 10 华里。南岳镇村于 1944 年 6 月 18 日，王保泰（已死）全家发生伤寒病，27 日死亡 1 人，7 月 3 日死亡 1 人，全家死完。后流行全村，发生伤寒病者共 12 户，男 22 人，死亡者 4 人；女 24 人，死亡者 6 人。❷

长治专区屯留县二区北渔泽村受害者崔小英代表崔新和、崔连绘、崔计昌、郝占先、郝顺成、詹成有等 39 名受害者家属，于 1953 年 7 月提出了联名控诉书：

---

❶ 屯留县二区姬村民众的控诉书，1953 年 7 月，原件存中央档案馆，档案号 119-2-1106-1-8。

❷ 潞城县五区南岳镇村的控诉书，1953 年 7 月，原件存中央档案馆，档案号 119-2-1106-1-8。

北渔泽村，距离县城25华里，距离常村站5华里，因日本鬼子侵占屯留县时散布病菌，该村统计40户，得病者男104个、女85个，共计189个。被病菌传染而死亡者男24个、女14个。传染病发生在民国三十三年（1944年）三月二十九日，全村得病者大部分都是伤寒。这种滔天罪恶，要求政府依法惩办。❶

上述山西省长治市及3个县计10个村的不完全统计，因潞安日陆军病院种村文三等人散布伤寒细菌，即造成突发性伤寒病传染，有196户被传染伤寒病，患者766人，其中死亡208人。

第七节　抗日根据地军民的防疫斗争

一、日本侵略者在华北制造各种疫情

日军侵略华北地区，为了大量屠杀抗日军民，千方百计地制造各种疫情。他们一面在各抗日根据地投放带鼠疫菌的老鼠和跳蚤，一面强迫敌占区及游击区老百姓上交老鼠、虱子等，以大量制造鼠疫等各种细菌武器。据1942年7月20日《新华日报》记载：

敌近又在雁北一带，强迫人民交纳虱子、老鼠、臭虫，

---

❶ 屯留县二区北渔泽村群众的联名控诉书，1953年7月，原件存中央档案馆，档案号119-2-1106-1-8。

第三章 散播恶性细菌，杀害华北军民

喂养病菌，然后向根据地内散放。敌屡令敌占区老百姓交纳胡须、鸡毛、老鼠。胡须不论老少每人交2两，鸡毛每间交2两，老鼠每人交2只。不能交出者，须用白银代替（每只老鼠折合白银1元4角）。伪广灵县政府下令各村每户交虱子、臭虫各5000，浑源、应县各伪县府亦有同样命令。

日本侵略者竭力统制食盐，在食盐中掺入细菌，以杀害抗日军民。据1942年11月25日《解放日报》记载：

浑源、应县敌占区来人谈，抗日根据地军民患霍乱、痢疾、疟疾等病，与吃有毒盐有关。现应县城敌密令各地敌伪，"吃应县食盐，必须用锅炒干或用开水过滤，以免中毒"。

日本侵略者不仅对抗日军民实施细菌攻击，而且用细菌杀害家畜家禽，制造各种瘟疫。据1942年11月10日《晋察冀日报》记载：

驻易县城日军近来在县城四关及附近村庄，将所有的牛、驴、骡、马、猪、羊、鸡，借口"防瘟"，实行注射。注射后，这些家畜家禽立即肿起，不吃、不喝，大部分都死掉了。

由于侵华日军对抗日根据地进行残酷"扫荡"，实行"三光"政策，制造"无人区"，频繁地散布各种恶性传染细菌，加之自然灾害，华北各区疫病流行，城乡平民病亡惨重。如在晋察冀边区之北岳区，日军1941年秋季大"扫荡"后，群众害病者达10万余人，平山县死亡1万余人。又如，

细菌战

据 1944 年 11 月 18 日《抗战日报》报道："近来晋察冀各地疟疾、痢疾流行，其中有严重者以平山某村病人达 1/3，甚至到 1/2，井陉 8 个村的病人占总人口 22%，满城 5 个村共有病人 440 人，徐水某村病人达总数 70%，有的村庄一天死三四个人，完县西朝阳仅儿童即病了 200 多人，平北涞水紫石口村也病了 1/3 的人。"再如，据《敌人在华北的暴行》一文记载："山西人民近年来疾病发展是惊人的，最普遍的病是伤寒、斑疹、赤痢、鼠疫、花柳、梅毒、白喉、天花、霍乱、回归热、脑膜炎、急性肺炎等，估计妇女有性病者占 68%，小孩死亡率 56% 以上。"[1]

二、抗日军民的防疫斗争

日本侵华战争期间，大量使用细菌武器与毒气武器，给中国抗日军民造成了严重疫情病亡。中国抗日人民，不论正面战场，还是敌后战场，都开展了广泛持久的防菌防毒的防疫卫生运动，有效地减轻了日本法西斯制造的疫情灾难。晋察冀边区党政军领导机关十分关心人民群众的生命安危，始终强调发动群众与专门技术工作相结合，做好防范细菌战、毒气战的各项工作，堪称开展卫生防疫工作的优秀代表。

1941 年 2 月 9 日，晋察冀军区司令部发出《关于防范敌以投毒方式谋害我军民的通知》，指出："近敌在食盐中放以毒药，以便衣或汉奸拐入我驻地附近，丢弃街头，以图谋害我军民。"要求"各部注意防范为要"。在这一通知中，还

---

[1] 敌人在华北的暴行，1945 年 11 月 20 日，原件存中央档案馆，档案号 190。

第三章　散播恶性细菌，杀害华北军民

揭露日军 1940 年 2 月至 1941 年 5 月，在崞县、曲阳、行唐、望都放毒，致使 350 余人中毒。❶

1941 年 12 月 14 日，晋察冀军区司令部又以作区字第 5 号发出《关于防敌鼠疫问题的通知》："据边区公安局得定县公安局本月 11 日报称'定县敌命令爱护村送老鼠一只，阴谋制造鼠疫菌向我边区散布害我军民'，似此险毒阴谋望各部应严加防范为要。"❷

1942 年 5 月，晋察冀边区政府和晋察冀军区司令部连发三个防范日军细菌战、毒气战的重要文件。一是《晋察冀军区司令部关于粉碎敌人屠杀群众的毒质战和病菌战通报》（1942 年 5 月 5 日于军区司令部，作军字第 26 号）；二是晋察冀军区司令部通报（1942 年 5 月 9 日于军区司令部，队军字第 5 号）；三是《晋察冀边区行政委员会函发军区司令部关于防范敌寇毒质病菌进攻之对策通报》（1942 年 5 月 26 日，世民社字第 100 号）。

第一个文件

晋察冀军区司令部 1942 年 5 月 5 日作军字第 26 号文，根据冀中区所获报，揭露日军对敌后抗日根据地军民实行毒

---

❶ 晋察冀军区司令部《关于防范敌以投毒方式谋害我军民的通知》，1941 年 2 月 9 日，载中央党史研究室第一研究部、中国人民解放军档案馆：《抗日战争时期八路军人员伤亡和财产损失（5）》，中共党史出版社 2014 年版。

❷ 晋察冀军区司令部关于《防敌鼠疫问题的通知》，1941 年 12 月 14 日，载中央党史研究室第一研究部、中国人民解放军档案馆：《抗日战争时期八路军人员伤亡和财产损失（5）》，中共党史出版社 2014 年版。

气攻击与破坏，如将带侵蚀性的药品溶解于擦枪油内，卖给抗日部队用以擦枪后，扩大火器口径，减弱威力；将慢性毒药放于食盐中，低价输入边区出售，使抗日军民食后损害健康体力；将慢性毒药放于毛巾、肥皂上，输入边区，损害抗日部队视力；日军还大量散布毒菌，使根据地人口死亡，减少兵源等。要求根据地军民"严加防范"并提出以下几项防范方法：（1）擦枪油，应努力研究代用品。（2）由敌占区买来的食盐，无论其是否有毒，先在锅内炒一次再吃，同时卫生部门注意化验其毒质，拟定解毒之方法。（3）毛巾与肥皂，可用布或边区制造的毛巾、肥皂；为了避免牙膏牙粉中毒，可以食盐代之。

第二个文件

晋察冀军区司令部1942年5月9日队军字第5号文进一步详细地分析了日军在华北进行毒质战（毒气战）、病菌战（细菌战）的新形势，具体地提出了防范细菌战、毒气战的有力措施。

晋察冀军区司令部1942年5月9日队军字第5号文指出：

敌人的毒质战和病菌战已经发展到了一个新的阶段，即："（1）使用对象，已由军队为主，改作群众为主；（2）使用时机，已由间隙施放为主，改为经常施放为主；（3）使用分量，已由小规模为主，改为大规模为主。"

该第5号文分析了敌人使用细菌的种类、方法。指出：

第三章 散播恶性细菌,杀害华北军民

敌人已经使用的病菌有霍乱、伤寒、赤痢、鼠疫、鼠伤寒、传染性黄疸等,其他还没有发现过。这几种可能使用的病菌,培养都是很容易的,施放也比毒气容易。敌人以飞机、以炮弹投掷细菌,来屠杀我们广大地区的群众,是很困难的,因而一般使用直接的散布,霍乱、伤寒病菌是在"扫荡"中,或派间谍投掷病菌于井水内;赤痢病菌多投掷于房内或井内;鼠疫、鼠伤寒病菌是施放注射过病菌的鼠于村落内;传染性黄疸病菌,是将身藏病菌的鼠,投于村落内或投掷于井内。

该第5号文进一步分析了日军今后毒质战、病菌战的发展走向。指出:

一般地说,在我们更接近胜利的最艰苦的两年中,敌人的毒质战和病菌战,会更疯狂地发展,因为敌人越接近失败,敌人越会采取更残酷更野蛮的方式方法。比较着说,病菌战比毒质战存在着更加厉害的毒效,因为病菌战在任何时期都可以使用,不像毒质只限于"扫荡"时期,病菌在适当的温度下繁殖大于死亡,可以长期存在,不像毒质只能挥发不能繁殖,并且其浓度扩散到一定的稀薄程度后,即会失效,又病菌之传染,尤其是鼠疫和霍乱的传染,极迅速广泛,不像毒质之没有传染效能,病菌的防范和治疗还比较毒质困难。

为此,第5号文明确地提出了粉碎日军毒质战和病菌战的具体防范对策措施。其中,关于粉碎日军病菌战的主要对策,指出:

第一,粉碎敌人的病菌战,群众教育虽然今天是主要的,但单依靠群众教育是不可能的,必须卫生医务人员提高针药技术的比例。

第二,做好各项预防工作。

(1) 要侦察携带病菌的间谍。在盘查一切间谍嫌疑犯时,着重检查病菌,凡是携带瓶子、罐子,而只装油装酒的就可能装有病菌及其培养剂;假设病菌间谍不肯供出,则应强迫他自己吃些,一般定会恐吓屈服的。携带老鼠的人,那更可能是病菌间谍。水井附近和村庄附近是病菌间谍活动的地方,应加以严密警戒,凡是这些地方发现的陌生人,应即拘捕起来。

(2) 做好每次扫荡后的侦察。首先是侦察水井和房屋内有无散放毒菌的象征,如点状或片状的暗气,则是有霍乱、伤寒、鼠疫或传染性的痢疾的病菌及培养剂的象征;其次是侦察房屋内有无死老鼠或病态的活鼠,凡是起黑水泡的死鼠,或不畏人和猫、爱喝水的活鼠,就是带有鼠疫病菌的象征,如有起红疹子的死鼠,或同前变态更甚的活鼠,就是带有鼠伤寒病菌的象征。但是,带有传染性黄疸病菌的鼠,是不会死或变态的。

(3) 要灭除病菌的传染机会。首先是食料和饮料,必须经过蒸热再行吃喝;其次是发起捕鼠、捕蝇、捕蚤运动,消灭病菌可能传染物;最后是组织对于患者和病者地区的封锁和隔离,必须接近患者时,患者地区的人员应先行进行杀菌处理。

(4) 要消灭存在的病菌。首先是应消灭一切病菌培养剂和媒介物,一切患者的呕吐和排泄物及其尸首,必须以厚土

第三章 散播恶性细菌，杀害华北军民

掩埋之；其次是发现投有病菌的水井、住所及其他食物、污水时，应封锁或禁止食用，一切患者的衣服脱下后，用碱水煮沸杀菌或以药剂（芬灰水或石灰水、百部、白芷等）杀菌法消灭之。

（5）进行对于病菌的抵抗。最好要注射各种预防针，但因现在的客观条件所限制，而以醋汤和吃葱蒜代替，是可能的也是对于群众适用的，又保持身体健康增强抵抗力，使侵入的病菌不得繁殖生长而自毙。

第三，要了解关于各种传染病的病状和治疗。这些，已详载于一般医学常识，兹不重复。

该第5号文特别提醒克服麻痹现象，强调：

在艰苦斗争中，粉碎毒质战和病菌战是整个战争的任务中很重要的一部分。过去由于我们对这一重要斗争的麻痹现象和自流主义，已经遭受了一些可能避免的牺牲，要想不再重复过去的错误，我们就应该急起直追，开展这一重要工作，尤其注意警惕的是敌人可能在其充分准备下，而同时以病菌战向我各个根据地进行散播，各地遭受这样的病菌战的毒害是会比较过去更普遍的，遭受损失的结果是会更加严重的。

该第5号文还指出：

以上对敌之病菌战和毒质战的严重性与对付方法，应加以更深刻的研究，要求能根据各地不同的条件，发明更多新的办法，充分预防，并在部队与民众中进行深入广泛的教

育，引起百倍警惕，以免遭受敌之毒害。❶

第三个文件

1942年5月26日，晋察冀边区行政委员会以世民社字第100号文致函各专员、县长、县佐，并随函附发了晋察冀军区司令部1942年5月9日队军字第5号文及1942年5月5日作军字第26号文两个关于防范敌寇毒质病菌进攻之对策通报。晋察冀边区政府在该致函中强调："因与我各级干部各界人民之健康，关系重大，兹依原件翻印随函附发，希各该县大量翻印，散发各村，并广泛宣传，使人民提高警惕，努力开展防毒防疫卫生工作，严加防范，勿稍疏忽。"

这里，晋察冀边区政府提出了明确的要求："散发各村、广泛宣传、防毒防疫、勿稍疏忽。"这十六个字，成为晋察冀边区人民防毒防疫卫生工作的重要指针。

进入1943年，晋察冀边区政府和晋察冀军区根据新的情况，进一步提出了防范日军毒气战的具体措施与办法。1943年1月3日，晋察冀军区司令部以区字第12号发出《关于防范敌催泪瓦斯事的通知》。该通知根据日军进攻冀中第五军分区使用窒息性与催泪性瓦斯，冀中部队得到如下预防之经验："（1）除带预防口罩外，还要预备防毒药水沾在口罩上，且紧盖口鼻，如中毒而呼吸困难者，注射樟脑磺酸钠；如心脏衰弱者，注射洋地黄；流泪者用碳酸氢钠水洗

---

❶ 晋察冀边区三个重要文献，载谢忠厚、张瑞智、田苏苏：《日本侵略华北罪行档案5·细菌战》，河北人民出版社2005年版，第185－191页。

第三章　散播恶性细菌，杀害华北军民

服，涂碳酸氢钠膏；对不省人事者，用人工呼吸。（2）口罩使用时必须严紧，药水须沾周到，呼吸宜平静。（3）风度太快时毒气无效。以上望各部要严加注意并深入教育。"❶

1943年7月1日，晋察冀军区司令部再次发出《关于预防日军施放毒气的通知》，进一步指出："残暴的日本帝国主义，除了用其大量的海陆空军向我国进攻外，并在各战线屡次施行其野蛮的毒气战，残杀我军及其战地附近的人民，而尚不以为满足，最近数月来，更将各种毒药放在各种食物中（糖、香烟、食盐、辣椒粉等），以毒害我国军民。"为迅速设法制止，特规定如下办法："（1）各边区（与敌人交界处）担任警戒部队（自卫军、游击队及正规军），必须严密检查入境小贩，当其到达哨所时，将食物令其先行尝试，验明无毒然后准其通过，否则一律不准入境，并将人物扣留，送交所属上级机关处理。（2）利用社会关系或内地商人尤其是贸易局到日军驻地内整批去买，或想其他的各种办法进入保定、石家庄等地去买。"要求"各部队及地方武装、民众团体切实注意"。❷

上述几个文件，是晋察冀边区，也是在整个敌后抗日根

---

❶ 晋察冀军区《关于防范敌催泪瓦斯事的通知》，1943年1月3日，载中央党史研究室第一研究部、中国人民解放军档案馆：《抗日战争时期八路军人员伤亡和财产损失档案选编（5）》，中共党史出版社2014年版。

❷ 晋察冀军区《关于预防日军施放毒气的通知》，1943年7月1日，载中央党史研究室第一研究部、中国人民解放军档案馆：《抗日战争时期八路军人员伤亡和财产损失档案选编（5）》，中共党史出版社2014年版。

据地军民粉碎日军细菌战、毒气战的有力武器。

晋察冀边区党政军民采取了一系列防疫、防毒的有效措施。一是及时通报疫情，提醒军民防范。如上述几个文件所示。二是除内部指示外，公开揭露日军罪行，赢得广泛声援。晋察冀边区党政军领导机关及其《抗敌日报》《晋察冀日报》等公开揭露日军细菌、毒气武器的罪行，使日军的反人类罪行遭到全国人民和世界人民的声讨和谴责。三是采取抢救措施，减少军民伤亡。抗日民主政府和卫生防疫部门广泛发动群众，进行防疫、防毒的宣传和防控工作；并对重染区采取紧急抢救措施，如迅速划分隔离带、运用石灰水消毒、封盖投毒水井、禁用感染食品、发放解毒药物、掩埋病亡者遗体等。由于及时采取各项抢救措施，在一定程度上遏制了病菌蔓延，减轻了患者痛苦，降低了死亡率。四是打击敌军力量，破坏细菌、毒气生产。如"北支"（甲）1855部队为了加快细菌武器实验生产，曾多次采取收购或摊派等方式大量收缴老鼠、虱子、跳蚤等原材料。对此，边区行政委员会和军区司令部多次动员广大军民，一定要提高警惕、严加防范。

由于边区党政军民切实贯彻防范日军细菌战、毒气战的各项对策，广泛开展防毒防疫的群众性卫生运动，粉碎了日军把八路军压缩到山地，大规模采用细菌战术、毒气战术的图谋。

第四章　目前已知的细菌战华北受害者记录

读到这里,人们已经知道,人体细菌实验、活杀解剖和细菌战,是日本侵华细菌战部队三大反人类罪行。日本华北派遣军防疫给水部,即"北支"(甲)1855部队,在华北广大地区犯下了实施细菌战的反人类罪行。人们可能会问:日本侵略者在华北人体细菌实验和活杀解剖残害了多少中国同胞呢?日本侵略者到处散布恶性传染病菌造成了多少中国同胞病亡呢?

从迄今公开的档案史料和所做的调查研究工作来看,我们实难作出确切的数字统计,再现日本细菌战部队的犯罪真相。这是因为,苏联和新中国所审讯的日本细菌战犯只是很小的一部分,绝大多数日本细菌战犯都逃回了日本。而这绝大多数日本细菌战犯,继而又在美国掩护下逃脱了远东国际法庭的审判。这又是因为,战后70多年来,日本政府一直保守着细菌战的秘密,从未公布过日本细菌战的档案资料。美国政府也还没有将石井四郎等细菌战犯所呈交给他们的秘密资料向世人全部公开。这还因为,日本细菌战部队在战争期间进行人体细菌实验、活杀解剖和散播细菌,是绝对保守秘密的,而且日本细菌战部队这种反人类罪恶活动实在是涉及地区太广、犯罪次数太多了。也就是说,迄今,日军"北支"(甲)1855细菌战部队在华北地区的反人类罪行,除了

细菌战

人们已经知道的,还有更多未能发现与揭露出来的。例如,如前所述,1995年日本学者鳟泽彰夫先生发现了1855部队在内蒙古进行冻伤实验的极密资料。在此极密资料被发现公开以前,人们对日本华北派遣军防疫给水细菌战部队的活人冻伤实验和解剖,还是一无所知的!

因此,笔者认为,目前华北细菌战受害者人数,实难作出一个确切的统计。但是,我们还是可以依据上述人们已经知道的材料,对日军"北支"(甲)1855细菌战部队的人体实验、活杀解剖和细菌战的反人类罪行及其所致华北受害者人数作出一个大致的估算。从中,人们可以清楚地看到,华北地区是日本侵华细菌战的一个重灾区。

第一节 人体实验解剖多少华北军民

一、解剖活人清单

下面,我们讨论日军在华北进行人体实验与活杀解剖,残杀了多少中国同胞。在此之前,先来看一看我们根据中央档案馆的馆藏资料所列出的一张解剖活人的清单吧。

1. 河北及平、津

(1)种村文三(1954年8月21日)口供:1933年4月6日,在热河省古北营子村,将一名被车子轧了腿的工人做了左腿锯掉术的实验。

(2)太田秀清(1954年8月15日)笔供:1938年12月,在关东军承德陆军医院,将一名在兴隆县被捕的抗日战士进行了活体解剖。

（3）《晋察冀日报》（1944年3月8日）记载：1939年12月，混成第8旅团驻河北省沙河县佐野中队伊藤军医解剖一名老百姓，取出肝偷偷贩卖。

（4）逢见谷正夫（1954年11月20日）笔供：1940年5月，在河北省通州宪兵分队，军医大尉毛利某活体解剖一名抗日战俘，取出脑子，在锅炉里烧烤后交给宪兵中尉荒牧。

（5）德久知正（1954年8月25日）笔供：1940年6～9月，天津陆军医院特设分院院长，将抗日军官王某和李某作为第四种性病研究材料。

（6）重广富一（1954年8月）笔供：1940年7月中旬，在河北省密云县石匣镇，大队附楒尾元治军医中尉将一名口腔内负伤不能呼吸的抗日俘虏做了咽喉切开的实验，并将其杀死。

（7）吉泽行雄（1954年9月1日）笔供：1940年11月上旬，在河北省阜平县东下关，抓捕20名村民抬担架，将其中一名患急性肺炎者做了病理解剖。

（8）吉泽行雄（1954年9月1日）笔供：1940年11月中旬，在河北省阜平县东下关，军医部长原见军医大尉将一名25岁左右的八路军俘虏，不用麻药，进行了气管切开术的实验。

（9）野田实（1954年7月10日）笔供：1942年10月下旬，在河北省保定陆军病院，和外科主任军医中尉长田文男一起将一名伪军负伤者做了脓胸手术实验。

（10）野田实（1954年7月10日）笔供：1944年5月上旬，在保定第63师团第66旅团司令部，将2名八路军战俘做了绑扎止血带的医学实验。

（11）野田实（1954年7月10日）笔供：1944年6~7月，在保定日陆军病院附近建立人体实验场，关押15名八路军战俘，准备做医学实验。

（12）二宫正三（1954年7月30日）笔供：1944年7月，混成第15旅团第79大队急袭河北省平谷县井儿峪时，将一名老人（男）进行了活体解剖。

（13）松井宽治（1950年1月9日）证言：1944年，有两个中国人被装在麻袋里用卡车从北平市内运到部队驻地，进行人体实验而被害死了。

2. 河南

（1）德久知正（1954年8月25日）笔供：1939年9月，在河南省阳武县西门外西北角，第35师团原田部队军医和田少尉将一名中国农民（34岁，男）做了人体解剖实验。

（2）长田政雄（1954年8月18日）笔供：1944年9月，在河南新乡，第204大队军医中尉大道文男将一名25岁左右的中国男子进行解剖，实施卫生兵现场教育。

（3）野田实（1954年7月10日）笔供：1944年10月下旬，在郑州第12军直辖兵站病院，将一名抗日战俘（男）进行活体解剖，做了各兵团陆军病院外科医官的集训教育。

（4）铃木启久（1954年5月6日）口供：为了试验空气杀人方法，1945年春在怀庆第117师团野战病院，命令该院附野田实将一名中国人进行解剖实验。

3. 山东

（1）长田友吉（1954年8月4日）笔供：1942年4月

中旬至 6 月上旬，在山东省济南陆军医院，为 350 名卫生新兵进行直观教育，和铃木军医等将 2 名济南俘房收容所的农民进行解剖虐杀。

（2）小岛隆男（1954 年 11 月 3 日）口供：1942 年 7 月，在山东章邱县对一名男性农民实验空气针致死。

（3）长田友吉（1954 年 11 月 1 日）笔供：1942 年 9 月中旬一天上午 9 时，在山东省济南陆军医院，教育队队长铃木用济南俘房收容所送来的 2 名中国男子进行解剖实验。

（4）石田松雄（1954 年 8 月 20 日）笔供：1943 年 7 月中旬，在山东临清县，军医中尉冈野广用临清宪兵队拘留所监禁的 2 名抗日爱国者进行活体解剖练习。

（5）竹内丰（1955 年 6 月 25 日）口供：1943 年 8 月 1~31 日，在济南防疫给水支部，解剖八路军战俘 11 名，并用以研制伤寒生菌和鼠疫生菌。

（6）永滨健勇（1954 年 10 月 8 日）口供：1943 年八九月间，在山东章邱县某村第 59 师团第 54 旅团第 110 大队逮捕一名农民，矢崎太郎中尉命令军医土屋将其解剖。

（7）小岛隆男（1954 年 11 月 3 日）口供：1944 年 6 月，在山东朝城县活体解剖一位农民，进行实地卫生兵教育。

（8）种村文三（1954 年）笔供：1944 年 4 月 15 日，在山东兖州陆军医院，将一名俘房解剖。

4. 山西

（1）高梨文雄（1954 年 11 月 24 日）笔供：1938 年 4 月，在山西省潞安县城西西关村，第 108 师团第 108 联队第 3 大队军医见习士官筑馆熊雄将一名农民解剖。

（2）杉下兼藏（1954 年 8 月 13 日）口供：1938 年 6 月

26 日，在长治县荫城镇与韩店间，俘虏抗日军 10 名，杀害 9 名。

（3）杉下兼藏（1954 年 11 月 29 日）笔供：1938 年 8 月 14 日，在山西太原市西羊市街工业学校，他与少尉军医佐伯及卫生准尉浅井将一名抗日军俘虏进行活体解剖。

（4）中岛京子（1956 年）笔供：1939 年 7 月，有 4 名抗日军俘虏被押送到潞安日陆军病院，她参与解剖了其中一名抗日俘虏。

（5）吉泽行雄（1954 年 9 月 1 日）笔供：1940 年 3 月中旬，在崞县轩岗镇西北的河床，将一名 35 岁左右的男子解剖，向新兵讲授。

（6）吉泽行雄（1954 年 9 月 1 日）笔供：1940 年 7 月中旬，在崞县原平镇陆军病院，进行活体药物实验，将 2 名八路军工作人员杀死。

（7）相乐圭二（1954 年 11 月 22 日）笔供：1940 年 7 月底，在宁武县"扫荡"时，和泉军医中尉将一名八路军重伤员解剖杀害。

（8）松永光穗（1954 年 11 月 7 日）笔供：1941 年 6 月 30 日左右，受大同宪兵分队长命令，将一名共产党员交给陆军医院诊疗所军医中尉进行活体解剖。

（9）菊地修一（1955 年 3 月 12 日）口供：1941 年 9 月中旬，在偏关县楼沟堡，将一名 16 岁少年在碉堡内活体解剖。

（10）郭成则等人（1954 年 8 月 10 日）控诉：1941 年 10 月及 1942 年阴历十月初二，亲眼见到宪兵队将郭金富、黄有成、裴胖狗及长治城外人 4 名押送到潞安陆军病院，由

第四章 目前已知的细菌战华北受害者记录

院长西村庆次等将7人在后院密室活体解剖。

（11）汤浅谦（1954年11月20日）笔供：1942年3月，在山西潞安陆军病院，受院长西村庆次命令，用2名俘虏进行活体解剖演习。

（12）汤浅谦（1954年11月20日）笔供：1942年4月初，在太原市小东门街第1军工程队（俘虏收容所），受第1军军医部长军医少将兵头周吉及太原陆军医院军医中佐佐藤某的命令，用4名俘虏进行活体手术演习。

（13）汤浅谦（1954年11月20日）笔供：1942年8月底，在潞安陆军病院用2名俘虏进行活体手术演习。

（14）汤浅谦（1954年11月20日）笔供：1943年3月底，用2名俘虏进行割开气管手术演习。

（15）汤浅谦（1954年11月20日）笔供：1944年共两次将4名俘虏解剖杀害。

（16）汤浅谦（1955年）笔供：在潞安陆军病院为第36师团军医举办"潞安军医教育班"，研究所谓战争医学，每年进行四五次以俘虏为材料的活体解剖演习，他自己参与8次，虐杀18人。他制订1944年和1945年军区教育计划，每隔一月一次，用活人演习手术，一次解剖2名俘虏。

（17）森野博明（1954年11月）笔供：1943年6月下旬，在山西省稷山县仁义村，中野卫生上等兵解剖一名山西军伤兵。

（18）远山哲夫（1954年11月18日）笔供：1944年1月15日，在山西临汾县日陆军医院，受命洗印人的肝、脾、胃、胆、脑等照片共40张，听说原版是神纳光治郎军医在太原防疫给水支部活体解剖了10名中国人后照的。

· 283 ·

（19）中村三郎（1953年2月2日）口供：1944年1月，在太原防疫给水支部受训三天，受训中活体解剖8名中国俘虏。

（20）吉泽行雄（1954年9月1日）笔供：1944年2月下旬，在崞县原平镇陆军病院，解剖2名八路军工作人员。

（21）张三多（1954年12月25日）证词：1944年7月，东营盘村有日陆军病院，吉泽行雄将神山村百姓贾招来解剖杀害。

（22）段心宽（1952年8月11日）控诉：1944年9月，在崞县城仓街，吉泽行雄在陆军医院解剖致死3名抗日干部。

（23）种村文三（1954年8月31日）口供：1944年10月15日，在潞安陆军病院，将一名中国工人试验前臂切开止血法。

（24）远山哲夫（1955年）笔供：1944年10月27日，在临汾第114兵站医院（乙第1838部队）解剖一名25岁中国男子，摄20张照片。

（25）远山哲夫（1954年11月18日）笔供：1944年11月中旬，从临汾城内宪兵队押解3名犯人，听说进行活体解剖。

（26）竹川德寿（1954年9月13日）口供：1944年5月，山西省桐旭医学专门学校附设医院皮肤医师松下纪文，用5名学生进行了皮肤医学实验。

（27）菊地修一（1955年3月12日）口供：1945年6月下旬，在崞县西南贾村"扫荡"时，逮捕居民40名，将其中一名送原平陆军病院进行活体解剖。

（28）菊地修一（1955年3月12日）口供：1945年7月上旬，在原平镇将居民2名做了皮肤缝合手术实验。

（29）中村三郎（1954年8月31日）口供：1945年7月初，在原平镇陆军病院，参加了对2名中国战俘活体解剖演习。

5. 内蒙古

安达千代吉（1955年）笔供：1945年6月中旬，驻绥远托克托县时，用11名俘虏练刺杀、砍头，解剖其中1名。

二、粗略的估算

说到侵华日军的人体实验和活杀解剖，不少人知道他们在东北活杀了3000多名中国人。其实，那只是东北第731部队在1940~1945年进行人体实验和活杀解剖的统计数，还没有把1933~1940年被活杀解剖的人数算进去。现在有不少专家指出，第731部队进行活人实验解剖了至少7000~8000人，甚至达10 000人。

那么，在华北地区，日军进行人体实验和活杀解剖，残杀了多少中国同胞呢？这个问题，恐怕很多人一点都不知道，甚至连想都没有想过。

下面，我们提供三组数据，请读者想一想究竟有多少中国同胞惨死在日本军医的解剖刀之下吧。

首先，分析一下上面列举的那张日军1855部队人体实验和活杀解剖的统计清单。

1. 河北及平、津

据种村文三、太田秀清、逢见谷正夫、德久知正、重广富一、野田实、吉泽行雄、二宫正三、松井宽治的笔供和口供,自1933年4月6日至1944年夏,进行人体实验13起,解剖活杀抗日志士和平民30人。

2. 河南

据德久知正、长田政雄、野田实、铃木启久的笔供和口供,自1939年9月至1945年春,在河南进行人体实验4起,解剖活杀中国同胞4人。

3. 山东

据长田友吉、小岛隆男、石田松雄、竹内丰、永滨健勇、种村文三的笔供和口供,自1942年4月至1944年6月,进行人体实验和卫生兵现场教育8起,活杀解剖抗日俘虏和农民21人。

4. 山西

据高梨文雄、杉下兼藏、吉泽行雄、相乐圭二、松永光穗、菊地修一、汤浅谦、森野博明、远山哲夫、中村三郎、种村文三、竹川德寿、中岛京子的笔供、口供,及郭成则、张三多、段心宽等受害者的检举,自1938年4月至1945年7月,日军在山西进行人体实验29起,解剖活杀抗日军俘虏和老人、小孩等97人。

5. 内蒙古

据安达千代吉的口供,1945年6月中旬,将被拘留的9名居民和2名俘虏,练刺杀杀死10名,活体解剖1名。

上述清单,仅依据28个日本军医的交代材料和部分中国受害者的检举材料而列,在华北地区,日军细菌战部队及陆军医院于1938年3月开始人体实验,于1945年7月结束,先后进行了55起人体实验,解剖活杀了153名中国人。也就是说,平均一个日本军医解剖活杀了5名中国同胞!

第四章 目前已知的细菌战华北受害者记录

读者朋友，请再想一想，日军1855细菌战部队组织系统有多少军医呢？华北地区各日陆军医院中有多少军医呢？日军野战部队的大队、中队还有多少军医呢？这些白衣魔鬼们在华北地区犯下了多少人体实验和活杀解剖中国同胞的反人类罪行呢？

这里有一份汤浅谦的笔供，实际上间接地回答了上面的问题。

汤浅谦曾在山西省参与人体实验而活杀解剖了18名中国人。他在这份笔供中写道："非常多的军医、护士和卫生兵都参加过活体解剖手术，也许是几万人。仅华北方面日军就有40万～50万人，下面约有20所陆军医院。"

汤浅谦供认："我们没有把中国人的生命当回事。"做活杀手术时，用粗暴的手法进行腰麻或全麻，有时在没有任何麻醉的情况下进行手术演习。他反省说："年轻人也许不会理解为什么会犯这种罪行。这是由于蔑视别的民族的教育和军国主义教育的欺骗性造成的。"❶

汤浅谦的这份笔供，提供了一个重要史料：当时在华北地区，约有20所陆军医院，几万名日本军医、护士和卫生兵参加了活体解剖。朋友，请估算一下，这些白衣魔鬼们，在华北地区，人体实验与活杀解剖了多少抗日志士和无辜百姓呢？这个数字，会不会令你不寒而栗呢！

其次，再看一下知情者韩国人崔亨振所提供的数据吧。

崔亨振曾在"北支"（甲）1855部队济南防疫给水支部

---

❶ 中央档案馆、中国第二历史档案馆、吉林省社会科学院：《细菌战与毒气战》，中华书局1989年，第793页。

细菌战

当翻译,根据亲身经历,他提出了如下证言:

在济南防疫给水支部内,每3个月进行一次人体实验,每次使用约100名抗日俘虏,每年使用俘虏400～500名。他在济南防疫给水支部期间,这里使用1000名中国人和韩国浪人做了人体实验。

参照崔亨振的证言,济南防疫给水支部"每年使用俘虏400～500名"做人体实验与活杀解剖,请粗略估算一下,战争期间,济南防疫给水支部进行人体实验而活杀解剖的中国人有多少呢?朋友,请再想一想,日军1855部队在华北各地有16个支部、办事处和分遣队,这些杀人魔窟会活杀解剖多少中国同胞啊!

最后,请读一下原北京市崇文区(今东城区)地方志的一段记载吧:

1855部队还将中国俘虏用于活体实验,平均每3个月进行一次,每次解剖100多人,一年内杀死近500人。❶

如果照这个数据,请粗略估算一下,1855部队北平本部在八年全国抗战期间,可能要用多少中国同胞做人体实验与活杀解剖呀!

目前,虽然日本华北派遣军1855部队及各地陆军医院

---

❶ 参见:"日军曾在北平散布霍乱",载《北京晨报》2006年5月25日。

使用活人进行细菌实验和活杀解剖的真相，还刚刚被揭开，实难作出确切的统计，但是现有史料已经可以确凿证实：北平防疫给水本部是进行人体实验和活杀解剖的总指挥机关；太原防疫给水支部在石井四郎的直接领导下，其人体实验和活杀解剖之残忍、频繁比济南支部有过之而无不及。仅据1855部队北平本部与济南、太原两个支部进行人体细菌实验和活杀解剖的现有资料加以粗略估算，中国同胞被日本军医做细菌实验和活杀解剖的约有5000人！

1995年3月8日美国有篇文章曾估计，战争期间日军以各种研究杀害的人至少有20万。❶ 由侵华日军在华北各地的细菌战部队和陆军医院的分布及人员配备情况来推算，日军在华北进行人体实验和活杀解剖的中国同胞，可能多达多少人呢？请有良知的人们再想一想吧。

第二节　细菌战致华北民众病亡约百万人

一、散播细菌知多少

现在，我们来讨论一下，日本华北派遣军1855部队散播细菌所致华北民众病亡的状况。

读过第三章，你已经知道，日军在华北地区实施细菌战持续8年之久，不论中心城市，还是深山小村，不论抗日根

---

❶　郭成周、廖应昌：《侵华日军细菌战纪实》，北京燕山出版社1997年版，第47页。

据地，还是敌占城镇，或分散投放，或集中投放，都曾使用细菌武器。大致计算一下可以知道，侵华日军在河北、山西、山东、内蒙古（原察哈尔、热河部分地区）、北平、天津、河南、陕西、宁夏等省、市、自治区的广大地区，散播鼠疫、霍乱、伤寒等恶性传染细菌约70次，疫情传染到商丘、博爱、濮阳、内黄、新乡、赞皇、新城、岢岚、河曲、盂县、定县、和顺、榆社、五原、河西、碛口、府谷、无极、正定、榆林、武乡、临河、包头、东胜、安北、准格尔旗、伊盟、深泽、五台、五寨、潞安、南阳、林县、应县、易县、保德、新乡、灵寿、泰安、屯兰川、临清、邱县、馆陶、冠县、堂邑、莘平、朝城、范县、观城、濮县、寿张、阳谷、茌平、聊城、博平、清平、夏津、高唐、阜城、枣强、故城、清河、大名、南宫、威县、巨鹿、临彰、邯郸、曲周、肥乡、广平、魏县、鸡泽、平乡、广宗、新河、成安、枣南、垂阳（新设县，南宫县的一部分）、武城、任县、隆平、宁南、长治、屯留、潞城、平山、井陉、徐水、满城、完县、涞水等110余县旗。因此，可以在这里，先依据现有的资料，按照时间顺序，简要列举出1855部队散播细菌的主要史实。

1938年

3月29日，据朱德、彭德怀通电，"天津情报"，日军拟以数十架飞机在山西和陕北投下细菌炸弹；又"天津情报"，日军飞机100架在陕北数十县撒放剧性伤寒杆菌。呼吁全国和全世界人民进行抗议和制止。❶

---

❶ 《新华日报》1938年3月29日。

7~8月（阴历），日军在河南商丘散布细菌，该地区发生严重的霍乱病，❶仅商丘城内即有王中山等19人患霍乱致死。❷

8~10月，华北敌寇于各铁道公路沿线，在各重要村镇饮水井内大量散放霍乱、伤寒等病菌，故华北疫病流行，民众染疫而死亡者在8月一个月已达四五万人。❸

10月11日，朱德、彭德怀电告，豫北日军在道清路两侧地区滥施霍乱及疟疾病菌，内黄、博爱等县每村均有百数十人罹病。❹

1939年

8月，日军在濮阳城内向井中投放病菌，在井内淘得小瓷瓶甚多，经查明为伤寒菌。❺

1940年

4月12日，3架敌机袭击河南西部内乡马山口，投下了装有泥、灰色纤维和昆虫的麻袋，其后伤寒流行，死亡80多人。❻

---

❶ 种村文三的口供，1954年8月31日，原件存中央档案馆，档案号119-2-1106-1-4。

❷ 曹正林等20名死者亲属的控诉书，1955年3~5月，原件存中央档案馆，档案号119-2-1106-1-6。

❸《新华日报》1938年9月22日。

❹ 朱德、彭德怀电告，1938年10月11日，原件存中国第二历史档案馆，档案号25，3089。

❺ 孙俍工：《沦陷区惨状记》，1939年8月16日，原件存中国第二历史档案馆，档案号767，428。

❻ 李福民的证词，载《东北日报》1950年2月14日。

细菌战

年内,日军由新城县大清河畔一个据点主动撤离时散布霍乱菌,使该村及大清河两岸村庄流行霍乱,传到根据地内。日军还经常派特务在冀中各村庄利用水罐汲水将毒菌放到井里。❶

1941 年

2月,敌在包头收买老鼠,每只出价1元,预计收买10万只,用作繁殖鼠疫菌,向抗日军阵地撒放。❷

3月,敌寇进扰冀西赞皇县竹里村一带时投放霍乱病菌,至4月初,该村患病者已达60余人,每日死亡均在二三人以上,附近村庄之传染亦极严重。❸

4月,晋绥边区反"扫荡"结束后,河曲县巡镇一带发现鼠疫,得病的人吐血、便血,短期内即死亡。❹

5月,八路军某部在岢岚五区查获化装挑担小贩的敌探一名,他深入各村活动,行担内盛有好几只散播毒菌的老鼠。❺

夏季,日军派特务混入在冀中军区第十军分区(北平、天津、保定三角地带)的新兵之中,散布带细菌虱子,致使

---

❶ 佟愚恒的控诉材料,1950年2月9日,原件存中央档案馆,档案号149-2,第162页。

❷ 国民政府军事委员会办公厅的快邮代电,1941年2月7日,原件存中国第二历史档案馆。

❸ 《晋察冀日报》1941年4月6日。

❹ 郭士杰:《日军侵华暴行录》,1951年4月,载谢忠厚、张瑞智、田苏苏:《日本侵略华北罪行档案5·细菌战》,河北人民出版社2005年版。

❺ 《抗战日报》1941年5月7日。

分区司令部警卫连90%以上的人感染回归热病。❶

秋季，在山西盂县活川口，因日军施放伤寒细菌，村民死亡141人。

是年，在河北定县活动的八路军第22团有回归热和诊断不明的热性病发生，一个营一天就有20~30人病倒。❷

1942年

1月，敌"扫荡"定县撤退之时，投放老鼠跳蚤甚多，经八路军用显微镜检查及化验结果，断定此为带鼠疫菌的病鼠。❸

1~2月，日军"扫荡"撤退时，在冀中定县油味村及周围村庄，散布了大批带鼠疫菌的病鼠。❹

2月，日军独立混成第4旅团以破坏太谷、榆社、和顺、昔阳4县的八路军根据地为目的进行"扫荡"作战。下旬，日军一个中队奉命掩护大队医务室曾根军医大尉以下约10人散布伤寒菌和霍乱菌，在榆社及和顺县龙门村、官池堂、阳乐庄及其他两三个不知名的村庄，在民房中向碗、筷、菜刀、面杖、面板、桌子等器物上涂抹细菌，又向水缸、村里

---

❶ 佟愚恒的控诉材料，1950年2月9日，原件存中央档案馆，档案号149-2，第162页。

❷ 河北省军区卫生部关于日军细菌战罪行材料，1950年2月23日，原件存中央档案馆，档案号149-2，第165-167页。

❸ 《解放日报》1942年2月28日。

❹ 石桥揭露日军施放细菌的材料，1950年，原件存中央档案馆，档案号149-2，第163-164页。

的水井及附近的河中投放细菌。❶

2月,绥远、宁夏、陕西、山西四省发现鼠疫,自2月14日至3月2日,五原死亡205人,河西死亡82人,磴口第五乡死亡21人,陕西府谷县村民俞二安全家14口人三日内死亡13口。❷

2~3月,日军"扫荡"冀中正定、无极地区和太行区晋中武乡地区,均投放带有鼠疫杆菌的疫鼠甚多。❸

自1941年底日机飞绥远、甘肃、陕西、山西四省后,于1942年元月发现鼠疫,至3月初,绥境死亡313人,山西河曲死亡26人,陕西榆林也有人死亡。❹

自1941年12月底日军派细菌队40人在河西磴口等地散播鼠疫菌以来,1942年1月26日至3月12日,鼠疫蔓延区有五原、临河、包头、安北、东胜等县22处,鼠疫发现区有五原、临河、包头、安北、伊盟、惠德成南岸、准格尔旗等61处。河套内死亡287人,伊盟死亡已达100人以上。❺

3月,敌寇于冀中扫荡战中,散布身带病菌之鼠于各

---

❶ 住冈义一的笔供,1956年5月31日,原件存中央档案馆,档案号119-2-14-1-5。

❷ 战时防疫联合办事处疫情旬报,1942年3月中旬第2号,原件存中国第二历史档案馆,档案号476,198。

❸ 《解放日报》1942年3月28日。

❹ 战时防疫联合办事处疫情旬报,1942年3月中旬第2号,原件存中国第二历史档案馆,档案号476,198。

❺ 卫生署快邮代电,1942年6月13日三一防字第9846号,原件存中国第二历史档案馆,档案号476,2050。

第四章 目前已知的细菌战华北受害者记录

地。该种鼠不畏猫,行走至为迟缓,病态甚重,死后身有红色斑点。据实验结果,该种病鼠确系带有出血性败血症鼠疫病菌。❶

3月,敌在冀中各地均散放疫菌,企图毒害我军民。前次除在油味村发现敌人留置之疫鼠外,今又在韩口地区发现敌人所投之鼠疫菌。猪传染鼠疫后,浑身发烧战栗,两耳下垂,眼睛上吊,号叫不止,三日后即死去。有猫8只吃疫鼠后,全身染红斑点后死亡。❷

3月,敌"扫荡"冀南地区及冀鲁豫边区时,施放很多带鼠疫杆菌的疫鼠。❸

3月在冀中无极、深泽,4月在清漳河下游武乡一带,均发现敌在扫荡败溃后投放糜烂性毒气、鼠疫菌。❹

春,冀中捕获日本特务机关长大本清,其供词说:"日本在华北的北平、天津、大同等地,都有制造细菌的场所;日军中经常配属有携带大量鼠疫、伤寒、霍乱等菌种的专门人员,只要有命令就可以施放。当时冀中形势是敌我犬牙交错,所以只是一些实验,不能大量使用,只等把八路军压缩到山地或日本军队撤退时,才大规模地采用细菌战术。"❺

春,日军在晋绥边区五寨县城收集大批老鼠,进行"鼠

---

❶ 战时防疫联合办事处疫情旬报,1942年3月下旬第3号,原件存中国第二历史档案馆,档案号476,198。
❷ 《解放日报》1942年3月15日。
❸ 《解放日报》1942年3月28日。
❹ 《新华日报》1942年7月20日。
❺ 石桥揭露日军施放细菌的材料,1950年,原件存中央档案馆,档案号149-2,第163-164页。

疫实验",城内居民因此死亡1500多人。❶

5月5日,晋察冀军区司令部通报,据冀中可靠情报,敌人对敌后根据地军民实行毒质之毒害与破坏,如将带侵蚀性药品溶解于擦枪油内,置毒药于食盐中及毛巾、肥皂上,售于边区,要求各地进一步研究防范的方法。❷

5月9日,晋察冀军区司令部通报,要求各地根据不同条件,深刻研究,发现新的方法,充分防范敌人的毒气战、细菌战。❸

5月26日,晋察冀边区行政委员会函发军区司令部关于防范敌寇毒质病菌进攻之对策通报,要求各地政府立即翻印散发各村,广泛宣传,严加防范。❹

7月,日军在山西省五台县麻子岗村施放带有病菌的老鼠,在一个多月的时间内,被感染患病者有48人,死亡35人。❺

---

❶ 中国解放区救济总会晋绥边区救济分会:"敌寇八年来在晋绥边区的暴行",1946年10月20日,原件存中央档案馆,档案号185。

❷ 晋察冀军区作军字第26号,1942年5月5日,载谢忠厚、张瑞智、田苏苏:《日本侵略华北罪行档案5·细菌战》,河北人民出版社2005年版。

❸ 晋察冀军区司令部队军字第5号,1942年5月9日,载谢忠厚、张瑞智、田苏苏:《日本侵略华北罪行档案5·细菌战》,河北人民出版社2005年版。

❹ 晋察冀边区行政委员会世民社字第100号,1942年5月26日,载谢忠厚、张瑞智、田苏苏:《日本侵略华北罪行档案5·细菌战》,河北人民出版社2005年版。

❺ 山西省医学院《医学鉴定书》,1956年5月13日,原件存中央档案馆,档案号119-2-12-14-12。

第四章　目前已知的细菌战华北受害者记录

7月，在日独立混成第3旅团于五台地区制造"无人区"期间，日第1军派遣细菌组人员，到五台县苏子坡、东长畛和麻子岗，散布细菌老鼠各2只。❶

7月，敌在雁北一带，强迫人民交纳虱子、老鼠、臭虫，培养病菌，然后向抗日根据地散放。4月初，敌寇即屡令敌占区老百姓交纳胡须、鸡毛、老鼠。胡须不论老少每人交2两，鸡毛每间交2两，老鼠每人交2只。不能交出者，须用白银代替（据云每只老鼠折合白银1元4角）。伪广灵县政府下令各村每户交虱子、臭虫各5000个，浑源、应县各伪县府亦有同样命令。❷

7月，日军第36师团1942年春太行作战中，潞安防疫给水班散布细菌，日军因此也有士兵20余名患肠伤寒。❸

8月30日，上午敌机3架，在河南省南阳上空盘旋，散播高粱、包谷等甚多，经驻宛卫生队化验证明，系包裸鼠疫菌。❹

夏，日军潞安防疫给水班常去西营以看病为名抽血，有很多家庭得传染病，得病的人三天就死了。❺

秋，由于潞安防疫给水班散布细菌，第36师团出现肠

---

❶ 菊地修一以武装掩护散布细菌罪恶的反省，1954年，原件存中央档案馆，档案号119－2－12－2－13。

❷ 《新华日报》1942年7月20日。

❸ 汤浅谦的笔供，1954年7月18日，原件存中央档案馆，档案号119－2－81－2－25。

❹ 战时防疫联合办事处疫情旬报，1942年9月中旬第20号，原件存中国第二历史档案馆，档案号476，198。

❺ 王计则的检举书，1953年12月24日，原件存中央档案馆。

细菌战

伤寒患者 36 名以上,收容于潞安陆军病院。❶

11 月,日军"扫荡"河南林县后撤出时,由军防疫给水班在林县城、合涧镇、东窑、林县北部等地区的井内和泥坑等地散布了霍乱菌,有 100 名以上居民患霍乱病死亡。❷

11 月,应县敌寇竭力统制应县盐池,并在盐内投放大量毒药。根据地军民患霍乱、痢疾、疟疾等病,与吃有毒盐有关。❸

11 月,易县城之敌在县城四关及附近村庄,将所有的牛、驴、骡、马、猪、羊、鸡,借口"防瘟"实行注射。结果,畜禽立即肿起,不吃、不喝,大部分都死掉。❹

是年,日军"扫荡"晋绥边区后,当地卫生机关即在河曲、保德一带发现散在性鼠疫患者,死数十人,经军政卫生机关协助人民隔离、断绝交通,始免于蔓延。❺

是年,八路军卫生机关曾在新乡发现敌人散播伤寒菌的装置,当地人民因伤寒致死的有数十人。❻

---

❶ 汤浅谦的笔供,1954 年 7 月 18 日,原件存中央档案馆,档案号 119 - 2 - 81 - 2 - 25。

❷ 中田卯三郎检举铃木启久的材料,1956 年 5 月 5 日,原件存中央档案馆,档案号 119 - 1 - 311。

❸ 《解放日报》1942 年 11 月 25 日。

❹ 《晋察冀日报》1942 年 11 月 10 日。

❺ 第二野战军卫生部工作人员揭露日军散布病菌的材料,1950 年,原件存中央档案馆,档案号 124 - 104。

❻ 第二野战军卫生部工作人员揭露日军散布病菌的材料,1950 年,原件存中央档案馆,档案号 124 - 104。

第四章　目前已知的细菌战华北受害者记录

1943 年

2 月，第 59 师团防疫给水班派 3 个人给山东省泰安县 2 名患天花的妇女注射伤寒病菌，两天后致患者死亡。❶

3～4 月，日军数次到定县南部油味村"扫荡"、搜查，离去后在街上、胡同里施放不少病鼠。当时统计，得病不几天而死者有 70 人之多。同时，在油味村附近的西城村，深泽县的西内堡、杨村，亦有相似事情发生。❷

春，日军向灵寿侵袭，战斗结束后，上、下石门村到处都有老鼠、跳蚤。上、下石门共 200 多户，最厉害时每天有 40～60 个人病死。万司言村只有 70 多户，每天竟有 10～20 人病死。驻万司言和上、下梯子村的晋察冀军区第 8 区队也有 80 人左右得病，死亡 36 人。❸

春，日军"扫荡"晋绥边区八分区，在屯兰川一带散播大量伤寒病菌，后来伤寒病蔓延各村，仅营上一个不满百户的村子，不到一个月就死了 50 多人。❹

春，日军第 36 师团在太行作战时，潞安防疫给水班散布细菌，日军士兵也有传染回归热患者和肠伤寒患者。❺

---

❶　林茂美的口供，1954 年 10 月 4 日，原件存中央档案馆，档案号 119 - 2 - 619 - 1 - 4。

❷　河北省军区卫生部整理关于日军细菌战罪行材料，1950 年 2 月 23 日，原件存中央档案馆，档案号 149 - 2，第 165 - 167 页。

❸　河北省军区卫生部整理关于日军细菌战罪行材料，1950 年 2 月 23 日，原件存中央档案馆，档案号 149 - 2，第 165 - 167 页。

❹　《抗战日报》1943 年 11 月 2 日。

❺　汤浅谦的笔供，1954 年 7 月 18 日，原件存中央档案馆，档案号 119 - 2 - 81 - 2 - 25。

细菌战

夏，华北防疫给水细菌战部队于上半年抛出一份《霍乱预防实施计划》，在"预防"的外衣掩护下，于夏天在北平城内散布霍乱菌，北平伪《新民报》报道，截至10月底，北平市发现霍乱患者2136人，死亡1872人，路倒死亡92人。❶

8月上旬，西村防疫给水部与第二陆军医院在北平市内散布霍乱菌后，根据西村防疫给水部部长、军医大佐的命令，200名华北卫生部下士官候补者教育队队员，及50名西村防疫给水部、第二陆军医院分院病理实验室细菌室的军医、卫生下士官、卫生兵，共250人，于北平市内对市民进行霍乱菌检查，强制检查了尸体750具，把重患者封锁在家里禁止出入，屠杀中国人民300名。❷

8月，在济南防疫给水支部制造出肠伤寒及巴拉伤寒生菌共16桶半，每桶的直径40厘米、高50厘米，分三次由日本华北方面军参谋部将15桶用飞机运走，散布在陇海路以南地区及京汉路沿线地区。❸

8～10月，日第12军在鲁（山东省）西地区霍乱作战（称为"'北支'方面军第12军十八秋鲁西作战"），目的是散布霍乱菌，大量杀戮中国人民和为准备攻击苏联做日军抵抗试验。参战部队有第12军第59师团第53旅团独立步兵

---

❶ 《北京晚报》2001年1月18日。
❷ 长田友吉的口供，1954年11月1日，原件存中央档案馆，档案号119-1-131。
❸ 竹内丰的口供，1954年8月21日，原件存中央档案馆，档案号119-2-411-1-5。

第四章　目前已知的细菌战华北受害者记录

第41、第42、第43、第44大队，第54旅团独立步兵第109、第110、第111大队，师团工兵，华北防疫给水部济南支部，师团防疫给水班，共3500余人。还有第12军直辖汽车联队、野战重炮联队、伪蒙疆坦克部队、航空部队的一部分，保定陆军病院的一部分。这是一次大规模的细菌战演练，将卫河决堤多处，趁势撒放霍乱菌，造成山东、河北、河南数十县遭灾，霍乱流行。❶

8～10月，日军在鲁西霍乱作战中，由独立步兵第44大队将连日降雨因而泛滥的卫河西北岸的堤防决溃，由第3中队将南馆陶北方约距5公里远的堤防决溃，由第2中队决溃了临清县尖冢镇附近卫河北岸的堤防。同时，第5中队和机枪中队又用铁锹将临清大桥附近卫河北岸的堤防破坏，掘成宽50厘米、高50厘米、长5米的决口，决堤后，由于泛滥洪水的冲撞，又将决口150米长的一段堤防冲溃。日军将霍乱菌撒放在卫河水里，利用泛滥的洪水扩散蔓延。林茂美供认，在第59师团军医部他直接看见的电报：在梁水镇3000名，在馆陶、邱县、南馆陶、临清是2030名，合计5291名（原文数据如此——笔者注），或受命杀害或直接用霍乱菌杀害。同时又决溃卫河，淹没房屋，将临清、馆陶、南馆陶、武城附近一带2万名以上中国人民加以杀害。❷ 难波博供认，在卫河涨水时，他参加制订了石德、津浦铁路冲毁及毁灭八

---

❶ 林茂美检举长岛勤的材料，1954年7月17日，原件存中央档案馆，档案号119-2-5-9-13。

❷ 林茂美检举藤田茂的材料，1954年7月28日，原件存中央档案馆，档案号119-2-619-1-5。

· 301 ·

细菌战

路军根据地这"一举两得"的阴谋计划,选择了决堤破坏地点。第44大队在馆陶至临清中间的弯曲点掘堤,结果,使馆陶县北部,曲周县、邱县一部分,临清县河西地区,威县、清河县之一部分受害,受害面积约900平方公里,受害居民约45万人,由于水灾被淹死的,因决堤而流行霍乱致死的,以及被水围困而饿死的约有22 500人。第44大队又将临清大桥附近的卫河堤决溃,结果受害面积达960平方公里,受灾居民约有70万人,其中由于水灾而死亡的居民约30 000人。这个数字,是事后由第44大队去调查的,难波博也乘飞机去视察过。❶ 矢崎贤三供认,日军掘溃卫河堤后,"结果,960平方公里以上的地区浸水,约40万吨以上的农作物和96 000公顷以上的耕地遭到破坏,6000户以上的中国人房屋倒塌。由于散布霍乱菌而染病死亡,以及因饥饿、水灾等其他原因,被杀害的中国和平居民达32 000人以上。"❷ 矢崎贤三还供认:通过三期讨伐行动,在中国人民中散布的霍乱菌在鲁西一带(临清县、邱县、馆陶县、冠县、堂邑县、莘县、朝城县、范县、观城县、濮县、寿张县、阳谷县、聊城县、茌平县、博平县、清平县、夏津县、高唐县)蔓延,从1943年8月下旬至10月下旬,有20万以上的中国无辜平民被霍乱病菌所杀害。❸

---

❶ 难波博的口供,1954年12月27日,原件存中央档案馆,档案号119-2-1058-1-4。

❷ 矢崎贤三的笔供,1954年,原件存中央档案馆,档案号119-2-516-1-6。

❸ 矢崎贤三的笔供,1954年,原件存中央档案馆,档案号119-2-516-1-6。

9～10月，据冀南抗日根据地的调查材料，日军在鲁西霍乱作战中，于临清大石桥等处将卫河掘口，又在鸡泽县将滏阳河掘口，并破坏漳河河堤，致使洪水泛滥，据不完全统计，全区受灾县30多个，灾民400余万人。自9月发现霍乱流行，10月上旬开始自北向南、自东向西在全区蔓延。巨鹿县霍乱病死者达3000人；曲周县东王堡村150户病死600人；馆陶县榆林、来村、法寺等村10天内病死370余人；威县南胡帐村170户病死210人；邱县梁儿庄300户死400人，有20余户死绝；清河县黄金庄村死200人。❶

1944年

2月，汉奸在山西冀氏县蓝村的井里投毒，很多村民得了重伤寒。❷

4月，日军在山西长治交城村井中散布伤寒菌，该村传染19户71人，死亡16户31人，死绝3户。❸

4月，日军在山西长治北石槽村井中投放伤寒菌，该村传染17户101人，死亡36人。❹

4月，山西屯留姬村因日军散布伤寒菌，有36户男女

---

❶ 冀南革命斗争史编审委员会：《冀南革命斗争史》，中央编译出版社1996年版，第256－257页。

❷ 《太岳日报》1944年3月3日。

❸ 长治县六区交城村的证明书，1953年7月16日，原件存中央档案馆，档案号119－2－1106－1－8。

❹ 长治市城郊北石槽村的证明书，1953年7月10日，原件存中央档案馆，档案号119－2－1106－1－8。

97人传染伤寒病，其中13户死亡男女13人。❶

4月，山西长治寨子村传染伤寒，至6月，共传染15户65个人（男35人，女30人），死亡17人。❷

4月，山西长治下西街小北营开始传染伤寒病，至7月，生病27户58人，死亡29人。陈文景家男女4口全部死亡。❸

5月，山西长治宋家庄突然传染伤寒，全村病14户53人，死亡9户13人。❹

5月，山西长治针漳村突然发生伤寒，至8月流行到全村13户，男女77人患病，死亡的男性有17人，陈昌孩全家23口有22口传染得病。❺

5月，山西屯留县北渔泽村伤寒流行，全村有40户189人得病，死亡38人。❻

6月，山西潞城县南岳镇村伤寒病流行，有12户46人

---

❶ 屯留县第二区姬村的联名控诉书，1953年7月，原件存中央档案馆，档案号119-2-1106-1-8。

❷ 长治市城郊区寨子村的证明书，1953年7月15日，原件存中央档案馆，档案号119-2-1106-1-8。

❸ 长治市北营村60户群众的证明书，1953年，原件存中央档案馆，档案号119-2-1106-1-8。

❹ 长治市城郊区宋家庄的证明书，1953年，原件存中央档案馆，档案号119-2-1106-1-8。

❺ 长治市针漳村的证明书，1953年，原件存中央档案馆，档案号119-2-1106-1-8。

❻ 屯留县北渔泽村的控诉书，1953年7月，原件存中央档案馆，档案号119-2-1106-1-8。

第四章　目前已知的细菌战华北受害者记录

患病，死亡 10 人。❶

6 月，山西长治县城郊马坊头村传染伤寒，得病 3 户 8 人（男 5 人，女 3 人），死亡 4 人。❷

秋，日军"扫荡"时，在界河东放了不少老鼠。❸

11 月，山西近年来疾病蔓延惊人，最普遍的病是伤寒、斑疹、赤痢、鼠疫、花柳、梅毒、白喉、天花、霍乱、回归热、脑膜炎、急性肺炎等。估计妇女有性病者占 68%，小孩死亡率 56% 以上。❹

11 月，晋察冀各地疟疾、痢疾流行，其中有严重者以平山某村病人达 1/3，甚至到 1/2，井陉 8 个村的病人占总人口的 22%，满城 5 个村共有病人 440 人，徐水某村病人达人口总数的 70%，有的村庄一天死三四个人，完县西朝阳仅儿童就病了 200 多人，平北涞水紫石口村也病了 1/3 的人。❺

11 月，日军第 117 师团长铃木启久命令第 12 军配属的防疫给水班，在部队攻击林县及濬县东方地区八路军撤出时，在三四个村庄里散布了霍乱菌，结果，"在林县有 100

---

❶　潞城县南岳镇村的联名控诉书，1953 年 7 月，原件存中央档案馆，档案号 119 - 2 - 1106 - 1 - 8。

❷　长治县城郊马坊头村的证明书，1953 年 8 月 8 日，原件存中央档案馆，档案号 119 - 2 - 1106 - 1 - 8。

❸　《抗战日报》1945 年 4 月 5 日。

❹　敌人在华北的暴行，1945 年 11 月 20 日，原件存中央档案馆，档案号 190。

❺　《抗战日报》1944 年 11 月 18 日。

名以上居民患霍乱病,死亡人数很多"。❶

是年,日军于河南作战时,以对新乡一带救济为名,将伤寒菌掺入大米和白面里,杀害了很多的中国人。❷

1945 年

1月13日,伪大同省勒令所属各村限期交纳定量蚤虱、老鼠,朔、代等县要每间交老鼠5~10只,平鲁南丈子每村要交老鼠2000只、虱子2两,准备大量制造鼠疫,毒害解放区军民。❸

1~5月,敌寇绥远巴盟公署训令向绥远各地要活老鼠,分张家口、集宁、大同、厚和、包头等五处。1~3月为第一期,4~9月为第二期。朔县、平鲁敌向每间各派2000只老鼠,令每间交虱子1斤半,并要活的,限几天内交齐。1月13日,伪大同省治卫处命令每村捕捉2000只老鼠,限期交到。南丈子敌也强迫群众捕捉。❹

5月,在潞安,汤浅谦与独立步兵第14旅团长元泉馨秘密商妥组织细菌战。此后,在潞安地区8个村庄进行了细菌战,同时指示前方部队均使用细菌。从潞安撤退后,在沁县亦两次使用细菌。❺

---

❶ 铃木启久的口供,1955年5月6日,原件存中央档案馆,档案号119-2-1-1-4。

❷ 中岛京子的笔供,1954年11月23日,原件存中央档案馆,档案号119-2-53-1-6。

❸ 《解放日报》1945年4月2日。

❹ 《抗战日报》1945年1~6月。

❺ 种村文三的笔供,1954年6月,原件存中央档案馆,档案号119-2-1106-2-14。

6月上旬,藤田茂根据第43军司令官细川忠康中将"将来对美国作战要实施细菌战的意图",命令村上参谋和防疫给水班班长协商,做好细菌战的准备。❶

从上述细菌战的主要史实可以看出,侵华日军1855部队使用的细菌是多种多样的,有霍乱、伤寒、鼠疫,也有炭疽、疟疾、回归热、痢疾等,既针对抗日部队使用细菌战,更针对城乡居民使用细菌战;既靠其防疫给水部队在"扫荡"战撤退之时散布细菌,又利用汉奸在抗日根据地乡村散布细菌;既在一些村庄散布细菌,也同时在华北数县使用细菌武器;既直接杀害中国军民,又同时准备将来对苏、对美实施更大规模的细菌攻击战。

二、细菌战受害民众约百万人

朋友,读到这里,也许你与我们有了一个共识,日军在华北实施细菌作战的犯罪史实,已经表明华北地区是日本侵华细菌战的一个重灾区,其受害地区之广、疫病死亡人数之多,是今天的人们难以想象的。

但是,对于日军在华北细菌战造成民众病亡的总人数,我们还不得不承认,由于历史的原因,时至今日,仍实难确切统计,只能作一个初步的估算。这是由于以下原因造成的。

第一,在日军数十次散播细菌的罪行中,记载有造成具体病亡人数的,只占极少的部分,而其他多数则没有具体病

---

❶ 藤田茂的口供,1954年8月31日,原件存中央档案馆,档案号119-2-2-1-6。

亡数字的记载。而且，所记载的病亡人数，其中有些只是一天、几天、一个月的时间或局部地方的数字，而不是较完整的数字。因此，现在的初步估算，只能依据少数有具体病亡数字的记载来做出，也就是说，日军在华北散播细菌造成民众染疫病亡的实际数字，肯定会超过此初步估算的数目。

第二，记载有造成具体病亡人数的细菌战史实之中，有的是当时中方或日方的报刊公开的数字，此公开数字与实际的病亡人数是否存在一定的距离，需作进一步的考证。但是，目前尚无新的确切数据可依，而日军散布细菌的史实是无可怀疑的。

第三，有具体病亡人数的细菌战之档案记载，不论国民政府的有关文电，还是敌后抗日民主政府的有关文电，由于当时防疫体系不够健全，防疫医术落后，加之群众对鼠疫、霍乱等恶疫的惧怕，能够登记在案的人数，只占实际病亡人数的极少部分。如前述日军鲁西霍乱作战所致馆陶县的病亡人数，当时冀南区抗日民主政府的调查只记录了馆陶县榆林、来村、法寺等村10天内病死370余人；而据近年来的《馆陶县志》记载：1943年，馆陶全县发生旱灾，霍乱流行，"仅卫河以西几个区就饿死、病死两万多人，境内西北部一些村庄成为无人区"[1]。馆陶全县登记在册的因霍乱死亡的即有179个村庄、10 329人。社里堡村，当时有800余口人，因霍乱死亡207人，外出逃难200余口人。在社里堡村的邻村吝村，有14人患霍乱死亡。在安静村，村民患霍乱，上吐下泻，死亡100多人。此调查组还特别声明："由

---

[1] 《馆陶县志》，中华书局1999年版，第19页。

于年代久远，入户统计难免遗漏，因此，实际死亡人数比统计数字还要大。"❶ 又如，当时冀南抗日根据地的调查中，在邱县，只记录了"梁儿庄300户死400人，有20余户死绝"；而近年来在邱县的调查表明，1942年底邱县有8.8万人，1943年旱涝和霍乱疫情后，全县只剩下4.2万人，仅登记在册的邱县疫情记录"就有160个村染及霍乱病，死亡15 201人"。❷ 这两个实例表明，根据近年来的调查，实际死亡人数是当年调查死亡人数的三四十倍之多。

第四，受审日军供述的病亡人数，是日军细菌战罪行的重要数据，但与实际病亡人数也有相当的距离，亦应作一定的分析。

如日军鲁西作战所致中国民众病亡人数，难波博的供述数字是较为可信的，因为他是这一阴谋计划的参与者和中国民众受害情况的调查者之一，其供述数字也与林茂美、小岛隆男等人的供述大体上相吻合。但同时，亦应看到：（1）难波博的供述，仅包括馆陶县、曲周县、邱县、临清县、威县、清河县6县部分地区，受害约有115万人，水灾、饥饿和霍乱致死约52 500人。（2）难波博的供述，仅包括卫河西岸地区的受害情况，不包括卫河东岸地区的受害情况。（3）难波博的供述，仅谈及掘溃卫河西岸散播霍乱的受害情况，没有谈及日军实施抵抗实验、霍乱调查、蔓延霍乱的讨

---

❶ 中共河北省委党史研究室资料室：《日军在馆陶县进行的细菌战专题调研报告及有关证据》（未刊稿）。

❷ 中共河北省委党史研究室资料室：《日军在鲁西实施细菌战过程中邱县损失情况综述》（未刊稿）。

伐作战。就是说，难波博没有涉及日军霍乱讨伐作战所造成的劫难。因此，难波博供述的数字，只是冀南地区病亡人数中的较少部分，更只是日军整个鲁西霍乱作战所致病亡人数中的较少部分。

如前述，近年来对馆陶、邱县的调查，1943年旱灾和日军制造洪水及霍乱疫情后，两县人口锐减七八万人，仅登记在册的霍乱死亡者有339个村庄、25 510人。当时，冀南地区受灾30多个县，灾民400多万人，以近年来对馆陶、邱县的调查数字，参照上面难波博的供述数字来加以估算，冀南受害地区的人口锐减约50万人，其中病亡约20万人。

又如日军鲁西作战所致中国民众病亡人数，矢崎贤三供称日军三期讨伐使霍乱在鲁西18县蔓延致死亡20万人以上。对于此数字，亦应进行分析与考证，因为矢崎贤三作为日军的一个小队负责人，当时是很难了解鲁西霍乱战病亡总人数的，此供称数字可能有较多的主观成分。但是，亦有以下几点值得关注。（1）矢崎贤三供称，掘溃卫河西岸，使河西960平方公里的地区受害，霍乱、水灾、饥饿致死32 300人以上，此供述数字是与前面难波博、小岛隆男等的供述大体上相吻合的。（2）矢崎贤三所称鲁西一带18县（其中，临清、馆陶、邱县等隶属冀南区），系为日军第109、第110、第111及第44、第45等大队实施抵抗实验、霍乱调查、蔓延霍乱"三位一体"讨伐作战的地区，亦与林茂美所称霍乱讨伐作战地区是基本一致的。（3）鲁西一带霍乱确在流行。据日军第44大队军医柿添忍中尉向大队长广濑利善报告：冠县、堂邑县和聊城"这一带地区无论走到哪个村子

第四章　目前已知的细菌战华北受害者记录

都在流行霍乱，连宿营的地方都找不到"。❶而日军实施抵抗实验中第44大队内即有200名霍乱患者和2名死亡者。当时，仅聊城县梁水镇霍乱死亡者即达3000人。由此，可以表明，鲁西地区因日军散播霍乱菌受害也是惨重的，死亡者有数万人。

综合考虑以上各点，虽然至今我们还无法作出精确的统计，但是可以肯定日本侵华细菌战给华北人民造成了深重的灾难，可以作出一个初步的估算：日军在华北的细菌作战，8年间，造成华北人民死亡约30万人，按照死亡率1/4左右来概算，造成华北民众受害者共约百万人。

以上，我们讨论了日本侵华细菌战给华北人民造成的惨重伤亡。在这里，我们所要追讨的，不是数字有多大，而是史实的本质。不管日本华北派遣军1855细菌战部队的人体细菌实验、活杀解剖和细菌攻击作战有多少次、多大规模，其犯罪事实铁证如山，其本质都是反人类的战争罪。日本政府必须向中国人民道歉、谢罪！

---

❶　林茂美检举长岛勤的材料，1954年7月17日，载谢忠厚、张瑞智、田苏苏：《日本侵略华北罪行档案5·细菌战》，河北人民出版社2005年版，第239页。

第五章　为何迄今细菌战仍鲜为人知

读了前面四章，相信你对日本华北派遣军"北支"（甲）1855 细菌战部队组织系统及其反人类罪行有了较多的了解，一定极为憎恶那场侵略战争，特别是反人类的细菌战！你可能也会产生这样的疑问：侵华日军细菌战在过去长达半个多世纪之久的时期内为什么会一直被隐瞒起来呢？特别是"北支"（甲）1855 细菌战部队，为什么会迄今仍鲜为人知呢？要弄清楚这个问题，还得深入地查一查日本投降前后的历史。

第一节　日本细菌作战被制止

一、大规模细菌战计划破产

日本侵华战争，是世界历史上一场常规战与细菌战、毒气战一体化的最惨无人道的侵略战争。在世界反法西斯战争行将取得胜利的战局之下，日本妄图依赖细菌战，特别是带鼠疫菌的老鼠和跳蚤来挽救其必然灭亡的命运。日本大本营参谋本部于 1943 年 4 月召开了"保号碰头会"，决定开始准备实施大规模细菌战的"保号"计划。在此方针、计划之下，包括华北方面军防疫给水部在内的各细菌战部队，都加紧扩大了以带鼠疫菌的老鼠和跳蚤为主的细菌武器的生产规

第五章　为何迄今细菌战仍鲜为人知

模,同时日军在中国战场上加强了细菌作战与日军"抵抗试验"的实战演练,以准备对苏、对美之决战。

1943年8月,石井四郎在与日本华北派遣军司令部谋划第12军实施鲁西霍乱细菌作战之后,又受日本大本营参谋本部的请求,于同年10月19日在东京医务局会议上作了"结论"报告。同年11月1日,医事课长大冢文郎在军务日记中,摘录了石井四郎在医务局会议上作的"关于'保号'报告"的要点,主要内容包括以下方面。

大本营参谋井本熊男主张大规模实施细菌战案,即编组部队1.2万名,老鼠达到6000万只,经费1.2亿日元。

总参谋部第一部长真田镶一郎提出折中方案,即编组部队6000名,每月老鼠达200万只,经费6000万日元。

有人主张现行的紧缩方案,即编组部队2000名,每月老鼠达60万只,经费1200万日元。

石井四郎提出了确定案,即不必介意国际影响,大量实施细菌攻击,先发制人,并设定细菌战患者死亡率达到77%~90%,细菌战地区包括缅甸、印度、中国、新几内亚、澳大利亚和太平洋其他岛屿,配备飞机27架,每次出动飞机12架,每两个月攻击一个地区。❶

从大冢文郎医事课长的军务日记所摘录的内容,可以看出日军在1943年前后准备实施以鼠疫菌武器为主的细菌战的地区之广、规模之大!日本侵略者要在中国、印度、缅甸、澳大利亚、新几内亚和太平洋其他岛屿这一极为广大的

---

❶ 郭成周、廖应昌:《侵华日军细菌战纪实》,北京燕山出版社1997年版,第84-85页。

细菌战

亚洲太平洋地区实施细菌战攻击,蓄意造成亚太地区"细菌战患者死亡率达到77%~90%"。日本侵略者的反人类之用心,何其狂妄、狠毒!

1944年,日本法西斯已经深陷战略颓势,更加紧了细菌战计划。5月,陆军省下达了关于增大细菌武器生产的训令,要求"保证太平洋上作战的日军有充分细菌武器"❶。随后,日本陆军省召开了各局长临时会议,研讨在比亚克岛和塞班岛对美军实施细菌战攻击的计划。当时石井四郎建议,为解决运输困难,现在起就要在小笠原群岛的父岛和硫磺岛上存放鼠疫菌。但是,7月7日,在美军的攻势下,驻塞班岛的日军全军覆没。

为了实现大规模细菌战计划,日本本土和在亚洲大陆的6支细菌战部队都加紧了鼠疫跳蚤的生产。日本关东军第731部队研制成功了鼠疫菌弹和蛆虫弹(陶弹)。11月21日,日本大本营总参谋部第一部长真田镶一郎少将在军务日记中记载了第731部队长北野少将鼠疫战的建议方案:"蛆虫弹投下高度为500米。""对人员有准确的杀伤效果。"建议"一举相当大规模地战略性使用",希望用50型蛆虫弹"把关东军大规模地装备起来"。

过了7天,真田镶一郎少将于11月28日在日记中又记载了部长会议简报的内容,透露了当时日本政府对细菌战的紧迫需要及备战情况。此日记记载:"挫败F(敌)的士气,

---

❶ 关东军司令部副参谋长松村知胜的供词,1949年11月16日,载拂洋:《伯力审判——12名前日本细菌战犯自供词》,吉林人民出版社1997年版,第155页。

第五章 为何迄今细菌战仍鲜为人知

阻止对方的进攻,看来是困难了。作为应急手段,使用机毁人亡的人体飞机战术……""为考虑将来的使用,应进行有机的统一准备。"关东军研制的鼠疫菌弹、蛆虫弹,经实验结果是"准确适宜"的。此日记还记载,在中国的派遣军从12月25日起开始增产,到1945年2月即可生产鼠疫菌跳蚤7.5公斤(一次性增产的话可达55公斤)。真田镶一郎少将在此日记中还记载了鼠疫跳蚤的增产计划及分配配额,他写道:根据"保号"计划研究会的评估,到1945年6月可能生产鼠疫菌跳蚤135公斤,到9月可达300公斤,到12月可达800公斤。现有老鼠量为25万只,按1000只老鼠可生产1公斤鼠疫菌跳蚤算,每月能保证30万只的话即可生产300公斤。鼠疫菌跳蚤生产的配额分别为:关东军150公斤,中国派遣军60公斤(华中30公斤、华北20公斤、华南10公斤),南方军60公斤,内地30公斤。❶

从真田镶一郎少将的军务日记可以看出:日本政府和军部已经极力准备在1945年下半年使用鼠疫战的最后极端手段。而用于鼠疫战的最后极端手段的鼠疫菌跳蚤,其中2/3是在中国生产的,用飞机投放的鼠疫菌弹、蛆虫弹也是在中国用人体实验成功并进行生产的。也就是说,日本侵略者是把中国大陆作为其细菌战的研究基地、实验基地,并作为细菌战攻击之主要对象,中国是日本细菌战的最大受害国。

正是在"保号"计划及其鼠疫战的最后极端手段的谋略下,日本华北派遣军1855细菌战部队迅速扩大了细菌战剂

---

❶ 郭成周、廖应昌:《侵华日军细菌战纪实》,北京燕山出版社1997年版,第85-86页。

及细菌武器的研制与生产，特别是鼠疫菌跳蚤的增产，在1943年以后，达到了竭尽全力的地步。前述日军俘虏松井宽治的证言，曾在第三课从事鼠疫菌跳蚤生产的伊藤影明、平川喜一的证言，已经详细地揭露了1855部队在1943～1945年，夜以继日、通宵达旦地增产带鼠疫菌的老鼠和跳蚤的实情，不仅大量培养鼠疫菌、增产跳蚤，把鼠疫菌与跳蚤结合起来，而且实验了从飞机上进行投放。20世纪50年代，中华人民共和国审判日本侵华战争的罪犯时，陆世焜、夏绰琨有关1855细菌战部队的调查报告，验证了日军大量生产各种致病细菌武器，特别是鼠疫菌跳蚤武器的事实真相。这一点，读者朋友在第一章已有所了解，这里不再赘述。

二、我们为什么能幸存下来？

前面谈到日本政府和军部要实施细菌战的最后极端手段，在亚太地区投放鼠疫菌跳蚤，使亚太地区"患者死亡率达到77%～90%"。但是，这一灭绝人类的罪恶计谋没有得逞，我们的先辈幸存下来，我们这些后辈得以幸福地成长。这种根由又在何处呢？

世界反法西斯战争在1945年初发生了根本性的变化。在苏军和美英军队的进攻下，5月8日德国法西斯投降，欧战结束。此时，日本帝国主义已面临绝境：美军将直接进攻以日本本土为中心的核心地区，日本在南洋各地和太平洋上的南方军将完全孤立；苏军将迅速对日作战，进攻其在中国东北的关东军；中国军队特别是共产党军队将配合盟军反攻，使日军腹背受敌。在这种局势下，日本天皇于1945年1月20日批准了"本土决战"方针，作为一个重要战略步骤，

第五章 为何迄今细菌战仍鲜为人知

日本决定收缩中国战线,从4月起日军开始由湖南、广西、江西向华中、华北调集,企图坚守以北平、天津、济南、石门等为中心的地带,进行长期持久的防御战。❶ 与此同时,日本法西斯为挽救败局,竟不惜将人类毁于一旦,企图充分发挥其王牌武器——鼠疫菌跳蚤的威力,孤注一掷,进行最后一搏。

据大冢文郎1945年1月8日的军务日记所记载:医务局长指示,由于"大臣决断","保号"计划的战略性实施被停止了,但是,认为以现有条件,"保号"计划的谋略性实施有可能进行,要求生产鼠疫菌跳蚤300公斤,为此,让调配会计和药剂师充实和补给现有的机构和人员。❷

为谋划一场最大规模的细菌战,日本大本营再次起用因贪污军费被撤职的细菌战权威石井四郎。1945年3月1日,日本关东军司令官山田乙三发布命令,重新任命石井四郎为第731部队部队长,并将其提升为中将。4月,石井四郎召开第731部队各支部长会议,在训示讲话中,他说明太平洋战争的不利战况后,勉励全员尽到自己的职责,要为细菌战做准备。石井四郎早在1943年就说过:"现在已能大量地培养滤过性病原体,将此物如撒布在美国加州,使其连一草一木也不能剩。"❸ 这时,石井四郎则认为:"1945年6～9月

---

❶ 谢忠厚:《河北抗战史》,北京出版社1994年版,第298页。

❷ 郭成周、廖应昌:《侵华日军细菌战纪实》,北京燕山出版社1997年版,第87页。

❸ 汤浅谦的笔供,1953年1月31日,原件存中央档案馆,档案号119-2-81-2-19。

间就会发生最后的决战。""我们必须极周密地准备作战。"他说:"各条战线上的战况恶化,我们到1945年春末或夏季就会使用最后极端手段,包括细菌武器在内,以便争得有利于日本的转机。"强调"一旦使用细菌武器,鼠疫跳蚤是最好而效力最大的一种细菌武器"。❶ 在第731部队支部长会议上,石井四郎传达了大本营关于准备最后一战的谋略,并作出如下部署:"按大本营的指示,第731部队准备到当年8月前完成使用鼠疫菌的任务,需要1~2吨跳蚤和300万只老鼠。"❷

根据日本大本营准备最后一战的图谋,日军各细菌战部队以最快速度增产各种致病细菌,大力更新设备,培训技术人员,全力捕鼠、购鼠,大量增殖跳蚤。为此,各细菌战部队都组织了专门的捕鼠班或临时性的捕鼠班,各地伪政权下达了强迫民众交纳老鼠、跳蚤的训令、布告。在华北,已如前述,伪巴盟公署训令向各地要活老鼠,分张家口、集宁、大同、厚和、包头五处,1945年1~3月为第一期,4~9月为第二期;伪大同省治卫处2号命令,强迫每村捕捉2000只老鼠,限期交到;平鲁县日伪下令各村,每间交活老鼠2000只,每间交活虱子1斤半。又如黑龙江省林口第126细菌战支队,1945年4~7月,捕鼠2.6万只,繁殖白鼠1000只,送交第731部队制造鼠疫菌跳蚤。侵华日军在各地疯狂

---

❶ 郭成周、廖应昌:《侵华日军细菌战纪实》,北京燕山出版社1997年版,第42页。

❷ 榊原秀夫的笔供,1955年4月11日,原件存中央档案馆,档案号119-2-8-1-5。

第五章 为何迄今细菌战仍鲜为人知

备战,企图在全中国造成鼠疫、霍乱、伤寒等的大流行,致中华民族毁灭于一旦。

在此千钧一发之际,八路军、新四军发动了猛烈的攻势,苏军以闪电战歼灭了日本关东军,美军在日本本土投下两颗原子弹,日本本土决战的图谋遂化为泡影,迫使日本天皇颁布了无条件投降的诏书。因此,日本关东军总司令山田乙三说:"遂使我们失去了使用细菌战武器的可能。"在日本投降的前夕,医务局长神林也在一个报告上指示:"'保号'计划已全面停止。"❶ 由此可见,日本侵华战争期间实施的"保号"细菌战计划,一直持续到战争结束才停止下来。

朋友,请想一想,如果没有苏、美等盟国军队与中国军民及时战胜了日本军国主义,如果让日军大规模的鼠疫、跳蚤细菌战得逞,那将是一种什么样的后果呢?我们还能够像今天这样幸福地生活、学习、工作吗?我们都是些幸存者,我们不可能改变历史,但可以学习历史。"作为一种民族灾难,抗日战争过去后的今天,无论是挑起战争的加害国还是遭受侵略的被害国,惟有正视史实,以史为鉴,才能更好地面向未来,防止悲剧的再度发生。"❷

---

❶ 郭成周、廖应昌:《侵华日军细菌战纪实》,北京燕山出版社1997年版,第445页。

❷ 杨成武为《日本细菌战罪行录》一书作序,1999年4月4日,载《历史不能忘记》,中国民主法制出版社1999年版,第2页。

细菌战

第二节　日军彻底销毁细菌战罪证

一、销毁罪证有足够时间

　　细菌战是日本的"绝对军事机密"。在战时，研究、制造和使用细菌武器是绝对保密的，绝大多数日本士兵甚至军官也不知晓。据在冀中被捕的日军特务机关长大本清交代："日军为避免这种罪行暴露于世，关于施放菌毒的文件，只有大佐以上的军官才有资格阅读，有的连大佐也不让知道。并在每个文件的末尾，都写有'阅后焚烧'的字样。"❶日本投降前夕，日本大本营又于 1945 年 8 月 15 日颁布命令："毁灭所有有关细菌武器的研究报告及其他罪证。"❷苏军进入东北后，石井四郎闻讯按照大本营的命令，下令炸毁一切房屋、设备及器材，烧毁各种文件，杀死用做细菌战实验的中国人、美国人、英国人、朝鲜人，并带着属下第 731 部队 2500 人逃回日本。当时，华北 1855 细菌战部队还接到命令，抽集 20 人组成防疫给水班，赶赴张家口一带参加对苏蒙联军作战，而后又用足够的时间彻底毁灭了一切罪证，因而"北支"（甲）1855 部队的番号从日本华北派遣军序列中被

---

　　❶ 石桥揭露日军在定县施放毒菌的材料，1950 年，原件存中央档案馆，档案号 149 - 2，第 163 - 164 页。

　　❷ "日本一前陆军中将承认曾下令毁灭细菌战罪证"，载《参考消息》1994 年 7 月 7 日。

第五章 为何迄今细菌战仍鲜为人知

涂销了,那些罪大恶极的细菌战犯也伪装打扮,回到了日本或潜藏下来。

在第一章,我们已经提到日军战俘松井宽治的证言。他当时在1855部队北平本部第三课细菌武器研究所饲养跳蚤。当时"在工作时间内,总是在门内加锁,时常有人值班看守。工作完毕后回到营房,关于工作内容的话,是一句也不准讲的。上级吩咐过:星期天到外边走,即使遇到宪兵问起部队的内容,也不要照实回答"。关于战败后毁灭罪证及细菌战犯潜逃的情况,松井宽治在证言中写道:

到8月15日,战事便结束了。在那天正午的无线电广播20分钟后,队长筱田便下令破坏细菌研究所。破坏工作继续了三天三晚,通宵达旦。在后园挖了大坑,先把跳蚤放到里面去,然后洒上汽油焚烧。重要书籍和细菌培养器具也都被烧毁了。培养跳蚤的汽油罐1万个被卡车运走。战争结束后第7天,我们便做完了破坏工作,到本部集中。同时,又下令解散部队,把叫"'北支那'防疫供水部"的名称从华北派遣军的名册上涂去,所属官兵都转属到各陆军医院去。

同年12月,队长筱田统、军医大尉高冈满和军佐技师尾崎繁雄三人脱离了军籍,穿起西装,蓄起头发,扮成日侨,搭登陆艇回到日本。前兵曹长时冈孝也转归了步兵部队,同年11月混入其他部队回国……那些细菌研究所的干部恐怕没有一个成为战犯嫌疑犯,全体都回国了。❶

---

❶ 日军卫生兵松井宽治的证言,1950年1月9日,载《人民日报》1950年2月21日,第1版。

细菌战

松井宽治的证言表明,从日本投降到 12 月,至少有 4 个月的时间,日本华北派遣军防疫给水部可以从容地销毁细菌战的罪证,并千方百计潜逃回日本。

实际上,1855 细菌战部队在战时绝对保守其机密,在日本投降后,采取了一切可能毁灭其罪证的办法。据夏绰琨在 1950 年 3 月 1 日所写《关于日军占据静生生物调查所及其撤退情形见闻》的报告,在筱田队占据该所的 4 年间,它的内部设施与工作情形以及行动都是非常诡秘的。据旧工友高德成和机器匠门子华等说,静生所楼房上层,绝不准中国人上去,日本人上去的时候也要有一定的暗号,还须更换衣服。平时凡有物品运入或运出,必先将中国人驱赶回避。1945 年 8 月日本投降,筱田队闻讯惊慌,大肆烧毁其机要文件,据四邻看见,"焚烧有三天三夜,火烟未息"。

夏绰琨在报告中说,1945 年 10 月中旬,他奉命接收静生所:"一进大门,便见院庭中间有一大坑,面积可有 1 亩,坑内尚有焚烧灰烬,破碎玻璃,及破煤油桶等物。日军约 10 人,正在移土填埋此坑。待进楼中查视,则楼房上层各室皆空空如也,有日兵数名,正用喷雾器喷刷墙壁;中层各室,除图书室等外,余亦多是空空;下层各室,多满积静所原有物品。"他当即招见日兵负责人,斋藤出面接洽,自称"151 兵站医院代表人,事前筱田部队移交给他来负责任",并称筱田"不知走向"。数日后,他得知筱田本人住在西直门外万寿寺中,便招来静生所谈话,当问到筱田静生所中有无危险性质物品存在时,筱田说"绝对没有"。

卫生部陆世烺 1950 年所写《关于日军驻北平细菌部队

情况调查》报告中,也有力地证实了 1855 细菌战部队第三课细菌武器研究所毁灭罪证的事实。报告记录了老工人门子华、高文元当时的亲身经历,他们说:筱田部队占据该所时,二层楼上是不许任何中国人上去的。在上二层楼的楼梯顶端安了两扇门,日常总是锁着。日本人上去时,也要脱了衣服,按电铃后,才许进去。每逢有大卡车开到所里时,卡车都是严密遮盖,而且开进大门后,日本兵马上关起大门,并把中国工人堵在后院,连下班都不许出去。该部队部队长西村英二来时,也是把中国工人都堵在后院,严密戒备。日本投降后,该部队把中国工人都赶了出去,秘密烧毁各项文件、器具,拆毁各项设备。在投降后的 10 天内,门子华被叫回去修理水泵,看见日本兵正把他们安装的二楼绿色玻璃都打碎了埋到地下,换上普通玻璃。

陆世烺在这份调查报告中,记录了 1855 部队本部及第一课在天坛中央防疫处毁灭罪证的情形。1945 年日寇投降后,前天坛防疫处处长汤飞凡奉命接管"北支"(甲)1855 部队所占据的天坛防疫处,当时他曾询问有没有毒性菌种,日本人说"只有斑疹伤寒的菌种",但后来发现了 5 管毒性鼠疫杆菌的菌种。在前天坛防疫处院内有日寇遗留下的容积 11 吨、12 吨、13 吨 3 个 6 米长的大消毒锅,仓库内存有大量的铝质培养箱。据当时在该部队工作的机械匠陈康延说:"日寇在投降后不但毁掉很多文件器材,并曾用坦克车大量地压毁或烧毁很多铝质培养箱。"日寇把饲养跳蚤用剩下的血粉埋在人民医院北面的地下,几年后,下雨时那里还散发出腥臭味。

上述证言表明,日本投降后,日本华北派遣军 1855 细菌战部队北平本部利用至少三四个月的时间，对其细菌战罪证进行了彻底的销毁。

下面再以太原防疫给水细菌战支部及第59师团防疫给水细菌战班为例，来分析一下1855细菌战部队下属各防疫给水细菌战支部及师团防疫给水细菌战班是怎样销毁其细菌战罪证的。

二、销毁罪证与伪造档案

前面已经谈到，潞安日陆军病院与太原防疫给水支部潞安防疫给水班有着经常交换菌株等紧密关系。日本投降时，潞安日陆军病院又与太原防疫给水支部合并，对外称太原第三赤十字医院。曾任潞安日陆军病院卫生大尉、庶务课长的种村文三在日本投降时，奉命亲自指挥将太原防疫给水支部支部长桥本等86人的活动记录及名簿连夜进行涂改、伪造，并同时烧毁潞安日陆军病院和太原防疫给水支部的案卷文件，以隐藏其细菌战罪证。

种村文三在1953年的一份笔供中写道：

1945年10月1日至10月2日，在太原按司街第三赤十字医院（伪称潞安陆军病院乙第1837部队庶务课长、卫生大尉），受第一军参谋长的指示，编入潞安陆军病院院长酒井满的指挥之下，正准备回国的"北支那"防疫给水部太原支部长桥本军医少佐以下86人被揭发为战犯。为了防止这一揭发，我命令2名下士官及3名士兵将被揭发者86名的侵华以来的行动事前记载及战时名簿改写成虚伪的，隐匿他们的侵略以来的罪恶（共改写2日）。桥本在1946年4月和

第五章 为何迄今细菌战仍鲜为人知

临汾陆军医院一同归国,其他者在1945年12月26日和潞安医院一同归国。❶

这里说得很清楚,日本投降两个多月后,日本华北派遣军太原防疫给水支部还有充裕的时间伪造太原防疫给水支部的支部长桥本军医少佐等86名细菌战犯的档案,使这批细菌战犯顺利潜逃回日本。

种村文三在这一笔供中,还供认了如下销毁细菌战罪证的具体事实:

在山西长治潞安站,1945年8月16日8时,听了日本投降的报告,种村文三和潞安陆军病院院长酒井满决定并付诸实行了以下事项:即时解散在医院的中国人,不给工钱;在撤退时将不用的卫生材料及器械完全烧毁,菜物只带一个月用的,在仓库的其他东西全部烧毁,医院内的书籍一切烧毁;留半数的兵力俟日军撤退后中国军队入城时交给他们;食用、家具及患者用的衣服以外的完全不交,或是烧毁或是破坏。然后和部队一同由潞安出发,向太原撤退。

按照以上决定,种村文三于1945年8月18日14时,在山西长治县潞安城内陆军病院内命令庶务系的下士官2名、士兵2名将病院内的各种书籍完全烧毁,并将病院1940年5月设立以来的历史行动证据烧毁。主要有病院历史1册、卫

---

❶ 种村文三的笔供,1953年,原件存中央档案馆,档案号119-2-1106-2-16。

细菌战

生录 2 册、命令录 6 册、华北陆军医院编成规则 1 册、陆军将校实役停年名簿 3 册、战时卫生勤务令 2 册。

种村文三于 1945 年 8 月 18 日晚 9 时，在长治县潞安城内陆军病院内，又命令卫生兵 2 名，将应当交给中国方面的野战用九五式 X 光线器械一台破坏；命令药剂少尉，将应当交给中国方面的各种药品烧毁。烧毁开始时间 8 月 18 日晚 9 时，共经 2 日，烧毁地点在医院内东侧广场，计有药品及绷带材料共 1380 捆。种村文三还命令卫生兵于当晚 12 时开始将投降时应交给中国方面的医院内设置的电话机 8 部及电话交换台 1 台破坏。

种村文三在 1953 年 5 月 20 日的笔供❶中，绘制了潞安陆军病院位置要图、潞安陆军病院撤退时物资破坏场所要图、潞安陆军病院和太原防疫给水支部合并后第三赤十字医院详图、太原第三赤十字医院内伪造不能战时名簿烧却场所要图，并对在潞安陆军病院烧毁秘密文件的事实作了如下补充修正，计有：

陆军将校实役停年名簿 3 册，战时卫生勤务令 2 册，战时兵站勤务令 1 册，铁道船舶输送规定 1 册，ノモンハン事件ノ（诺门坎事件之）教训 2 册，"满洲事变"卫生史第四卷 1 册，陆军成规类聚别册 1 册，陆军命课通报昭和 19 年度分、昭和 20 年度分 2 册，"北支那"陆军医院编成规定、"北支那"防疫给水部编成规定 2 册，部队通称号一览表 1

---

❶ 种村文三的笔供，1953 年 5 月 20 日，原件存中央档案馆，档案号 119 - 2 - 1106 - 2 - 15。

册，军队内务令改正要旨1册，步兵操典改正要旨1册，卫生部下士官候补者教程草案改正要旨1册。病院历史1册，病院卫生名录1册，病院卫生录别册1册。

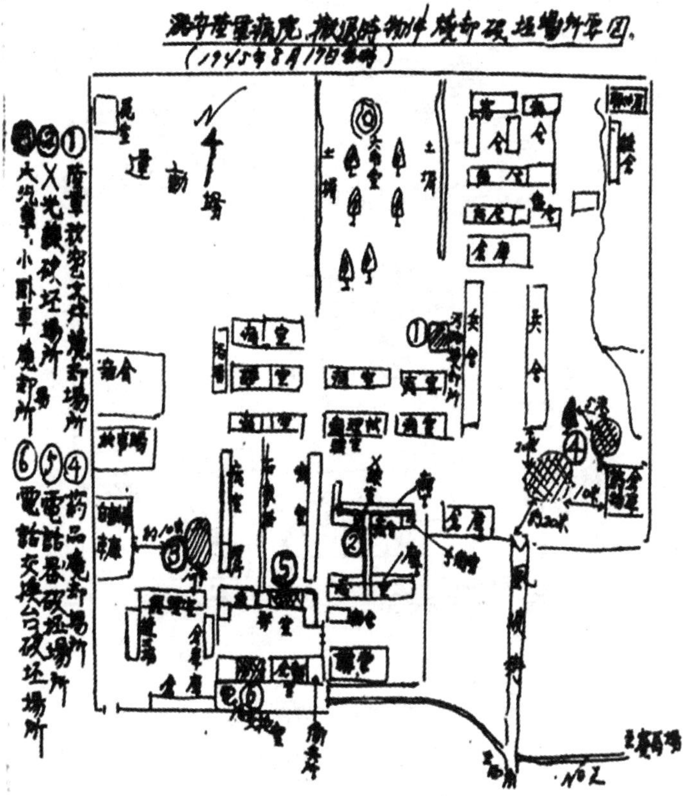

图 5-1 潞安日陆军病院撤退时物件烧却破坏场所要图
（中央档案馆馆藏）

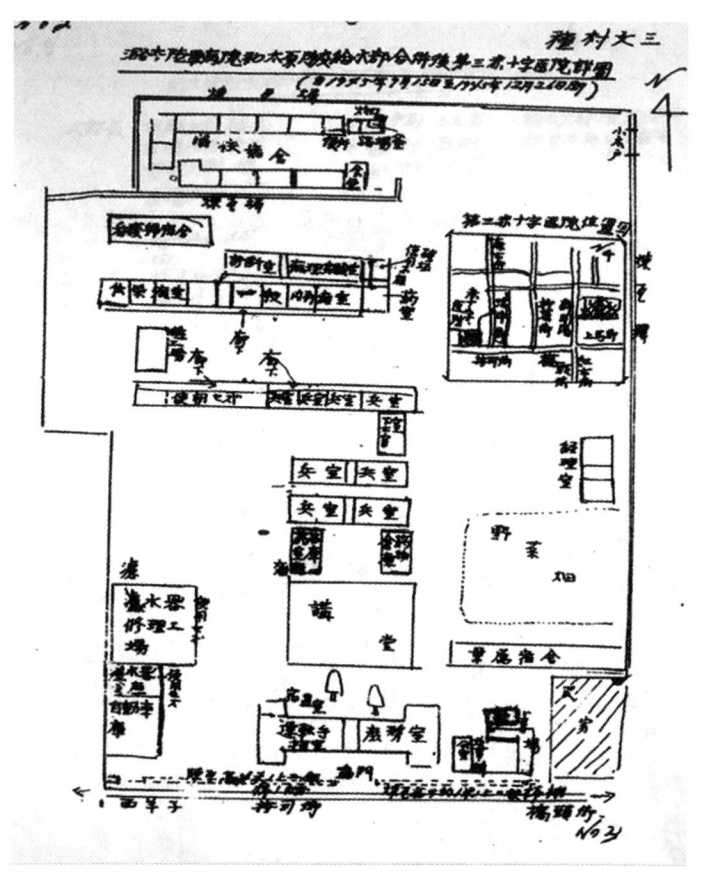

图5-2 潞安日陆军病院和太原防疫给水支部合并后
第三赤十字医院详图（中央档案馆馆藏）

第59师团防疫给水班书记林茂美在1954年8月24日的罪行供述❶中，主动交代了从山东经东北撤到朝鲜后、被苏

---

❶ 林茂美罪行供述，1954年8月24日，原件存中央档案馆，档案号119-2-619-1-5。

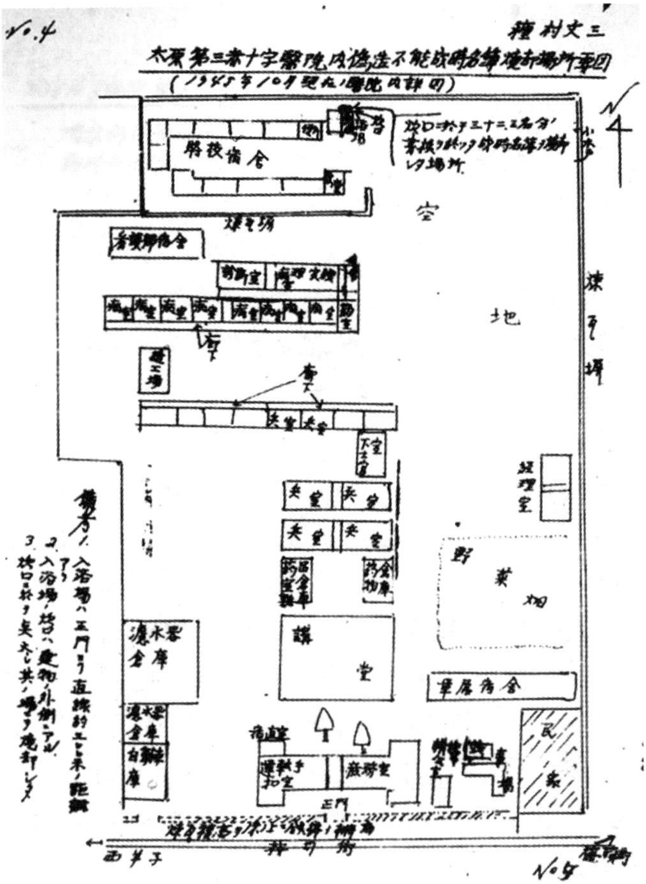

图 5-3　太原第三赤十字医院内伪造不能战时名簿烧却场所要图
（中央档案馆馆藏）

军俘房前，奉命销毁细菌战罪证的内情。他说：

1945 年 8 月 19 日前后，第 59 师团司令部在朝鲜咸兴盘踞中，他以防疫给水班书记、准尉的身份，"奉第 59 师团长藤田茂的命令，和军医部横冈曹长一起，为了不交给苏联军有关军医部、防疫给水班的罪行文件，在咸兴女学校后面厕所旁纸片易散乱的地方，将永久保管的文件师团卫生史一册、卫生录同附录各一册、入院患者名簿（保管30年）一册、防疫给水班检查簿一册、患者统计表一册、卫生材料收发簿一册、每天的命令及作战命令卷宗一册、成规类集一册、陆军定期异动录一册、霍乱发生终熄报告书一册，及其他一切文件，除去战时名簿和留守名簿，所有证据的文件毫不残留地浇上煤油，前后烧了两天。"

上述几个例证表明，侵华日军在战时极尽一切可能绝对保守细菌战之秘密，在战败投降时又彻底销毁一切细菌战罪证。但是，仅凭这些，侵华日军的细菌战还不足以能成为"历史上被隐瞒的篇章"，因为在战时及日本投降前后，中国和苏军方面都俘虏了部分日军细菌战官兵，而且当时已经掌握了有关日军细菌战的一些重要事实。问题的关键是，美国与石井四郎达成了交易，在美国操纵下东京国际军事法庭"掩盖了事实真相"，美国特别是日本官方迄今还没有将日军细菌战的重要档案公布于世。

第三节　日美交易及其历史恶果

一、美日秘密的肮脏交易

在第二次世界大战结束后，在世界的西方和东方分别成立了两个审判法西斯战争罪行的国际法庭，追究侵略战争罪

第五章 为何迄今细菌战仍鲜为人知

犯的战争责任：纽伦堡国际军事法庭和东京远东国际军事法庭。纽伦堡国际军事法庭于1945年11月20日开庭，第二年10月1日，对德意法西斯战争罪犯进行了较为彻底的审判，判决甲级战犯12人绞刑。东京远东国际军事法庭于1946年5月3日开庭，盟军总司令部1949年10月19日正式宣布裁判结束，判处日本甲级战犯25人有罪，判决其中东条英机等7人执行绞刑。但是，东京裁判，在美国的庇护下，石井四郎及其上级、下级等生化战罪犯3000余人始终没有出庭，逃脱了国际军事法庭对其战争罪责的追究，而且此后长久以来这种反人类的战争罪责一直被深深地隐瞒起来。经过了近半个世纪，由于各方面人士的努力，学术界才逐渐揭开了美日交易隐瞒罪恶史实真相的内幕。从这里，人们会看到日本军国主义复活的最初脉络。

日本投降之初，石井四郎及其同伙大多都潜回了日本国内。石井四郎潜回到老家，指使家族演了一出"送葬"戏。当他镇静下来以后，凭着多年的经验，嗅出了世界格局的某种变化，决定不能落到苏军手中，而可以设法投靠美国。他打算用多年细菌战研究的资料作为筹码，与美国讨价，以求得"生存"。而美国，从战后争霸世界的大战略考虑，将发展生化武器置于优先的地位，为此，决心独自掌控日本细菌战研究的全部资料，防止落入苏联及其他盟国手中。这种各自利益所求，构成了美日肮脏交易的基础。

根据波茨坦公告精神，盟军总部于1946年1月19日颁发命令，同年2月远东国际军事法庭在东京成立，任务是"公正及迅速审判与处罚远东的重大战犯"。然而，东京裁判实际上为美国所主导与操控。中、美、苏、英、法、荷、澳、加、新、印、菲 11 个国家参与的代表，以及国际检察局 11 名检察官小组，都要经盟军总司令麦克阿瑟任命。结果，美日达成肮脏的交易，远东国际军事法庭在调查和审判日本生化战方面，采取了掩盖真相的做法，石井四郎等细菌战犯受到了庇护。

（一）莫罗报告之隐匿

在东京审判中，国际检察局美国检察官莫罗（Thomas H. Morrow），是较早关注日军细菌战、毒气战的国际检察官之一。1945 年 12 月，莫罗从东京来中国，调查日军进行细菌战、毒气战的资料和证据。1946 年 3 月 2 日，他向国际检察局首席检察官基南（Joseph B. Keenan）提交了一份正式报告书《中日战争备忘录》，指控日军在中国的种种侵略行为及进行细菌战、毒气战的事实；他还根据中国政府提供的资料写成另一份报告·《中国手册（1937～1943）》，控诉日军除使用毒气战外，至 1942 年 8 月，至少实施了 6 次细菌战。当时，莫罗提出由国际检察局询问石井四郎的要求，但遭到盟军总部参谋二部的严词拒绝。

之后，莫罗与中国检察官向哲濬及美国法务官沙顿等，于 1946 年 3 月中旬第二次来中国，进一步搜查证据。4 月 22 日，他向国际检察局首席检察官基南提交了第三份报告《中国旅行报告》，除详述日本军事侵略、经济掠夺、贩卖鸦片、残害平民等罪行外，进一步用充分的证据指控日军违反国际法，实施毒气战和细菌战的罪行，还在《在中国进行毒气战的一般说明（1937～1945）》（*A General Account of Japanese Poison Warfare*）中，揭露了日军在中国进行毒气战的次数、使用毒气种类及伤亡人数等详情。

第五章 为何迄今细菌战仍鲜为人知

然而，莫罗在提交上述报告后，被调回了美国。莫罗等提供的资料和报告被国际检察局首席检察官基南隐匿起来，没有让国际检察局其他检察官阅知。这是美日肮脏交易之开始。这一交易之根由是，此时的美国，早已与石井四郎等达成了交易，因此，由盟军总部麦克阿瑟与首席检察官基南合谋，开始隐匿事实真相，以避免苏联及其盟国获悉日本生化战的资料。正如哈里斯所指出："基南也许已接到麦克阿瑟或华盛顿的美国陆军部官员的指示，要他放弃该问题。不管正确的解释是什么，应该说1946年4月基南未对石井等人提出犯罪起诉，是美国官方隐瞒日本细菌战计划的开始。"❶

（二）石井与北野的会谈

在隐匿莫罗等人的调查报告之同时，美国科学家阿沃·汤普森"奉特殊命令"在东京对石井四郎等也在进行着为期7周的询问。而这7周询问，恰恰是在盟军总部安排了石井四郎与北野政次的绝密会谈之后进行的。

早在莫罗赴中国调查日军细菌战和毒气战罪证的时候，盟军总部参谋二部已经下令拘捕了石井四郎，将其软禁在他东京的住所内。这时，北野政次也被中国释放而回到日本。因而，阿沃·汤普森在大约7周的时间里，对石井四郎和北野政次等20余人进行了询问。这件事，被与盟军总部关系最密切的《太平洋星条旗报》于1946年2月27日公开报道，引起美国军政界的极大恐慌。从此，"有关日本细菌战

---

❶ 谢尔顿·H. 哈里斯：《死亡工厂——美国掩盖的日本细菌战犯罪》，王选、徐兵、杨玉林等译，上海人民出版社2000年版，第298页。

的主犯，他们从前的活动，以及有关他们被握在同盟国手中的命运的公开报道，都被密封了"❶

1946年4月，阿沃·汤普森写成调查官报告书《日本军队细菌战（BW）活动的概要》，并得出结论："日本绝对没有能够把细菌武器实用化。"这个报告书及其结论，成为美国用来掩盖事实真相、避免苏联及其他盟国获悉日本细菌战情报的工具。但是，阿沃·汤普森也透露了其中的某种秘密。他写道："我认为，有关日本军队细菌战的活动，不同来源的情报是一致的，提供人在被审问时提供的情报，其数量和内容都像是事先得到了指示。""通过审问得知，他们尽可能把日本军队细菌战的规模，尤其对发展攻击型细菌武器倾注的力量说得很小。"

石井四郎、北野政次等20多名主要细菌战犯所提供的情报，为什么是"一致的""说得很小"呢？事先又得到了何人的"指示"呢？根据原第731部队成员的回忆，若干年以后，在一次731战友会（"精魂会"）上，北野政次向老部下说出了当时的实情："在美军审讯开始之前，盟军总司令部当局安排了石井与北野的会谈，允许我们商量关于必须保密的事情的口径。因此，美军的审讯成了形式。"❷

这就表明，由于美军远东总部安排了这种绝密的石井与

---

❶ 谢尔顿·H. 哈里斯：《死亡工厂——美国掩盖的日本细菌战犯罪》，王选、徐兵、杨玉林等译，上海人民出版社2000年版，第298页。

❷ 郭成周、廖应昌：《侵华日军细菌战纪实》，北京燕山出版社1997年版，第457-460页。

第五章 为何迄今细菌战仍鲜为人知

北野会谈,阿沃·汤普森调查官作出了美日双方都急切必需的"日本绝对没有把细菌武器实用化"的结论,从而,为美日共同掩盖日军细菌战真相打开了方便之门。

(三)费尔与石井等人的会谈

1946年5月3日,远东国际军事法庭开庭后,由于美国的主导与操作,成功地阻止了法庭对石井四郎等细菌战犯的追究。美日交易却在暗中进行着。1947年4~6月,美国有名的细菌专家、底特里克化学战基地先驱实验计划部主任诺伯特·费尔,接受美国化学战部队司令的命令,在日本用2个月时间同石井四郎、北野政次等20多位日本细菌战"专家"进行了会谈。"石井、北野、若松以及其他细菌战的干将都该当远东国际军事法庭A级战犯,在平房、长春、南京以及其他细菌战部队的中层人员该当B级或C级战犯。然而在他们将研究成果提供给费尔及其他从底特里克来的调查人员的时候,全体被费尔告知他们没有危险。"在会谈期间,费尔还"为日本细菌战的专家们准备了对付苏联人的审讯的证词,成功地为美国保住了日本细菌战的秘密"。

费尔与石井等人会谈后回到美国,于1947年6月24日提交了调查报告。费尔以免于起诉日本细菌战犯的许诺,得到了石井等人提供的有关幻灯片、显微照片和下列重要情报:19位细菌战研究计划的关键人物同意写一份长达60页的有关人体实验的长篇报告;原第100部队10名成员写一份长19页的有关细菌战的化学及植物除草剂研究方面的报告;石井四郎答应写一部有关他20年来细菌战研究经验的报告,包括他有关细菌武器使用的战略战术思想,如何在不同的地区(特别是寒冷气候)使用这些武器,并同意提供一

· 335 ·

份生物战理论的详细报告;日本人还提供了600页有关自然及人为鼠疫研究领域的印刷的论文,及100页印刷的有关细菌战和化学战某阶段的报告。费尔在调查报告中认为:"这些资料对我们的细菌战研究计划将来的发展,具有巨大的价值。"❶

诺伯特·费尔与石井等人的会谈及其"调查报告",为美日达成交易,共同掩盖日军细菌战真相,铺平了道路。

但是,常识告诉人们,如果没有美国最高军政当局的授意和正式批准,诺伯特·费尔是根本无权作出上述"许诺"的。

(四) 两份绝密电报

1947年5月6日,美军远东司令部给美军参谋长联席会议发去了编号为C52423的秘密文件。当时,诺伯特·费尔正在日本与石井四郎等人进行秘密会谈。这份无线电报叙述了现已获得日本细菌战研究情报的情况,而后说:"石井表示,如果他本人和其上级、下级人员如能获得'豁免为战犯'的正式文件,他可以提供更具体的资料。"这份无线电报提议:第一,据知日方恐惧苏军而愿与美军合作。日方有大量关于人体实验和毁坏农作物细菌战极有价值的技术性细菌战资料。第二,"从石井处获得的情报将可能作为内部情

---

❶ 谢尔顿·H. 哈里斯:《死亡工厂——美国掩盖的日本细菌战犯罪》,王选、徐兵、杨玉林等译,上海人民出版社2000年版,第327-329页。

第五章　为何迄今细菌战仍鲜为人知

报来处理,而不作为战犯罪证追究"❶。

美军参谋长联席会议于 1947 年 5 月 22 日致美军远东司令部密电,答复其 5 月 6 日编号 C52423 无线电报。该密电说:"石井等人愿在获得豁免其战犯罪名的正式文件的条件下,提供其生物战研究的技术性情报。虽然至今仍未获得豁免其战犯罪的正式文件,石井等人也自愿提供这方面的情报。"随后转述了石井等人"自愿"提供的细菌战情报资料,而这些情报资料大致就是前面提到的费尔与石井等人会谈中所获得的那些重要情报。接着,该密电评估了日本细菌战情报的价值,分析了给予石井四郎等人"豁免战犯罪"的利弊,对独占日本细菌战研究的全部情报资料作出了如下的明确结论:

(1) 日本的生物战实验研究的情报对美国生物战研究计划有重要的价值。

(2) 如果以此对战犯进行审讯,这项情报将会泄露到全世界。从美国国防安全的利益出发,将要避免这项情报的泄露。

(3) 日本细菌战的资料,对于美国国家安全保障上的价值,远比用于"战犯罪证"起诉更为重要。

(4) 因此,从日方获得的细菌战情报应作为内部情报处理,而不应作为"战犯罪证"追究。

在该复密电中,美军参谋长联席会议还以附件 B 的形式,对远东司令部作出如下指示:

---

❶ 郭成周、廖应昌:《侵华日军细菌战纪实》,北京燕山出版社 1997 年版,第 454 - 455 页。

細菌战

（1）将从石井等人处获得的情报纳入内部情报，不作为"战犯罪证"追究。

（2）关于此事的全部资料均归划为"绝密"文件。

美军参谋长联席会议的这一密电，代表了美国最高军事领导机关对获得日本细菌战研究情报的根本立场和策略。

又过了三个多月，1947年9月8日，美国国务院给麦克阿瑟一份绝密电报，更明确地指示了美国对石井四郎等人的立场、策略及其理由。这份绝密电报说：

（1）麦克阿瑟司令官不对石井及其他日本有关人员做任何承诺，继续收集尽可能多的情报。

（2）由此得到的情报，事实上提供给情报系统。如果这种方法不能掩盖事实真相，在东京国际军事法庭查清石井等人的犯罪证据之前，继续像目前这样收集情报。

（3）不对石井等人许诺免除战犯罪，但是美国当局从美国安全保障的立场出发，不追究石井及其同伙的战犯责任。（转告）

那么，为什么美国要坚持执行"继续收集情报""不许诺免除战犯罪""美国不追究战犯罪"的立场和策略呢？美国国务院的绝密电报说明了如下理由：（1）日本的细菌战经验，对美国的细菌战研究计划具有重要价值；（2）日本的细菌战资料对美国国家安全保障上的价值，远远比利用它追究石井等人的战犯罪重要；（3）如果审判战犯，关于731部队的情报将被公开，传到别的国家去，这对于美国的国家安全保障是极为不利的；（4）从日本方面得到的细菌战情报提交谍报系统，从石井等人那里得到的细菌战情报不得作为追究

第五章 为何迄今细菌战仍鲜为人知

战犯罪的证据。❶

在美军参谋长联席会议与国务院决定上述明确的立场与策略之同时,美国为了进一步评估石井四郎等所提供资料的价值,挖掘更多的资料,又派遣底特里克基地公认的细菌战权威、技术局长、基础科学部部长爱德温·V. 希尔博士,与底特里克的病理学家约瑟夫·维克特博士,于 1947 年 10 月下旬,一起赴日本进行追踪调查。希尔与维克特在日本待了近 1 个月,询问了 20 余名日本细菌战"专家",发现石井四郎等人从调查的开始到结束都"一直很合作",得到了有关烟雾剂、炭疽、肉毒杆菌、布鲁氏菌、霍乱、毒气除毒、痢疾、河豚毒、气性坏疽、鼻疽、流行性感冒、髓膜炎、黏蛋白、鼠疫、植物传染病、沙门氏菌、"孙吴热"、天花、破伤风、森林扁虱脑炎、户豕虫、结核病、野兔病、伤寒、斑疹伤寒等研究的报告,还得到了此前已向美国提交病理材料幻灯片的目录。这些材料内容"极其详细"。❷ 希尔与维克特在调查报告中认为:"石井部队的资料是日本的科学家花费几百万美元经费和长年研究的成果。这种资料由于关系到人体实验,是我们自己的实验室有所顾忌而不能得来的。这些资料的获得总共只支出 25 万日元(约合当时 700 美元)

---

❶ 郭成周、廖应昌:《侵华日军细菌战纪实》,北京燕山出版社 1997 年版,第 454 页。原载 Harris S. H. Japanese Biological Warfare Experiments and Other Atrocities in Manchuria, 1932—1945, And the Subequent United States Covers Up. P38. 1988. California State University.

❷ 谢尔顿·H. 哈里斯:《死亡工厂——美国掩盖的日本细菌战犯罪》,王选、徐兵、杨玉林等译,上海人民出版社 2000 年版,第 335 - 336 页。

的微少数目，跟实际研究的花费相比真是太便宜了。"❶ 他们提出："希望自愿提供这些情报的个人，因提供这些情报而免遭麻烦，也希望尽可能地采取措施以防止这些情报落入他人之手。"❷

至此，美日顺利达成妥协与交易。美国确认了石井四郎等人细菌战研究资料的重要价值，决定将石井四郎等人提供的细菌战研究资料作为内部情报而不作为追究战犯罪的证据，也就是说，美国免除日本细菌战部队的罪责，保证石井四郎等人的安全；石井四郎等人答应将日本细菌战研究的资料和经验全部提供给美国。

二、细菌战犯逃脱审判

知道了以上事实，相信读者朋友已经明白：美国为了其"国防利益"和"国家安全"，虽然不与石井四郎立下书面约定，以防将来可能"给美国带来麻烦"，但是美国决心免除石井四郎等人战犯罪责，避免公开审判，保障日本生化战资料为美国所独占而不被公开。下面，你会看到，美国为了庇护日本细菌战犯逃脱远东国际军事法庭的审判，采取了一系列的不光彩做法，千方百计地阻止来自美国国内和苏联等盟国旨在追究石井四郎等日本细菌战犯罪责的调查。

---

❶ 郭成周、廖应昌：《侵华日军细菌战纪实》，北京燕山出版社1997年版，第466页。

❷ 谢尔顿·H. 哈里斯：《死亡工厂——美国掩盖的日本细菌战犯罪》，王选、徐兵、杨玉林等译，上海人民出版社2000年版，第338页。

第五章 为何迄今细菌战仍鲜为人知

（一）排拒苏联等盟国的调查

为防止苏联等盟国获悉日本细菌战研究的情报，1946年7月，美国五角大楼制定了明确的方针，规定：同盟国有权从占领军当局得到任何他们合理要求的情报，但是，如该行动的责任者——美国司令官认为提供的情报会威胁到美国的安全，或者会削弱美国科学研究开发领域方面的优势，应作为例外。并规定：未经美国联合参谋总部，或在"适当的情况下由三部调整委员会❶核准和许可"，不得公开任何情报。还具体规定："在目前情况下，有关科学及军事材料领域的研究开发的重要情报，如果没有联合参谋总部的特别批准不得向不列颠合众国（不包括爱尔兰共和国）以外的国家公开。"也就是说，按照这一方针及其规定，今后对日本细菌战犯将不会有"国际审判"。❷

美国由于特别担心苏联获得日本细菌战研究资料，因而采取了阻止苏联调查的各种手段。1946年11月29日，华盛顿提醒在东京的副官长办事处，将有关日本细菌战的事项作为"最高机密"，细菌战情报"以常规机密处理"。美国采取了坚决的态度，拒绝苏联引渡和审判细菌战犯的多次要求；对于不得不安排苏联方面与石井四郎等人见面的情况，美国多次进行了讨论与规定，事先告知石井四郎

---

❶ 三部调整委员会，即美国国务院、陆军、海军三部调整委员会，它在东京设三部调整小委员会，负责调整美国占领军的政策，向三部调整委员会本部报告。

❷ 谢尔顿·H.哈里斯：《死亡工厂——美国掩盖的日本细菌战犯罪》，王选、徐兵、杨玉林等译，上海人民出版社2000年版，第342页。

等人哪些情况可透露给苏联人、哪些情况不得透露给苏联人。美国情报部门认为,"它可以做到安排并操纵苏联人和日本人的任何会见,让日本细菌战有关人员只向他们透露情报部门希望被扩散的情报"。"苏联不可能从日本人处得到美国尚未得到的情报,相反,美国有可能在监控的讯问中从苏联人的讯问路子里获得新的情报。"美国还规定了和苏联人就日本细菌战权威人物进行争论中始终应采取的策略,即把焦点放在日本细菌战对中国人的残虐行为上,不得提及对苏联公民的可能的虐待。"因为对于日军对中国人的犯罪行为,苏联人没有追究战争犯罪的明确的权利",而不得以战争犯罪为前提给予苏联人任何讯问石井四郎等人的许可。❶

这就表明,由于美国的阻止和排拒,使苏联等盟国失去了追究日本细菌战犯罪责的正当权益。

(二) 阻止与禁锢罪证调查

前面已经谈到,美国为了阻止在远东国际军事法庭上公开审判石井四郎等日本细菌战犯,以避免日本细菌战情报被苏联等盟国获悉,还在1946年5月远东国际军事法庭开庭前,就由麦克阿瑟与首席检察官基南合谋,隐瞒了国际检察局的美国检察官莫罗所提供的追究日本细菌战犯罪责的三份重要调查材料,并将莫罗调回美国。其间,1946年4月29日,原1644防疫给水细菌战部队成员榛叶修因受到实施反

---

❶ 谢尔顿·H. 哈里斯:《死亡工厂——美国掩盖的日本细菌战犯罪》,王选、徐兵、杨玉林等译,上海人民出版社2000年版,第343－344页。

第五章 为何迄今细菌战仍鲜为人知

人类的细菌战罪恶的良心谴责，主动向国际检察局提交了《日军罪业证明书》，揭露日军1644部队协助第731部队石井四郎等在蓄水池、水井、河川等人畜饮用水里散布细菌，让3000名中国俘虏食用染菌食物后将其释放以传播疫病等犯罪事实。榛叶修的证明书证明：日军"防疫给水部"表面上以维护一般士兵健康和预防传染病为其工作任务，但实际上是秘密地制造霍乱、伤寒、鼠疫、赤痢等细菌，并用来攻击中国军民。这份证明书，也与莫罗的调查报告一样，被首席检察官基南等隐匿起来了。❶

但是，基南等的隐匿，并没有能够完全阻止其他人把日本细菌战问题提到远东国际军事法庭上来。美国人戴维德·沙顿曾作为中国检察官的助手来中国进行调查，他于1946年8月29日在远东国际军事法庭上所作的如下陈述引起了短暂震动的场面。

控诉方提出第1706号文件作为证据，该文件就是《调查日本战犯在南京所犯罪行的总结报告书》。这个第1706号文件被法庭注明为327号起诉文件后，沙顿说，经法庭准许，现在他只宣读这文件中的一部分：

……敌方"多摩"部队把擒获的平民运到医学实验室去试验传染毒血清的效能。这个部队是最秘密的组织之一。该

---

❶ 郭成周、廖应昌：《侵华日军细菌战纪实》，北京燕山出版社1997年版，第474页。

细菌战

部队所杀害的人数是无法确切查明的。❶

沙顿的陈述引起法庭很大震动。审判长澳大利亚人威廉·韦伯向沙顿连连发问:"你是指投用毒物吗?你想提出更多的证据吗?你在我们法官面前提出的是新的事实。"稍停顿一会儿,韦伯又问沙顿:"让此事过去怎么样?"因此,沙顿只好答道:"好的,就这样办吧。"❷

沙顿的陈述,被如此尴尬地宣布休庭而中断,在审判中仅仅占了不到10分钟。

但是,美国有关机关追究日本细菌战犯罪责的调查并没有因此而中断,还在继续进行着。当时,美国的军事情报部门盟军司令部参谋二部(G-2)和底特里克基地的"科学家们"不想追究石井四郎等细菌战犯的罪责,而一心要得到日本细菌战研究的全部情报。然而,在盟军总司令部法务局,副官长办事处的调查官们还在"继续追踪线索,寻找有关证据以告发这些日本人,将他们送交法庭审判"。法务局这些调查官们,根据来自日本和中国的大量投诉材料,进行深入调查,查出第731部队和关东军兽医预防部等,都有使用俘虏从事细菌战实验的事实。

由于法务局调查官们的调查对美国企图掩盖日本生化战

---

❶ 郭成周、廖应昌:《侵华日军细菌战纪实》,北京燕山出版社1997年版,第462页。

❷ 谢尔顿·H.哈里斯:《死亡工厂——美国掩盖的日本细菌战犯罪》,王选、徐兵、杨玉林等译,上海人民出版社2000年版,第297页。

第五章 为何迄今细菌战仍鲜为人知

部队存在的事实极其不利,美国最高军政当局采取了坚决禁止的严厉措施。

美国联合参谋总部于 1947 年 3 月,以最高司令和总参谋长直接命令的方式,向东京发布命令,决定将战争犯罪调查置于情报部门(G-2)的管理之下,强调:"所有的行动、审讯、联络都必须和 G-2 配合调整进行。为维护美国的利益,避免问题复杂化,必须绝对保守秘密。"规定:"未经 G-2 的同意,对该事件不得向起诉方做工作,并不得以任何形式公开。"还指示:"今后所有的调查,都由同盟国翻译审问部中央审讯中心管理之下的东京办事处进行,各现场已着手进行的追踪调查全部停止。"这项命令的发出,正如美国细菌战研究专家哈里斯所指出的:它"意味着已经逃脱调查官法网的细菌战参与者,从此不会有被告发的危险。并且,连已经在接受调查的那些参与者也可得到保证,他们的自由会受到保护"❶。

麦克阿瑟接到美国联合参谋总部的命令后,立即指示情报部门参谋二部(G-2)威洛比上校于同年 4 月 18 日向法务局发出照会,提出今后对日本细菌战的调查要交由 G-2 接办。

此照会第三款规定,该项调查应在联合参谋本部的直接指挥下进行,并由 G-2 指挥调查。调查工作的各种措施、审问及接触,皆须与联合参谋本部共同办理。同时,为维护美国本身的利益及防患于未然,必须保持最大限度

---

❶ 谢尔顿·H. 哈里斯:《死亡工厂——美国掩盖的日本细菌战犯罪》,王选、徐兵、杨玉林等译,上海人民出版社 2000 年版,第 339 页。

的秘密。

此照会第四款规定,该项调查必须遵照下列要求:(1)在未获得G-2同意之前,不准对外发表任何相关声明或各种资料;(2)前述各项报告及密告信皆列为机密;(3)而后进一步获取的情报均须交给G-2;(4)若有可能,应进一步发掘相关文件、相片等证物;(5)而后进行的审问,均须在盟军翻译审问部审问中心的指示下进行,地点亦须设定在法务局东京事务所。从前发布给各地事务所的调查课题一律撤回。

至此,在美国联合参谋总部的命令和情报部门G-2的照会之下,东京副官长办事处的调查官及法务局的调查被迫中止。美国军政当局将日本细菌战研究资料的调查完全交由情报部门G-2掌控,石井四郎及其上级、下级等细菌战犯均逃脱了远东国际军事法庭的审判。

三、军国主义复活之祸根

以上,讨论了美国为了自己的"国家利益和国家安全",与日本达成了交易,庇护石井四郎等3000名日本生化战犯逃脱了远东国际军事法庭的审判。下面,让我们看一下这一肮脏交易带来的严重的历史后果。

第二次世界大战之后,随着世界陷入美苏争霸、"冷战"的格局,美国开始把日本变为实现其新的世界及远东战略的一个桥头堡。不仅为优先发展美国生化武器的战略需要而将日本生化武器专家保护、利用起来,而且美国与日本由战前的敌对关系迅速转变为"反共"的合作关系。由于美日的肮脏交易,他们共同掩盖事实真相,致使远东国际军事法庭的

第五章 为何迄今细菌战仍鲜为人知

审判出现了不公正性和不彻底性,不仅免除了日本生物化学战的罪责,而且保留了日本天皇的地位和日本原套统治机构,加之美国在远东国际审判后陆续起用大批战犯,由此埋下了日本军国主义复活的祸根。

第一,在美国的庇护与重用下,在战后有相当数量的日本细菌战犯相继担当了日本社会各方面的重要职务。据电通社1950年2月5日讯,在美国马里兰州底特里克基地工作的科学家们说,该基地正在从日本的一个研究所接到越来越多的关于细菌战研究的报告。这个日本研究所是麦克阿瑟的参谋人员在东京附近山区里成立的,其中有以前日本细菌战"专家",并以石井四郎为首脑。❶ 同时,美军于1950年9月设立日本血液银行,同年11月由原第731部队主犯北野政次、内藤良一、二木秀雄、宫本光一等人组建"绿十字血液制剂会社",使原细菌战战犯与美军"合作",变成了日本血液来源的垄断者。美军总司令部(GHQ)于1952年3月又下令,免除约1000名日本军医驱逐公职。至此,日本"医疗界战犯"被全部"解救"出来。❷

另据日本《真相》杂志第40期《细菌部队的雇员继续在日本活跃》一文,到1950年夏天,第731部队第二任部队长北野政次担任了"中村"研究所所长,其他细菌战犯如山内忠茂为"兴和"化学药品公司东京研究所所长,冈本光

---

❶ 韩晓、辛培林:《日军731部队罪恶史》,黑龙江人民出版社1991年版,第306页。

❷ 郭成周、廖应昌:《侵华日军细菌战纪实》,北京燕山出版社1997年版,第465页。

三、凑正雄为京都医学院教授，河山善任庆应大学教授，笠原四郎任北里传染病研究院组长，二木秀夫任日本出版公司董事长，田部井一任兵库县医学院教授。❶

据侵华日军细菌战中国受害者诉讼团团长王选女士的调查，依据日本、英国、美国、加拿大等国公开发表的论著所刊载的资料，至少有79名日本细菌战医学罪犯"在战后的日本政府部门，如文部省；军事部门，如防卫大学；研究机构，如国立预防病研究所；大学，如东京大学；学术界，如日本细菌学会；企业，如武田药品等，在社会各领域都担任重要职务"。如第731部队气性坏疽、炭疽班班长植村肇战后担任了日本文部省教科书主任调查官；第731部队的长友浪男战后当了日本北海道副知事；第731部队防疫研究室的金子顺战后当了日本防卫厅主任研究员；第731部队冻伤课课长吉村寿人战后晋升为日本京都府医科大学校长；第1644部队防疫研究室的村田良介也当了日本厚生省国立预防卫生研究所（现为国立传染病研究所）第六任副所长和第七任所长；原1855部队筱田统战后担任了三重县立医院教授。❷

第二，在战后，其他战犯也陆续得到释放，恢复公职，并迅速与右翼人物结合起来，成为日本社会的领导人物。如

---

❶ 韩晓、辛培林：《日军731部队罪恶史》，黑龙江人民出版社1991年版，第306页。

❷ 王选："日本细菌战医学罪犯战后踪迹"，载湖南文理学院细菌战罪行研究所：《揭开黑幕——2002·中国·常德·细菌战罪行国际学术研讨会论文集》，中国文史出版社2003年版。

第五章　为何迄今细菌战仍鲜为人知

甲级战犯岸信介❶，获释并恢复公职后，于1952年发起成立"日本重建联盟"，自任会长。在1952年日本大选中，岸信介胜出，登上了日本首相的宝座，成为战后世界政治史上独一无二的现象。岸信介与日本右翼团体关系甚密，在竞选中得到右翼团体的鼎力支持，上台后极力怂恿、扶植右翼团体。到20世纪60年代前后，日本社会50多个右翼团体相继形成，如"三曜会""全日本爱国者团体会议""大日本爱国团体联合时局对策协议会""青年思想研究会""日本国民会议"，以及"大日本菊水会""日本国粹会"，特别是"新日本协议会"和"自由国民联合"等右翼团体中，更有政界、财界的头面人物参加，还担当了要职。这些右翼团体与右翼分子，大肆宣扬"皇国史观"，把日本发动侵略战争说成是"自卫战争""解放战争"，掩盖侵略事实真相，反对谢罪、赔偿，甚至与日本黑社会勾结，以暴力阻止日本进步团体揭露侵略战争犯罪事实的正义斗争，不遗余力地为日本军国主义复活鸣锣开道。

隐瞒和掩盖日本细菌战的事实真相，包藏着日本军国主义复活的祸根。石井四郎多次说："缺乏资源的日本要想取胜，只能依靠细菌战""是细菌部队拯救了日本国家。"石井四郎的部下竹内丰在证言中也说："随着战线扩大，兵力

---

❶ 岸信介，日本东京都大学法学系毕业，先后任伪满洲国实业部总务厅次长、产业部次长、商工部次长，阿部信行内阁、米内光政内阁、近卫文麿内阁商工省政务次官，东条英机内阁商工省大臣、国务大臣兼军需省政务次官，日本投降后被定为甲级战犯，1955年任自由民主党干事长，1957年任内阁总理大臣。

愈感不足，用细菌战即可以寡胜众，以少胜多，这是一个最好的方法。"时至今日，日本政府仍拒绝公开过去从事细菌战及毒气战的秘密档案，日本政要包括首相等一再参拜供奉着甲级战犯的靖国神社，日本政府与日本司法机关仍借用军国主义时代的法律条文，多次驳回中国、朝鲜、韩国受害者民间诉讼案，日本右翼团体更加猖獗，一再挑起否认"南京大屠杀"、修改"教科书"等严重事件。特别是安倍政府，甚至公然要修改日本和平宪法，主张所谓"集体自卫权"，要在支援美军的旗号下走向世界各地参战。日本军国主义复活的后患已见端倪。愿世人深思。

伊藤影明说："我一直想对我曾在北海公园图书馆旁边的1855部队的事保持沉默。而我在（19）88年的春天，参加了一个北京观光团，时隔43年访问了北京，受到了中国人的热烈欢迎，我的想法产生了改变。和他们谈话的同时，我开始想，'不能把那段回忆带进坟墓。不说出来的话就是犯罪'。我岁数也大了，正在考虑自己可以做些什么的时候，知道了有一个叫作'战争经历讲述会'的组织。于是（19）92年3月聚会之后，我想'为了将来不再犯同样的错误，我的话如果可以起一些作用的话'，我就用真名参加了这个组织。我也希望别人也可以把自己的经历说出来，为了不再有愚蠢的战争……"❶伊藤在另一篇文章中诉说了打破沉默

---

❶ 李繁荣译北京市中国人民抗日战争纪念馆馆藏日军细菌战资料"The Summet of Beijing"（日本版非卖品），另见伊藤影明：《ずネズミを集の、ノミを饲育》，[日]731研究会：《细菌战部队》，晚声社1997年版，第178－179页。

第五章 为何迄今细菌战仍鲜为人知

前后的情绪感受:"7 年前(1988 年),感到不能做背叛同伴的行为,我闭口不语;虽说还有些困惑,但有了勇气作出证言,这一回没有错,是心底现在的实感。"❶

---

❶ 伊藤影明:《ずネズミを集の、ノミを饲育》,[日] 731 研究会:《细菌战部队》,晚声社 1997 年版,第 179 页。

附　录

一、石井四郎其人

（一）石井四郎的生平[1]

1892年6月25日，生于日本千叶县山武郡千代田村加茂地方。

1920年12月，京都帝国大学医学部毕业。

1921年4月9日，任近卫兵师团军教练，军医中尉。

1922年8月1日，任东京第一陆军军医院医官。

1924年8月20日，晋升军医大尉。

1924～1926年，在京都帝国大学研究生院从事细菌学、血清学、防疫学、病理学研究。

1927～1928年，任京都卫戍病院医官。

1928～1930年，赴欧、亚、非、美考察细菌战有关问题，曾到新加坡、锡兰（今斯里兰卡）、埃及、希腊、土耳其、意大利、法国、瑞士、德国、奥地利、匈牙利、捷克斯洛伐克、比利时、荷兰、丹麦、瑞典、挪威、芬兰、苏联、拉脱维亚、美国、加拿大、夏威夷等25个国家和地区。

1930年8月1日，晋升军医少校，任东京陆军军医学校教官。

---

[1] 郭成周、廖应昌：《侵华日军细菌战纪实》，北京燕山出版社1997年版，第39-40页。个别文字有改动。

1932年，在东京陆军军医学校组建防疫研究室。

1933年，在我国东北背荫河建立细菌战部队，任部队长。

1935年8月1日，晋升为军医中校。

1938年3月1日，晋升为军医大校。

1940年8月1日，任关东军防疫给水部部长，兼任陆军军医学校教官。曾亲自带队参加对宁波空投带菌跳蚤的鼠疫战。

1941年3月1日，晋升为军医少将，曾亲自参与对常德空投带菌跳蚤的鼠疫战。

1942年7月，因犯贪污军费罪被撤职。

1942年8月，调任在山西的第一陆军军医部部长。

1944年夏，回日本，在陆军军医学校建立细菌研究总部，再次从事细菌战研究。

1945年3月1日，重新调回哈尔滨第731部队任部队长，晋升为中将，准备大量生产细菌武器，孤注一掷进行最后一战。

1945年8月9日，日本战败后，随第731部队全体撤回日本。

1946年1月17日至2月25日，接受美国细菌战专家汤姆森的审讯。

1947年，向美军要求，把第731部队的情报资料数据全部提供给美国，作为交换条件，免除其全体人员的战犯罪。美国同意了他的请求，从此他们一直被美国包庇下来。

1959年10月9日，患喉癌，死于东京。

(二) 石井四郎的主要言论[1]

"九一八"事变前,日本军国主义者在谋划准备发动侵华战争时,发现日本缺乏五金矿产资源和兵员的问题,难以承担这一战争。石井四郎献计说:"缺乏资源的日本要想取胜,只能依靠细菌战。"还说"日本没有充分的五金矿藏制造武器所必需的原料,所以日本务必寻求新式武器,而细菌武器的第一特点是威力大,钢铁制造的炮弹只能杀伤其周围一定数量的人,细菌战剂具有传染性,可以从人再传染给人,从农村传播到城市,其杀伤力不仅远比炮弹为广,死亡率非常高。第二个特点是使用少量经费即可制成,这对钢铁较少的日本来说尤为适合"。

1930年4月石井从欧美考察归来,夸大其词说:"各强大国家都在准备进行细菌战工作,日本若不进行此种准备,那它在将来战争时必然会遇到严重的困难。"以说服其领导人。

石井又常在日本陆军省参谋本部高级官员中间发表议论说:"从战略作战的观点来看,细菌武器乃是一种很有利的进攻武器。"

石井对上田弥太郎(第731部队第4部第3班工作人员)说:"将来的战争必然是科学战,其中的细菌战尤为重要,因此必须努力研究细菌武器,发展科学是没有国境的,但研究者必须为祖国而积极研究。"

石井的理论是:"军事医学不仅仅是治疗和预防,真正

---

[1] 郭成周、廖应昌:《侵华日军细菌战纪实》,北京燕山出版社1997年版,第40—42页。个别文字有改动。

的军事医学的目的在于进攻。"

为了要开展人体实验,石井说:"鼠疫流行病在自然条件下是容易发生的,但要用人工办法来造成流行病却就不那么容易了。原因是,仅有传染源和传播媒介还不足以促成疾病的流行,为此还要明白知道人的生理条件和生理特点。只有在研究人的生理特点条件下,才能知道用人工办法引起疾病的流行的条件。研究生理特性的工作,是要用活人做实验的。进行这种实验时用的中国人,它既可在实验条件下进行,也可在野外条件下进行。这就是本部队的秘密中的秘密。"

经过多年研究后,石井向参谋本部报告说,第731部队已研究好了用感染鼠疫菌的跳蚤作为细菌武器的方法,说这方面所达到的成绩可以大规模地实际应用于战争目的。当石井收到日军参谋长的回信时又说:"第731部队在准备细菌战方面,特别是在大批繁殖鼠疫跳蚤方面,水平是相当高的。带鼠疫跳蚤用作细菌战有巨大的战略意义,要在这方面加紧研究。"

1940年前后,石井说:"除指挥关东军细菌战部队外还指挥华北、华中、华南及南太平洋方面的细菌战部队。"

1941年6月石井由东京回来后,在召集本部各部长会议上说,他向日军参谋本部报告了第731部队已研究好了用染有鼠疫菌的跳蚤为细菌武器的方法,并说这方面所达到的成绩可以大规模地实际用于战争目的。

1945年3月石井重回第731部队,准备大量生产,打一场大的细菌战时说:"第731部队已有充分的作战准备,在必要时就能作大量致命细菌去直接攻击敌军,能用飞机对敌军后方的城市进行细菌战袭击。"

石井说:"在 1945 年 6~9 月间就会发生最后的决战,因为那时美军必然派大量陆战队到日本境内来袭击,我们必须极周密地准备作战。"又说:"各条战线上的战况恶化,我们到 1945 年春末或夏季就会要使用极端手段,包括细菌武器在内,以便争得有利于日本的转机。"石井在多次集会上说:"是细菌战部队拯救了日本国家。"

战败后,石井向美军招供:"1938 年 7 月成立了 18 个师团的防疫给水部(细菌战部队),在战场上的各师团中进行活动。随着日本军队活动范围的扩大,又补设了机动性部队。"

石井向盟军司令部人员诡称"创建第 731 部队是为了保卫日本,研究细菌战是为了自卫"。

(三)石井四郎在华北的细菌战活动

1. 汤浅谦的口供(1955 年 8 月 31 日)

问:你与石井四郎是什么关系,接受过他的什么特殊任务和教育?

答:他是第 1 军司令部军医部长,我是军医部直属病院中的军医,是上下级的关系。我没有直接接受过他的特殊任务。共受过他的五次教育。

第一次,1942 年 11 月,我受命来太原受预防传染病的教育两日。当时是由石井部下渡边军医少佐讲的。内容是病房及伙房的防疫设备,对井水消毒法,作战中对用水的检查法,特别是毒物检查法。

第二次,1942 年 12 月,石井四郎亲到潞安陆军病院进行初度巡视,当日上午,召集军医等讲解关于冻伤实验疗法的结果。他说过去冻伤用麻疗法不好，根据实验，凡冻伤在几近心脏停动时，可用摄氏 37 度的温水全身浸入水中即可复原。这点是我第一次听说的，过去根本不知道。当晚又召集下士官以上 400 多人在司令部看了诺门坎事件的电影。并由石井亲自说明电影场面的要意。

第三次，1943 年 2 月初，我与种村文三等三人受命到太原受军纪训一周，石井又给我们放映了诺门坎事件电影，他仍亲自说明场面的要意。他说苏军战车士兵不投降，当日军用火烧此士兵时，仍高喊斯大林万岁而死，他并说苏军是顽强的，我们也必须顽强才行。

第四次，1943 年 4 月初，石井亲自到潞安陆军病院进行检查指示工作，如下：（1）令我们要进行正确的诊疗，使患者早愈返前线；（2）严肃军纪的精神教育；（3）军医要进行研究提高知识；（4）研究利用汉药作补充材料；（5）时常注意防疫，提高防疫知识，同时又进行了防疫演习。当时，石井亲督指导，假设飞机投下鼠疫菌弹，用石灰撒在病室间的空地，我们准备了一个防疫队，即用石灰酸水进行了消毒工作，军舍与仓库间有堆破席子，也撒上了石灰，防疫队即用火烧掉。

第五次，1943 年 7 月，石井与第 1 军司令部参谋部森原少佐来潞安查阅军医是否军纪严格，是否有战斗心，并使军医进行了手枪实弹演习和刀砍法的演习。最后又对卫生兵进行了刺枪法演习。

我受了他的这几次教育后，我认为石井四郎是一位爱国者，我必须按他所讲的话努力实行。我亦认为从事红十字工作者也必须参加杀敌是当然的事。同时又认为日本对研究细菌战是优越的，并相信日本用细菌战是能决定胜利的。因此，在第二次训练卫生兵时，在对时间的延长和演习次数的增多上，都是尽自己最大的努力，对卫生兵讲授了有关细菌战的知识，同时活体解剖计划上的次数也较前增多了。我认为活体解剖做得越多，才越对日本的战争有利。这是我那时的思想认识。现在我认为研究细菌战是违反人道的行为，尤其是从事红十字工作者研究细菌参加杀人的行为是违犯国际公法的。

（中央档案馆，档案号119-2-81-1-5）

2. 种村文三的口供（1954年8月31日）

问：你与石井四郎是什么关系，接受过他的什么教育和任务？

答：我与石井四郎是上下级关系，1933年12月，在哈尔滨初次见面。当时，石井四郎已在哈尔滨南约40公里的地方成立了细菌研究所，当我见他的时候，他是由日本才来，他改穿的是步兵军服，改名为东乡大校，同时和他相随的一个白川初太郎军医，身穿步兵上尉军服，他改名为黑川。他二人坐着铁道联防第1大队的装甲牵引车来到哈尔滨，因黑川过去和我在一个部队内工作过，是认识的人。当时我认为他本名白川，为什么改名黑川，一定是有很大任务来的，我与黑川见面时，他即叫我的名字，我问：你是有特殊任务来的，和我说话怕受影响吧，他答，哼，我俩即分离了。再也没说什么话。1943年4月"十八春太行作战"时，日本军侵入太行山麓的东冶镇附近，第1军军医部长石井四郎乘飞机投下卫生材料时，我接到潞安第36师团司令部要借用汽车搬运空投之药品的电话后，我即令汽车司机将汽车开去，进行搬运。这次虽没有与石井四郎见面，但我和他共同参与了这次大的侵略战斗。

（中央档案馆，档案号 119－2－1106－1－4）

3. 吉泽行雄的笔供（1953 年 10 月 20 日）

（1）我与石井四郎的关系及主要活动事实

1943 年 3 月中旬，石井系以山西派遣军军医部长，因初次巡视来到山西省崞县而第一次见到他。当晚在独混 3 旅团司令部第二讲堂他作了讲演。由司令部之通知，凡在崞县部队中准尉以上者出席。讲演之时间为 2 个钟头左右或更多一些。实验等全未实行。关于讲演之内容（禁止笔记）：

日本现研究细菌，准备将来对苏作战。其中，特别炭疽菌抵抗力很强，继煮 4 个钟头才可死灭。将此菌作为对苏战时使用之。为了对抗细菌战，须用石井式滤水机，只要使用此机即可防止任何的经口的传染病。滤水机之生命（即重要部分——译者注）为一滤水管，其中使用之土系得于日本，而在朝鲜北某地（未说明何地）最好。其次，关于冻伤之预防法，石井把在东北用中国人实验的结果说明：即把裸体之中国人放在冷空气中使体温到达 32 度时则完全死亡。将此放入 37 度之热水中则可救活（未完全死亡，系为假死状态）。手指及其他部分冻伤时即使放入 37 度之热水中则组织不坏而恢复之。此法尚存机密，在对苏战时与细菌战之同时使用对抗。至冻伤之预防法应对一兵一卒地加强教育。

此讲话后，对全员命写出感想。我则把听了细菌战之研究非常进步，更增加信心之感想写出来后，通过通信队提出来。由此讲话，确信将来对苏作战时要实行细菌战。又对炭疽菌之抵抗力强的一点有了新的认识。关于冻伤之预防法，利用卫生讲话及其他之机会对通信队之兵员教育之（理论教育），改变以前之教育法。

讲演之翌日，石井因巡视来到通信队，我系以队附军医报告了部队卫生状况，之后，石井在队内巡视，并在状态报告时向我提出有何困难的问题，但我回答无任何困难问题。石井在巡视中教了关于房中用漂白粉消毒蔬菜的事项，即因漂白粉之消毒液制成后在 48 小时至 72 小时间最有效（氯气出来的最多），及洗澡时关于温度方面以 42 度至 43 度为最适温度。

参考：石井来通信队一事，10 组之高木仪平可能知道。当时我的军阶为通信队附军医中尉。

1943 年 4 月 10 日左右，石井四郎带着电影再度来崞县，同时并随有太原防疫给水班，井河靖军医中尉以下之放映助手。来崞县之翌日白天，在城内之北门街讲堂司令部下令在崞县部队下士官以上者出席，我也参加。当天的情况如下：

关于疟疾，以幻灯详细说明。其次放映了在战场之各种场面的照相，而石井担当了说明。

现在记忆的如下：

"诺门坎事变"时，防疫给水班出动时集合在海拉尔的状况（系由汽车编成之队列的滤水器车），石井当时是军医大佐，正受畑俊六的检阅。

在诺门坎战场的日帝兵击毁苏联战车的场面。

在诺门坎战场，对日帝参谋负伤后于无麻醉下进行前线的急救，断肢手术的场面。

在华北战场之渡河作战及其之后日帝士兵将中国将校负伤后惨杀的场面及日军曹长战死的场面。

在上海附近的战场上，有多数的日军士兵罹患了霍乱渐行死亡的场面。

在此放映后，命全员提出感想。我写了关于疟疾之卫生预防得到了新认识。此时，高木仪平可能亦参加的。

1943年4至5月之所谓十八春太行作战时，我系以独混3旅团司令部患者收容班长参加作战的。当时为军医中尉，由卫生见习士官2名、卫生下士官2名、卫生兵5名，中国人担架队员（崞县附近的老百姓）40至50名，编成的。有关卫生部门的作战指示，系石井以书面指示的，其中包括有应携带石井式滤水机的项目。

此作战时，由太原防疫给水班编成一个分队的火线给水班，以军医中尉井河靖为长，配属于独混3旅团。石井独特的尝试由卫生兵背负以滤水向前线士兵给水。此于4月下旬之东姚集某地攻击及其附近之白六山攻击时甚为活跃。又东姚集攻击时尚担任了战场患者收容班的后送的任务。（注：东姚集位于河北省林县）

又此作战时，石井编成野战手术队由潞安的陆军医院之羽生军医中尉为长的一个分队，配属于独混3旅团司令部。此亦为东姚集战斗时旅团患者收容班协力下治疗战伤患者。

作战出发前之集合时，在崞县北门外之小河处对收容班之卫生兵教以石井式滤水机丙之使用法。

东姚集攻击准备中（1943年4月27日），石井称要视察战场，乘以斯巴式飞机来东姚集上空，未看见投下东西。此系由山西派遣军与独混3旅团司令部有电报而由司令部军医部长、代理军医大尉林二郎告知的。

1943年5月1日，东姚集向彰德送患者途中，因下雨在中途的一个部落（村名不详）停宿。当时在输送中系依从河原崎中尉指挥之汽车队。翌日中午向彰德出发不久，有斯巴式输送机低空飞来投下干面包，告知"救援汽车已向彰德出发"，此时由河原崎中尉念了通信文告知上述之状况。（注：以前坦白中，写"我也看了"，但不确实。）

不久，救援汽车来到，领到滋养饮水、罐头等。由此汽车之同乘者告知（名字不详），刚才之飞机中石井军医部长亦在座及受石井之命令来救援的。当日晚上，到了彰德，将病号住入临时野战医院。此时，由同医院之军医告知：有很多的气性坏疽的病号。在我输送的病号中亦有 1 名此种病人。又石井常来此医院，今天虽也来过，但已乘飞机回太原了。

1943 年 5 月下旬作战终了，独混 3 旅团集结于榆次。旅团司令部军医中尉萩野昇受石井之命于榆次纺织厂（当时为兵站宿舍）实施消毒。军器、被服之喷雾消毒，升汞水之洗澡。好像亦行过大便检查，但不确实。

参考：此事有关参加同作战独混 3 旅团之人人均知。

1943 年 6 月下旬（或为 7 月上旬），于太原司令部，昭和十八年（1943 年）春太行作战，参加卫生部员之报告会。由独混 3 旅团司令部军医部长代理林二郎大尉、独步第 6 大队附军医大尉宫川颖二、通信队附军医中尉吉泽行雄之 3 名出席。总参加者有 20 名左右。会议举行了两天。第一天，在军司令部讲堂（科民北正街一号）；第二天，是在太原陆军医院讲堂（现在山西省卫生厅所在地）举行。两天中均由石井四郎主持会议。我把在河北省林县东姚集战斗中病号之收容、治疗及后送状况报告了有 20 分钟。

石井又对其他军医之发言，附加讲了前线急救手术之重要性、野草食物之研究的必要性等。

此外，石井又发表了在太原防疫给水班用中国人试验关于斑疹伤寒传染的研究，否定了从前的飞沫传染，而是虱之粪便中含有之病原体（立克次小体），由虱咬伤后传入之。

（2）石井四郎之活动事实（这里面包括有日帝实行之细菌谋略）

①1942 年秋，山西省保德地区有鼠疫发生的情报，由独混 3 旅团司令部以卫生情报发出。对此事件，记得当时旅团军医部长军医大尉伊藤幸男说：必须施行防疫措置。

1949 年秋，根据太原市立医院耳鼻科白大夫发表上述之事实系日帝之谋略，他说当时他自己在流行地区。

参考：白大夫是 1950 年离开市立医院，但以后之所在不明。伊藤幸男是由汉口方面来到独混 3 旅团，后成为少佐，1943 年转勤，日本东北帝国大学医学部出身，听他讲汉口方面之日帝军有用中国人俘虏进行毒气弹之试验的事实。

②日帝侵华时（年月不详），在常德地区进行过鼠疫（或为霍乱）之谋略的新记事，是在 1949 年秋在太原看到的。

③1941 年（月份不明）在崞县时，由日帝《军医团杂志》中看到了关于扬子江流域赤痢的研究，日帝称为"长江赤痢"。

④1946 年初，于太原听井河靖（日帝时太原防疫给水班员，投降后担任了阎伪省防军干部教导团教官，4 月时回国）讲过，在太原防疫给水班之一口老井内投入过很多病菌。

参考：井河靖，日军最终阶级是军医大尉，日本大阪高等医学专门学校毕业（1938 年 3 月），与独混 3 旅团之间的关系是：1942年6月（或为7月）于崞县军医部司令部对独混3旅团军医10名进行石井式滤水机的教育。1942年4月至5月之南太行山区之作战、1943年之南太行山区之作战、1944年春河南作战时，由太原防疫给水班以一个分队之长配属于独混3旅团司令部。1942年9月于山西五台县北高洪口，我开设独混3旅团司令部患者收容所时，井河靖中尉以一个分队之长来到高洪口，于是于同地之警备队本部有他的部下对他报告了"今日之昆虫采集完了"。

⑤1952年2月间，在永年县训练团直属中队第五班，由当时之副班长田村义雄在自己之坦白中听到：他发表了"由飞机上在松花江散布过副伤寒菌的事件"。又在对我的帮助中在休息时听讲过"1941年春之所谓中原会战时日帝撒布过细菌"。"1940年夏之所谓诺门坎事变时日帝在海鲁河上用飞机散布过细菌。"

⑥独混3旅团司令部军医部与太原防疫给水班之间的关系，作战时的事情已如前述，以外尚有：

1942年7月间，司令部附军医中尉萩野昇、卫生军曹近藤某两名，约两周间到太原防疫给水班受细菌之培养等教育。萩野之不在的期间，我兼任司令部主为兵员之诊疗。萩野学习回来后，对从前之病理实验室扩充开设"旅团防疫班"，萩野为责任者，近藤为助手。

在此以前只可做简单的病理实验，在以后则培养出伤寒、赤痢等。有孵卵器2个，检查在旅团隶下部队发生传染病时或初年兵由日本到达时等在防疫班检索。1943年夏（或1944年夏），在五台县城于日军中赤痢频发时萩野也出差过。1944年时渐亦可播出斑疹伤寒。此期间，萩野本人或近藤曾数度去过太原，但详细不明。由 1944 年初在近藤下面更有卫生伍长藤幸治（1944 年 4 月病死）当助手。

⑦1943 年 6 月，太原市发生霍乱病人 2 名（日本兵士），继之在大同市亦发生疑似患者时，独混 3 旅团亦受命"1 军司令部"（太原之司令部之命）实施防疫。旅团司令部在宁武站设立有检阅所，由司令部派遣矢尾顿卫生部见习士官。为看此情况，石井到过宁武。此时由司令部派遣萩野昇在原平镇迎接随行之。

（中央档案馆，档案号 119－2－732－2－22）

二、"北支"（甲）1855 细菌战部队部分人名册❶

（一）"北支"（甲）1855 部队本部人员

前面几节中，对日军"北支"（甲）1855 细菌战部队（华北派遣军防疫给水部）一些成员，已经作了部分介绍。为了更全面地了解这支细菌战部队在华北的作战网络，便于进一步调查和追踪考察，这里再把近年来积累的有关人员名单，尽可能详细地列举如下。

部队长

黑江××："北支"（甲）1855 部队第一任部队长。

菊池×："北支"（甲）1855 部队第二任部队长。

西村英二："北支"（甲）1855 部队第三任部队长，军医大佐。

宫川米次："北支"（甲）1855 部队最高顾问，医学博士。

---

❶ 此名册，系笔者整理。

石井四郎：兼"北支"（甲）1855部队技术指导，曾任华北派遣军第1军军医部部长。

总务部

告见亨："北支"（甲）1855部队总务部长，军医中佐。

渡部忠重："北支"（甲）1855部队总务部庶务课长，卫生中佐。

石冢仪一："北支"（甲）1855部队总务部人事功绩课长，军医大尉。

后藤正彦："北支"（甲）1855部队总务部企划课长，军医少佐。

总务部下属有50余人（从略）。

诊疗课

桥本泰雄："北支"（甲）1855部队诊疗课课长，军医少佐。

清田茂雄："北支"（甲）1855部队诊疗课庶务经理室卫生准尉。以下有森冈清等助手3人（从略）。

高桥要："北支"（甲）1855部队诊疗课药室药剂少尉。以下有助手6人（从略）。

关根健儿："北支"（甲）1855部队诊疗课病室军医大尉。

西村祥三："北支"（甲）1855部队诊疗课病室军医中尉。

饭森勒："北支"（甲）1855部队诊疗课病室卫生见习士官。

以上三人分别兼诊疗课齿科室、病理实验室负责人。以下有工作人员36人（从略）。

附 录

教育队

村田英太郎:"北支"(甲)1855部队教育队队长。以下有油田恺生军医中尉、儿玉宽药剂少尉等11人(从略)。

资材供应课

上田正臣:"北支"(甲)1855部队资材供应课课长,药剂少佐。

柳田纯孝:资材供应课卫生材料室药剂中尉。

儿玉宽:资材供应课卫生材料室药剂少尉。

该室下属有工作人员44人(从略)。

松本寿矢:资材供应课兵器室及诊疗课兵器室卫生中尉。以下有柴田良三郎等20人(从略)。

经理课

山野武夫:"北支"(甲)1855部队经理课课长。以下有工作人员28人(从略)。

第一课 卫生检验课(细菌研究课)

小森源一:"北支"(甲)1855部队第一课课长,军医少佐。

加藤□一:"北支"(甲)1855部队第一课事务室军医中尉。

河本一俊:"北支"(甲)1855部队第一课事务室药剂中尉。

该室下属有19人(从略)。

长木大山:"北支"(甲)1855部队第一课细菌室军医大尉。

门多魁:"北支"(甲)1855部队第一课细菌室军医大尉。

该室下属有卫生曹长村田葆等8人（从略）。

清原龙："北支"（甲）1855部队第一课防疫给水室军医大尉。

定贵治："北支"（甲）1855部队第一课防疫给水室军医中尉。

该室下属有宫下俊治等7人（从略）。

那须毅："北支"（甲）1855部队第一课病理解剖室军医大尉。

间山哲男："北支"（甲）1855部队第一课病理解剖室卫生见习士官。

石渡秀男："北支"（甲）1855部队第一课病理解剖室卫生曹长。

野泽安太郎："北支"（甲）1855部队第一课病理解剖室卫生军曹。

该室下属有工作人员5人（从略）。

中沟保三："北支"（甲）1855部队第一课结核室军医中尉。

荒木乾："北支"（甲）1855部队第一课结核室军医中尉。

该室下属有助手6人（从略）。

山添三郎："北支"（甲）1855部队第一课菌株室卫生见习士官。

宫崎佐市："北支"（甲）1855部队第一课菌株室卫生伍长。

中山春吉："北支"（甲）1855部队第一课菌株室技手。

该室下属有工作人员8人（从略）。

泽渡崴夫:"北支"(甲)1855部队第一课血清室军医中尉。

节杉茂次:"北支"(甲)1855部队第一课血清室卫生曹长。

该室下属有工作人员6人(从略)。

胜谷达三:"北支"(甲)1855部队第一课理化检验室军医少尉。

伊岛政太郎:"北支"(甲)1855部队第一课理化检验室主要成员。

该室下属有工作人员4人(从略)。

渡边龙三:"北支"(甲)1855部队第一课卫生调查室卫生见习士官。

星清入:"北支"(甲)1855部队第一课卫生调查室技手。

监谷荣:"北支"(甲)1855部队第一课卫生调查室技手。

该室下属有工作人员4人(从略)。

矢野真澄:"北支"(甲)1855部队第一课原虫室军医中尉。

香川正雪:"北支"(甲)1855部队第一课寄生虫室卫生中尉。

该室下属有工作人员5名(从略)。

西原不二雄:"北支"(甲)1855部队第一课培养基室军医中尉。

佐藤恒信:"北支"(甲)1855部队第一课培养基室军医少尉。

该室下属有助手8人（从略）。

吉田长之："北支"（甲）1855部队第一课卡介苗室主要成员。以下有助手4人。

第二课　细菌生产课

平野晟："北支"（甲）1855部队第二课课长，军医少佐。

村田英太郎："北支"（甲）1855部队第二课第一细菌生产室军医大尉。以下有助手：池田武重、川岛实、铃木东吾、寺田道雄、衣裴直彦、土田政治、长岛武治、冈健、浅川喜荣、田口正治、神日重启、志贺一雄、大野高、吉种繁次郎、林克已、长崎七郎、小川吉荣、长田龟磨、寺岛升、羽根田清吉、小田切政则、佐藤后造、大森清位、三浦安一、仓内常郎等26人。

岩濑滋："北支"（甲）1855部队第二课事务室及第二细菌生产室军医大尉。以下有助手：池田武重、柳福次、林弘、神新吉、荒木贞、横田丰次、宫田宏、阿部磨等10人（从略）。

大桥义臣："北支"（甲）1855部队第二课血清室和细菌培养室军医大尉。以下有助手：浅井愿一、马场贞义、池田武重等10人（从略）。

吉村博："北支"（甲）1855部队第二课细菌检索室军医中尉。以下有助手：藤代渡助、谷山直记等10人（从略）。

嘉阳宗永："北支"（甲）1855部队第二课痘病室技师。以下有助手：岛山诚、宝田平八等9人（从略）。

第三课　细菌武器研究课（细菌武器研究所）

筱田统："北支"（甲）1855部队第三课课长，军医大尉，昆虫研究技师、蚊子研究专家。1946年逃回日本。

屋崎繁夫："北支"（甲）1855部队第三课事务室技师，以下有助手3人（从略）。

冈田和夫："北支"（甲）1855部队第三课研究室技师。

田沼良一："北支"（甲）1855部队第三课研究室主要成员。

该室下有助手3人（从略）。

高冈满："北支"（甲）1855部队第三课特别研究室军医大尉。

长濑信行："北支"（甲）1855部队第三课特别研究室成员。

近木英哉："北支"（甲）1855部队第三课（鼠疫跳蚤）生产室技手。另有技术人员伊藤影明、平川喜一、饭冢茂、石井政雄、吉野太郎、吉野文雄、小林泰重、小久保仪右卫门、高桥平之助、依田登、高桥重治、内田长松、中村长吉、山崎长太郎、小山清次郎、井出文弥、片桐幸喜、森登、辻井春雄、饭田义治、谷藤胜雄等21人。

尾崎繁雄："北支"（甲）1855部队技师。

梁田邦治："北支"（甲）1855部队军医中尉。

三宫××："北支"（甲）1855部队军医中尉。

河合诰："北支"（甲）1855部队卫生准尉。

河本××："北支"（甲）1855部队军医少尉。

森冈××："北支"（甲）1855部队卫生准尉。

佐藤××："北支"（甲）1855部队卫生准尉。

时冈孝："北支"（甲）1855部队卫生曹长。

长田友吉："北支"（甲）1855部队卫生下士官。

松井宽治:"北支"(甲)1855部队第三课卫生二等兵。

夏村××:"北支"(甲)1855部队队员。

广田××:"北支"(甲)1855部队军属,汉语翻译。

(二)"北支"(甲)1855部队各支部人员

济南支部

柳田××:"北支"(甲)1855部队济南支部第一任支部长,军医大佐。

金子(金久保)××:"北支"(甲)1855部队济南支部第二任支部长,军医少佐。

大森玄洞:"北支"(甲)1855部队济南支部第三任支部长,军医大尉,晋升为军医少佐。

渡边一夫:曾任"北支"(甲)1855部队济南支部支部长,军医中佐。

冈田×:曾任"北支"(甲)1855部队济南支部支部长,兼理化实验室主任,医学博士,军医大尉。

斋藤××:"北支"(甲)1855部队济南支部副支部长,兼庶务室主任,军医大尉。

铃木××:曾任"北支"(甲)1855部队济南支部庶务室主任,军医中尉。

吉村××:"北支"(甲)1855部队济南支部经理室主任,军医少尉。

渡边×鼎:"北支"(甲)1855部队理化研究室主任,军医中尉。

岩赖××:"北支"(甲)1855部队济南支部灭菌室、细菌实验室主任,军医中尉。

黑川××:"北支"(甲)1855部队济南支部卫生材料

室主任，军医中尉。

黑岩××："北支"（甲）1855部队济南支部防疫班主任，军医中尉。

铃木武夫："北支"（甲）1855部队济南支部青岛办事处主任，军医中尉。

竹内丰：曾任济南日本陆军医院军医中尉、军医大尉。

太原支部

远藤吉雄："北支"（甲）1855部队太原支部支部长，军医少佐。

桥本×："北支"（甲）1855部队太原支部支部长，军医少佐。

笠××："北支"（甲）1855部队太原支部诊疗课长，军医大尉。

野口龙雄："北支"（甲）1855部队太原支部诊疗课军医大尉。

三之宫："北支"（甲）1855部队太原支部诊疗课军医中尉。

内田××："北支"（甲）1855部队太原支部军医大尉。

马测××："北支"（甲）1855部队太原支部军医少尉。

武居××："北支"（甲）1855部队太原支部药剂中尉。

福井×："北支"（甲）1855部队太原支部卫生大尉。

进藤喜作："北支"（甲）1855部队太原支部卫生少尉。

间渊×："北支"（甲）1855部队太原支部军医少尉。

宫川奎海："北支"（甲）1855部队太原支部卫生准尉。

黑田××："北支"（甲）1855部队太原支部卫生伍长。

春田××："北支"（甲）1855部队太原支部卫生伍长。

木村××:"北支"(甲)1855部队太原支部卫生曹长。

池田××:"北支"(甲)1855部队太原支部卫生曹长。

松尾梅雄:"北支"(甲)1855部队太原支部运城(办事处)防疫给水班班长,军医大尉。

井川×:"北支"(甲)1855部队太原支部运城(办事处)防疫给水班班长。

内田×:"北支"(甲)1855部队太原支部运城防疫给水班副班长。

其他办事处或支部

立石五郎:"北支"(甲)1855部队直属天津办事处主任,军医大尉。

黑川正治:"北支"(甲)1855部队直属塘沽办事处主任,军医大尉。

田山吉正:"北支"(甲)1855部队直属石家庄(石门)办事处主任,军医少佐。

川锅里吉:"北支"(甲)1855部队张家口支部支部长,军医大尉。

上村秀胜:"北支"(甲)1855部队郑州支部支部长,军医少佐。

广濑一郎:"北支"(甲)1855部队郑州支部开封办事处主任,军医大尉。

濑户丰:"北支"(甲)1855部队郑州支部新乡办事处主任,军医中尉。

田村节彦:"北支"(甲)1855部队郑州支部碓山分遣队(防疫给水班)队长,军医少尉。

驻山东第 59 师团防疫给水班

冈田春树：日军驻山东第 59 师团防疫给水班班长，军医中尉。

大久保昇：日军驻山东第 59 师团防疫给水班副班长，军医少尉。

林茂美：日军驻山东第 59 师团防疫给水班事务室检查水质室、细菌室、培养室曹长，军医下士官。

小池××：日军驻山东第 59 师团防疫给水班药剂室、事务室军曹，军医下士官。

石原敏雄：日军驻山东第 59 师团防疫给水班卫生军曹。

吉沢×：日军驻山东第 59 师团防疫给水班上等兵。

冈田××：日军驻山东第 59 师团防疫给水班上等兵。

加藤××：日军驻山东第 59 师团防疫给水班兵长。

冈村××：日军驻山东第 59 师团防疫给水班兵长。

驻山西独立混成第 3 旅团防疫给水班

萩野昇：日军驻山西独立混成第 3 旅团防疫给水班班长，旅团司令部附军医中尉。

近藤×：日军驻山西独立混成第 3 旅团防疫给水班助手，卫生军曹。

大桥×：日军驻山西独立混成第 3 旅团防疫给水班军医中尉，研究细菌。

日军陆军病院部分人员及其他随军军医

日军潞安陆军病院（"乙"1837 部队）

西村庆次：日军潞安陆军病院院长，军医中佐。

酒井满：日军潞安陆军病院院长，军医少佐。

汤浅谦：日军潞安陆军病院传染病室附站、病理实验室附军医,军医中尉。

种村文三:日军潞安陆军病院卫生中尉,后晋升庶务课长,卫生大尉。

日军保定陆军病院("甲"1831部队)

长田文男:日军第63师团驻保定陆军病院附、外科主任,军医中尉,后晋升军医大尉。

柴田长七:日军第63师团驻保定陆军病院院长,军医中佐。

藤田×:日军驻保定第63师团第66旅团司令部卫生军曹。

野田实:日军第63师团驻保定陆军病院外科病室医官,训练队主任教官兼第63师团第66旅团司令部及第63师团病马厂医官,后任第117师团野战病院外科诊疗室主任、病院附等职,军医少尉、中尉。

兵头周吉:日本华北方面军第1军军医部长,军医少将。

佐藤×:日本华北方面军第1军太原陆军医院院长,军医中佐。

高木千年:日军济南陆军医院院长,军医少佐。

吉泽行雄:独立混成第3旅团通信队附,军医中尉。

川岛清:日本华北方面军第12军军医部长,军医大佐。

铃木敏夫:日军第59师团军医部长,军医中佐。

仲正功臣:日军第59师团军医部长,军医少佐。

增田孝:日军第59师团军医部员,军医大尉。

柿添忍:日军第59师团独立步兵第44大队,军医中尉。

丸山正库:日军第59师团军医部,卫生曹长。

仲西功臣:日军第59师团军医部长,军医少佐。

参考文献

一、专著

[1] 陈飞莫. 细菌战 [M]. 北京：商务印书馆，1942.

[2] 前日本陆军军人因准备和使用细菌武器被控案审判材料 [M]. 莫斯科：外国文书籍出版局，1950.

[3] 草原. 日寇细菌战暴行 [M]. 上海：通联书店，1951.

[4] 储华. 日寇的滔天罪行——惨无人道的细菌战争 [M]. 上海：大东书局，1951.

[5] 中央档案馆，中国第二历史档案馆，吉林省社会科学院. 细菌战与毒气战 [M]. 北京：中华书局，1989.

[6] 王战平. 正义的审判——最高人民法院特别军事法庭审判日本战犯纪实 [M]. 北京：人民法制出版社，1991.

[7] 韩晓，辛培林. 日军731部队罪恶史 [M]. 哈尔滨：黑龙江人民出版社，1991.

[8] 森村诚一. 魔鬼的盛宴——侵华日军731部队罪证纪实 [M]. 关成和，徐明恩，译. 哈尔滨：黑龙江人民出版社，1991年.

[9] 黄可泰，吴元章. 惨绝人寰的细菌战——1940年宁波鼠疫史实 [M]. 南京：东南大学出版社，1994.

[10] 沙东迅. 揭开"8604"之谜——侵华日军在粤秘密进行细菌战大曝光 [M]. 广州：花城出版社，1995.

[11] 韩晓，金成民. 日军731部队罪行见证 [M]. 哈尔滨：黑龙江人民出版社，1995.

[12] 邢祁，陈大雅. 辛巳劫难——1941年常德细菌战纪实 [M]. 北京：中共中央党校出版社，1995.

[13] 郭成周,廖应昌.侵华日军细菌战纪实[M].北京:北京燕山出版社,1997.

[14] 解学诗,松村高夫,等.战争与恶疫——七三一部队罪行考[M].北京:人民出版社,1998.

[15] 郭成周.日军细菌部队罪行录[M].北京:中国民主法制出版社,1999.

[16] 邱明轩.罪证——侵华日军衢州细菌战史实[M].北京:中国三峡出版社,1999.

[17] 谢尔顿·H.哈里斯.死亡工厂——美国掩盖的日本细菌战犯罪[M].王选,徐兵,杨玉林,等译.上海:上海人民出版社,2000.

[18] 尹集钧.细菌战大屠杀[M].旧金山:旧金山极光出版公司,2001.

[19] 黑龙江省档案馆,黑龙江省人民对外友好协会,日本ABC企划委员会."七三一"部队罪行铁证——关东宪兵队"特殊输送"档案[M].哈尔滨:黑龙江人民出版社,2001.

[20] 于新华,郭开铎,李欣.20世纪十大生物战[M].北京:解放军出版社,2001.

[21] 李劲松.生物损伤医学防护[M].北京:军事医学科学出版社,2002.

[22] 杨玉林,辛培林.细菌战[M].哈尔滨:黑龙江人民出版社,2002.

[23] 崔维志,唐秀娥.鲁西细菌战大揭秘[M].北京:人民日报出版社,2002.

[24] 湖南文理学院细菌战罪行研究所.揭开黑幕——2002·中国·常德·细菌战罪行国际学术研讨会论文集[M].北京:中国文史出版社,2003.

[25] 吉林省档案馆,日本日中近现代史研究会,日本ABC企划委员

会．"七三一部队"罪行铁证——特别移送·防疫档案选编[G]．长春：吉林人民出版社，2003．

[26] 杨玉林，辛培林，刁乃莉．日本关东宪兵队"特别输送"追踪——日军细菌战人体实验罪证调查[M]．北京：社会科学文献出版社，2004．

[27] 刘雅玲，龚积刚．细菌战受害大诉讼[M]．长沙：湖南人民出版社，2004．

[28] 中央档案馆．日本侵华战犯笔供（1~10册）[M]．北京：中国档案出版社，2005．

[29] 吴永明．太阳旗下的罪恶——侵华日军上饶细菌战揭秘[M]．南昌：江西人民出版社，2005．

[30] 李晓方．泣血控诉——侵华日军细菌战炭疽、鼻疽受害幸存者实录[M]．北京：中央文献出版社，2005．

[31] 郭长建，王鹏．侵华日军关东军七三一细菌部队[M]．北京：五洲传播出版社，2005．

[32] 王维玲．食人魔窟：侵华日军731细菌战部队[M]．杭州：浙江少年儿童出版社，2005．

[33] 沙东迅．揭开"8604"之谜——侵华日军在粤秘密进行细菌战大曝光[M]．北京：中国文史出版社，2005．

[34] 谢忠厚，张瑞智，田苏苏．日本侵略华北罪行档案（1~10卷）[G]．石家庄：河北人民出版社，2005．

[35] 冉炜君．魔鬼的战车[M]．北京：昆仑出版社，2005．

[36] 金成民．日本军细菌战[M]．哈尔滨：黑龙江人民出版社，2008．

[37] 陈致远．日本侵华细菌战[M]．北京：中国社会科学出版社，2014．

二、论文

[1] 寄滨．未来大战中的毒瓦斯与细菌战[J]．申报月刊，1933，2（9）．

[2] 钟开莱．细菌战［J］．东方杂志，1938，35（3）．

[3] 李祖蔚．细菌战中的炭疽传染病［J］．医学生活，1951，1（4）．

[4] 林飞卿．细菌战的历史与细菌战的方式及方法［J］．医务生活，1952（3）．

[5] 有关日本细菌战某些事实的备忘录［J］．科学通报，1952（特刊）．

[6] 调查在朝鲜和中国的细菌战事实国际科学委员会报告书［J］．科学通报，1952（特刊）．

[7] 常石敬一．在暗中消失的日本细菌部队——关东军七三一细菌战部队的实情［J］．国外社会科学情报，1982（10）．

[8] 卢江．日军南京荣字第一六四四细菌战部队的暴行［J］．南京史志，1986（5）．

[9] 张海鹰．侵华日军细菌部队在孙吴［J］．北方工人，1989（4）．

[10] 辛培林．论日本帝国主义侵华期间进行细菌战的几个问题［G］//"九一八"事变60周年国际学术讨论会，1991．

[11] 郭成周，廖应昌，杜凤荷．侵华日军的细菌战［G］//"九一八"事变60周年国际学术讨论会，1991．

[12] 高兴祖．侵华日军细菌战和用活人实验的罪行［J］．民国春秋，1992（6）．

[13] 韩晓，金成民．石井细菌部队的特别监狱［G］//第二届近百年中日关系史国际研讨会论文集，1993．

[14] 沙东迅．揭开罪恶的黑幕——侵华日军在粤细菌战曝光［J］．党史文汇，1995（11）．

[15] 李力，郭洪茂．论日寇浙赣细菌战及其后果［J］．社会科学战线，1995（5）．

[16] 霍燎原．日本关东军第一〇〇部队的罪行［J］．社会科学战线，1995（4）．

[17] 郭素美．"731"细菌部队罪恶活动概述［G］//中国近现代史史料学学会学术会议论文集，1995．

[18] 沙东迅. 侵华日军在粤进行细菌战之概况[J]. 抗日战争研究, 1996（2）.

[19] 刘国庆. 日寇细菌战揭秘[J]. 大江南北, 1997（7）.

[20] 丁晓强. 关于日军细菌战的调查与研究[J]. 浙江学刊, 1997（4）.

[21] 黄可泰, 吴元章. 侵华日军在宁波施行细菌战的罪行[J]. 中华医史杂志, 1997（3）.

[22] 森正孝. 日军细菌攻击的初步展开[J]. 浙江学刊, 1997（4）.

[23] 王基录. 日军制造的崇山细菌战[J]. 文史精华, 1997（10）.

[24] 张树纯. 石井四郎在山西进行的细菌战实验[J]. 山西档案, 1998（1）.

[25] 高兴祖. 论日本军部进行细菌战的罪责[J]. 南京大学学报·哲学·人文科学·社会科学, 1999（1）.

[26] 藤本治. 浙赣作战与细菌战[J]. 浙江学刊, 1999（5）.

[27] 高兴祖, 朱成山. 侵华日军1644细菌战部队活人实验受害者遗骸的考证[J]. 南京社会科学, 2000（2）.

[28] 陈祖梁. 对侵华日军在云南进行细菌战罪行的初步调查研究[J]. 云南史志, 2000（1）.

[29] 陈秀英, 刘玉波. 侵华日军最早进行细菌武器实验的工厂——小镇上的杀人魔窟[J]. 世纪桥, 2000（2）.

[30] 胡介堂. 日军"鼠疫战"始末[J]. 南京医科大学学报·社会科学版, 2001（4）.

[31] 周耀明. 日军细菌战：浙江瓯江流域人间鼠疫之祸源[J]. 广西民族学院学报·哲学社会科学版, 2001（S1）.

[32] 何秀丽, 李衣平. 打开最后的魔窟——侵华日军"七三一"部队地下遗址全面挖掘纪实[J]. 环球军事, 2001（13）.

[33] 谢忠厚. 华北甲第一八五五细菌战部队之研究[J]. 抗日战争研究, 2002（1）.

[34] 徐勇. 侵华日军驻北平及华北各地细菌部队研究概论 [J]. 抗日战争研究, 2002 (1).

[35] 胡介堂. 日军南京"荣"字1644部队细菌战始末 [J]. 南京医科大学学报·社会科学版, 2002 (2).

[36] 徐浩一. 侵华日军浙赣细菌战中的炭疽攻击 [J]. 中共党史研究, 2002 (2).

[37] 陈致远. 一部向世界揭露二战日军细菌战罪行的新著——《细菌战大屠杀》评介 [J]. 常德师范学院学报·社会科学版, 2002, 27 (1).

[38] 杨万柱, 刘雅玲, 陈玉芳. 侵华日军细菌战诉讼案回顾与思考 [J]. 常德师范学院学报·社会科学版, 2002, 27 (6).

[39] 朱清如. 关于侵华日军细菌战史料的几个问题 [J]. 常德师范学院学报·社会科学版, 2002, 27 (6).

[40] 卞修跃. 侵华日军731部队与"特殊输送"制度 [G] //中国社会科学院近代史研究所青年学术论坛, 2002.

[41] 郭成周. 有关侵华日军细菌战问题的新补充 [J]. 常德师范学院学报·社会科学版, 2003, 28 (1).

[42] 中村明子, 王希亮. 中国发生的鼠疫同日军细菌战的因果关系 [J]. 常德师范学院学报·社会科学版, 2003, 28 (2).

[43] 朱文建. 第一个揭露日军细菌战的人 [J]. 文史精华, 2003 (4).

[44] 王希亮. 松本正一关于日军细菌战罪行的证词 [J]. 钟山风雨, 2003 (4).

[45] 谢忠厚, 谢丽丽. 华北(甲)一八五五部队的细菌战犯罪 [J]. 抗日战争研究, 2003 (4).

[46] 陈先初. 1941年日军对湖南常德的细菌攻击 [J]. 湖南大学学报·社会科学版, 2003, 17 (1).

[47] 刘雅玲, 陈玉芳. 常德细菌战疫死人数的七年调查——7643人的死亡名单是如何产生的 [J]. 常德师范学院学报·社会科学

版，2003，28（3）．

［48］韩晓．关于侵华日军细菌战罪行的研究［J］．常德师范学院学报·社会科学版，2003，28（3）．

［49］赵润生．揭开华北"731"秘史［J］．文史月刊，2003（7）．

［50］尹集钧．日本海军细菌战的追索［J］．常德师范学院学报·社会科学版，2003，28（2）．

［51］柳毅，陈致远．关于常德细菌战研究的几个问题［J］．常德师范学院学报·社会科学版，2003，28（3）．

［52］赵润生．追究日军细菌战的中华第一女子［J］．文史月刊，2003（6）．

［53］李骅．恶魔的唾液——中国大地上的日军细菌战部队［J］．军事史林，2003（4）．

［54］徐丹．"七三一"遗址——血泪的记忆［J］．前进论坛，2003（10）．

［55］魏梦太，田洪文．"特殊输送"秘档印记述略［J］．世纪桥，2003（6）．

［56］官丽珍．侵华日军在粤使用细菌武器的罪行［J］．广东党史，2003（5）．

［57］辛培林．"特别输送"之剖析［G］//七三一部队罪行铁证——特别移送·防疫档案选编，2003．

［58］张启祥．细菌战的真相终将大白于天下——侵华日军细菌战的浙江调查［J］．史林，2004（B12）．

［59］谢本书．日军在滇西的细菌战［J］．湖南文理学院学报·社会科学版，2004，29（1）．

［60］徐畅．1943年秋日军鲁西细菌战述析［J］．聊城大学学报·社会科学版，2004（6）．

［61］丁晓强，何必会．侵华日军浙赣细菌战中的炭疽攻击［J］．湖南文理学院学报·社会科学版，2004，29（1）．

[62] 王希亮. 南京荣字 1644 细菌部队的罪行 [J]. 钟山风雨, 2004 (4).

[63] 徐文芳. 原日本侵华军细菌毒气战分布与简介 [J]. 黑龙江史志, 2004 (5).

[64] 高凡夫, 赵德芹. 日本天皇裕仁与细菌战 [J]. 湖南文理学院学报·社会科学版, 2005, 30 (2).

[65] 南香红. 极罪: 没有结束的细菌战 [N]. 南方周末, 2005 (7).

[66] 谢忠厚. 华北"甲"1855 细菌部队的活人实验和活人解剖犯罪 [G] // 中国社会科学院, 中国抗日战争史学会. 纪念中国人民抗日战争暨世界反法西斯战争胜利 60 周年学术研讨会文集, 2005.

[67] 刘庭华. 杀人工厂——日军在中国建立的细菌战部队 [J]. 军事历史, 2005 (5).

[68] 张群. 侵华日军荣字 1644 细菌部队 [J]. 档案与建设, 2005 (4).

[69] 包晓峰. 日军对浙江实施细菌战的罪行综述 [J]. 党史研究与教学, 2005 (4).

[70] 沙东迅. 日军波字 8604 部队在粤的细菌战活动 [J]. 湖南文理学院学报·社会科学版, 2006, 31 (2).

[71] 罗运胜. 日军细菌战对常德地区社会经济的影响初探 [J]. 湖南文理学院学报·社会科学版, 2005, 30 (2).

[72] 陈致远. 日军常德细菌战致死城区居民人数的研究 [J]. 民国档案, 2006 (2).

[73] 张丽梅. 近 10 年来侵华日军细菌战研究综述 [J]. 北华大学学报·社会科学版, 2006, 7 (4).

[74] 杨崴. 抗战时期日本细菌战研究——以江西细菌战为中心 [D]. 南昌: 江西师范大学, 2006.

[75] 谢刚. 南京荣字 1644 细菌部队研究 1939—1945 年 [D]. 南京: 南京师范大学, 2006.

[76] 谢志民.侵华日军江西细菌战调查研究［D］.南昌：江西师范大学，2006.

[77] 万学峰，王秀红.侵华日军生物战罪行考［J］.当代军事文摘，2006（10）.

[78] 谢建军.抗战时期江西上饶地区细菌战研究［D］.南昌：江西师范大学，2006.

[79] 刘庭华.侵华日军使用化学细菌武器述略［J］.中共党史资料，2007（3）.

[80] 近藤昭二，王希亮.日本国家意志对细菌战的隐匿［J］.湖南文理学院学报·社会科学版，2007，32（4）.

[81] 杨玉林.日军细菌战"特别输送"实证调查的几点结论［J］.湖南文理学院学报·社会科学版，2008，33（1）.

[82] 李群.日本医学细菌战档案揭秘［J］.档案天地，2008（6）.

[83] 金成民，康峰.世界各国调查研究日军细菌战状况［J］.学理论，2008（14）.

[84] 徐畅.日军"十八秋鲁西作战"中国人死亡人数商榷［J］.抗日战争研究，2013（2）.

[85] 谢忠厚.日军鲁西霍乱作战研究［J］.抗日战争研究，2013（2）.

后 记

《日本侵略华北反人类罪行丛书》之《细菌战》一书，得到知识产权出版社的大力支持，得以顺利出版，在此深表谢意。

早在1982年，河北省社会科学院历史研究所等五家单位在编纂《晋察冀抗日根据地史料选编》（上、下册）的过程中，我从冀中区的一篇防疫指示中开始注意到日军曾进行病菌战、毒菌战，但苦于没有资料，只得暂时放在一旁。

直到1998年，我们才得到了一个机会——河北省社会科学院晋察冀抗日根据地史研究中心"日军在华北的罪行研究"被中日历史研究中心列为资助项目。我们暂时搁下正在进行的《河北抗战史丛书》及《晋察冀解放区史》的写作，集中全部精力投入此项研究。

其间，侵华日军的细菌战问题，日益成为国内外学者与和平人士及广大民众关注的热点问题。日本关东军第731部队和第100部队，华中军荣字第1644部队，华南军冈字第8604部队及南方军波字第9420部队，其研究与揭露均有新的进展，"北支"（甲）1855部队也引起了人们的强烈关注。

在与中央档案馆和中国第二历史档案馆的鼎力合作之下，经过几年共同努力，在2005年纪念抗日战争胜利60周年之际，中央档案馆、中国第二历史档案馆、河北省社会科学院合作编纂的《日本侵略华北罪行档案》10卷本由河北人民出版社出版。同时，我们撰写的《日本侵略华北罪行史稿》由社会科学文献出版社出版。自2002年起，我在《抗日战争研

后　记

究》及学术会议上先后发表《华北甲第一八五五细菌战部队之研究》《华北（甲）一八五五部队的细菌战犯罪》《华北"甲"1855细菌部队的活人实验和活人解剖犯罪》等论文。我编著的《中国华北的细菌战——日军1855部队细菌战华北受害情况的调研报告》一书，列入中共中央党史研究室国家社科基金特别委托项目《中国抗战损失课题调研成果丛书》及《河北省社会科学院专家文库》，于2010年由中共党史出版社试出版，而后《日军在华北进行的细菌战：日军1855部队华北细菌战受害情况调研报告》于2017年正式出版发行。

2013年，知识产权出版社王润贵副总编一行与河北省社会科学院"日本侵略华北罪行研究"课题组，共同约定编写出版一套《日本侵略华北反人类罪行丛书》。对于我来说，编写这样一本面向大众的《细菌战》通俗性著作，还是第一次，不仅是一个尝试，更是一个考验。

多年来，有关研究工作，一直得到中央档案馆和中国第二历史档案馆的帮助，受到中共中央党史研究室及河北省党史研究室等国家和省市区党史部门的支持，并得以吸纳部分中外学者的研究成果和部分同事的指正建议。先后参与有关工作的专家、学者有张瑞智、田苏苏、李翠艳、阎书钦、何天义、孔繁龄、谢嘉等十余人。在此，表示最衷心的感谢。

由于本书成稿时一些史料缺漏、不足，有的数据或表述可能有瑕疵或不妥之处，希望同行和专家，特别是知情者，给予批评与指正，以便再版时有机会补正。

谢忠厚

2020年4月24日

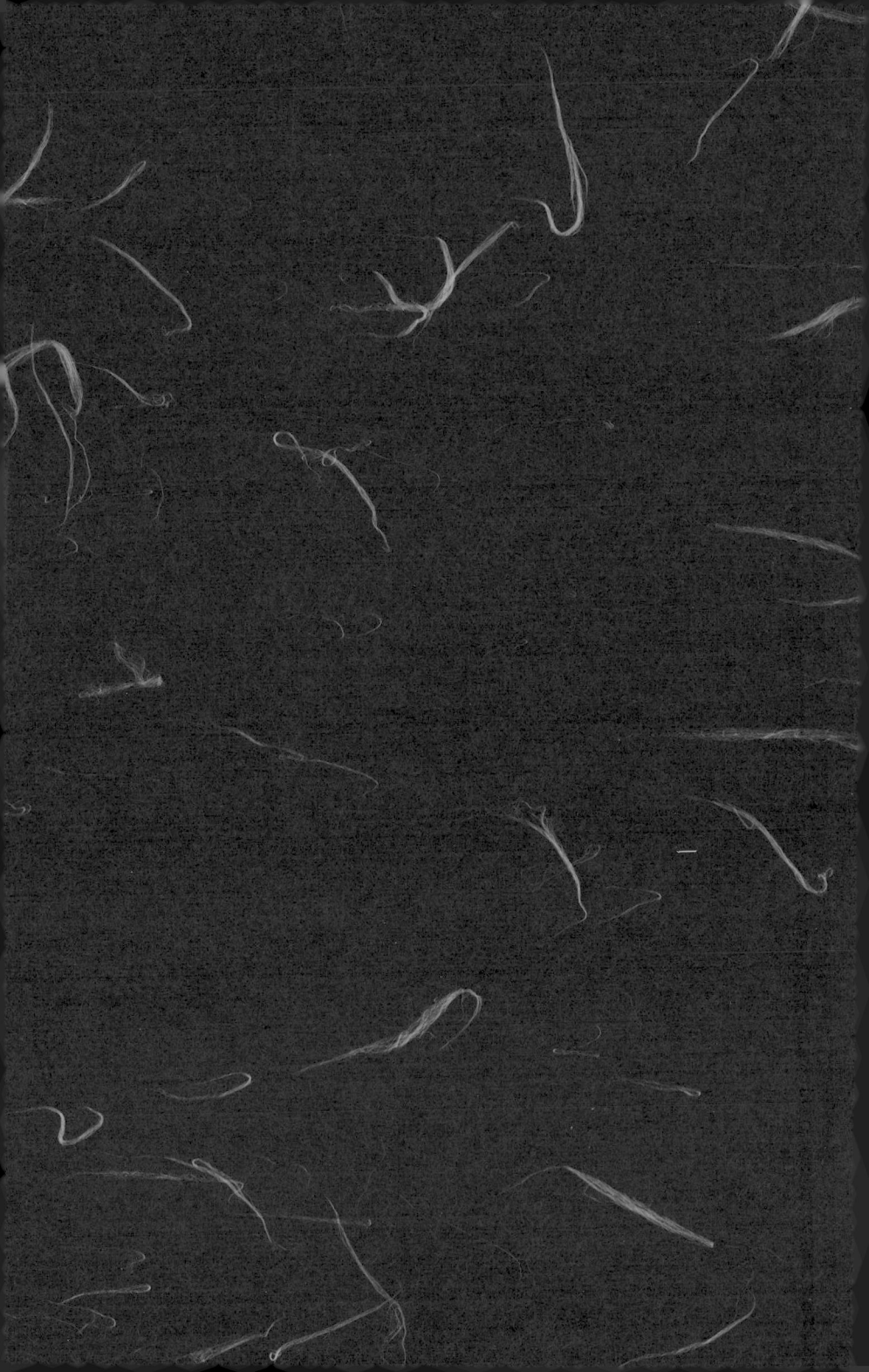